Knaur

D1925638

Über den Autor:

Mario R. Dederichs, geboren 1949, ist nach vielseitiger Korrespondententätigkeit für die Nachrichtenagenturen UPI und ddp seit 1976 beim *stern*. London, Bonn und Hamburg sind Stationen des auf internationale Beziehungen spezialisierten Journalisten – ebenso wie die beiden wichtigsten Hauptstädte der Welt: Moskau zur Zeit der Perestroika und Washington unter Bush und Clinton. Seit 1994 wieder in Deutschland, gilt sein Interesse verstärkt den sozialen und wirtschaftlichen Herausforderungen der »letzten Supermacht«.

Mario R. Dederichs

Hillary Clinton

und die Macht der Frauen

Mit Fotos von Rick Friedman

Knaur

Besuchen Sie uns im Internet:
www.droemer-knaur.de

Vollständig überarbeitete Taschenbuchausgabe Februar 1999
Droemersche Verlagsanstalt Th. Knaur Nachf., München
Dieser Titel erschien bereits unter der Bandnummer 80025.

Copyright © 1993 bei
Droemersche Verlagsanstalt Th. Knaur Nachf., München
Copyright © 1992, 1993 für die Bilder im Innenteil
Rick Friedman/Black Star, New York
Alle Rechte vorbehalten. Das Werk darf – auch teilweise – nur mit
Genehmigung des Verlags wiedergegeben werden.
Umschlaggestaltung: Agentur ZERO, München
Umschlagfoto: dpa, Frankfurt
Gesamtherstellung: Ebner Ulm
Printed in Germany
ISBN 3-426-72217-8

2 4 5 3 1

Für T.A.P.

Je freier die Frauen werden,
desto freier werden die Männer sein.

Louise Nevelson
Amerikanische Feministin
(1974)

Inhaltsverzeichnis

Vorwort

Ich bin dem Knaur-Verlag dankbar für die Möglichkeit, dieses Buch in einer aktualisierten Ausgabe herauszubringen. Seit seinem ersten Erscheinen ist Hillary Rodham Clinton, die Frau des amerikanischen Präsidenten, zu einer zentralen politischen Gestalt der USA und zu einer Hoffnungsträgerin für aufstrebende Frauen und aufgeschlossene Männer in aller Welt geworden. Mich hat vor allem das positive Echo auf mein Buch aus Osteuropa gefreut, wo es in einer russischen und einer polnischen Ausgabe erschienen ist.

Hillary Clinton ist immer eine Frau der Gegensätze geblieben, die zu verschiedenen Zeiten verschiedene Rollen gespielt hat, die zwischen kämpferisch und angepaßt, fortschrittlich und wertkonservativ, neumodisch und altreligiös pendelte. Sie selbst hat diese Schwankungen immer mit den Erfordernissen der Zeit erklärt, auf die Frauen immer noch mehr eingehen müssen als Männer. Es mag erstaunen, daß wir nach sieben Jahren im Weißen Haus so viel über Bill Clinton wissen und so wenig über Hillary Clinton. Dabei ist sie es, der die Zukunft gehört. Dieser Gedanke steht hinter dieser Aktualisierung, insbesondere des vierten Kapitels.

Wenn das Buch weiterhin anregt, über Gleichheit und Partnerschaft im Konkreten nachzudenken, hat sich die Mühe gelohnt. Wenn der Blick auf die Macht der Frauen in Amerika bei uns einige Beispiele und Vorbilder nachahmenswert erscheinen läßt, um so mehr. Denn es genügt nicht zu fordern, daß die Frauen nun an der Reihe sind und dann immer wieder, wie nach dem jüngsten Machtwechsel in Bonn, bei der Besetzung der höchsten Positionen im Staat zurückzustecken. Oder müssen wir erst auf eine deutsche Hillary warten?

Mario R. Dederichs
Hamburg, im November 1998

Die Frau im Weißen Haus

Partner im Zentrum der Macht

Der 20. Januar 1993 war einer jener Sonnentage, die den Winter in Washington so angenehm machen: Trotz kalter klarer Luft ein erwärmendes helles Licht und ein strahlend blauer Himmel. Das Festtagswetter paßte zum Anlaß: Die Vereinigten Staaten von Amerika feierten die Amtseinführung eines neuen Präsidenten, ein Ereignis, das gerade wegen seiner Regelmäßigkeit so außergewöhnlich ist. Alle vier Jahre wird ein vom Volk frei gewählter Präsident vereidigt, nun schon zum achtundfünfzigsten Male. Diesen Rekord an Demokratie kann keine Nation in der Geschichte überbieten, und in ungebrochenem Patriotismus feiern die Amerikaner ihn mit Prunk und Paraden.

Der 20. Januar 1993 brachte mehr als einen Präsidentenwechsel. Über den Tausenden von Zuschauern, die sich an der Westseite des Kapitols unter freiem Himmel versammelt hatten, lag eine Aura von Vorfreude und Enthusiasmus. Diese Inauguration besiegelte einen politischen Machtwechsel, mehr noch – einen Generationswechsel.

Der Demokrat Bill Clinton verkörperte eine neue junge Kraft an der Spitze des mächtigsten Staates der Erde und ebenso die Frau an seiner Seite, die der Ausrufer als »Hillary Rodham Clinton« ansagte. Die Einbeziehung des Mädchennamens »Rodham« erkannten Eingeweihte als ein politisches Signal: Hier war eine Frau ins Zentrum der öffentlichen Aufmerksamkeit getreten, die zuerst sie selbst war – »ich, feminin« – und dann alles andere – First

Lady, Ehefrau, Mutter, berufstätige Frau und Interessenvertreterin. Ihre Rolle in seinem Leben ließ sich kaum unterschätzen: Ohne Hillary hätte Bill an diesem Tag wahrscheinlich nicht an dieser Stelle gestanden.
Um Punkt zwölf Uhr schwor Bill Clinton vor dem Obersten Bundesrichter William Rehnquist seinen Treueeid auf die Verfassung von 1787, und im selben Moment erlosch alle Macht des Republikaners George Bush als politischer Führer des Landes und als Oberbefehlshaber der Streitkräfte, die noch in den letzten Tagen Ziele im Irak bombardiert hatten. Clinton war 47 Jahre alt, der erste *Baby Boomer* im Weißen Haus, Kind der geburtenreichen Nachkriegsjahre, ein Reformer und Erneuerer – er sprühte vor Tatendrang. Bush hatte sein 70. Lebensjahr erreicht, der letzte Teilnehmer des Zweiten Weltkriegs im Amt, ein Pragmatiker und Zauderer – er war ausgebrannt. Bush schien gar nicht mehr ins Bild zu passen: Veränderung war angesagt.
In seiner Rede, die von Rundfunk und Fernsehen in alle Welt hinaus übertragen wurde, berief sich der neue Präsident auf den Vater der Verfassung und dritten Präsidenten, dessen Namen auch er, William Jefferson Clinton, trug: »Thomas Jefferson hat geglaubt, daß wir, wenn wir die Grundlagen unserer Nation erhalten wollen, von Zeit zu Zeit einen dramatischen Wandel brauchen. Nun, meine amerikanischen Mitbürger, unsere Zeit ist gekommen. Ergreifen wir sie!«
Seine eigenen Worte genügten Clinton nicht. Wie sein großes Vorbild John F. Kennedy an gleicher Stelle zur gleichen Uhrzeit 32 Jahre zuvor, hatte er ein Gedicht bestellt, um den Augenblick literarisch zu überhöhen. 1961 hatte hier der greise Robert Frost seinen Tribut an die Idee der »New Frontiers« rezitiert. Diesmal sprach in warmem Ba-

riton – und das war gewiß kein Zufall – eine Frau, eine schwarze obendrein, die Dichterin Maya Angelou aus North Carolina, und sie rief mit ihrem Werk »Am Puls von morgen« – auch das kein Zufall – zuerst die Frauen auf, den amerikanischen Traum von der Selbstverwirklichung zu verwirklichen:

Erhebt Eure Augen zu
dem Tag, der anbricht für Euch.
Schenkt erneut Geburt
dem Traum.
Frauen, Kinder, Männer [...]
Erhebt Eure Herzen
Jede neue Stunde birgt neue Chancen
für neue Anfänge...[1]

Niemanden auf der Ehrenbalustrade sprach diese Passage über den Aufbruch zu neuen Ufern mehr an als die Frau des jungen Präsidenten.
Hillary Rodham Clinton entsprach so wenig dem Klischeebild der »Politikergattin«, daß sie Verwirrung und Befremdung geradezu einlud, ohne mehr dazu beizutragen, als sie selbst zu sein. »Wir wissen ziemlich gut, wie eine Ehefrau aussieht«, erklärte die Kolumnistin der Tageszeitung *Boston Globe,* Ellen Goodman, »und wir haben im Verlauf dieser letzten Generation gelernt, wie eine unabhängige Frau aussieht, so daß man Ehefrau sein kann oder ein weibliches Mitglied des Senats oder des Kabinetts. Aber wir wissen nicht genau, was es heißt, eine unabhängige Frau und zugleich Ehefrau zu sein, also eine unabhängige Ehefrau.«[2]
Der Versuch, Hillary Clinton nach altbewährten Kategorien zu behandeln, hielt nicht lange an. Gewiß gab es

Kommentatoren, die Anstoß nahmen an ihrem blauen Festtagshut mit einer breiten kreisrunden Krempe, der sie, während sie ihrem Mann zur Vereidigung die Familienbibel hielt, so viel älter aussehen ließ als ihre 44 Jahre. Oder denen mißfiel, daß sie beim Fußmarsch in der Parade vom Kapitol zum Weißen Haus auf der Pennsylvania Avenue ihren blauen Mantel ablegte und darunter ein Wollkostüm mit roten Karos freilegte, das absolut nicht zum blauen Hut paßte. Oder die der Meinung waren, daß sie besser keine kurzen Röcke tragen sollte, weil ihre Beine im Verhältnis zum schlanken Körper etwas überproportioniert ausfielen. Bill Clinton in seinem jungenhaften Charme entwaffnete die Meckerer noch am selben Abend bei einem der Inaugurationsbälle, wo Hillary im glitzernden Abendkleid – lang natürlich – mit hochgestecktem Haar zum Walzer antrat. »Jetzt aber mal was Ernstes«, sagte er in die Mikrophone, und hatte damit schon die Lacher auf seiner Seite. »Hillary sieht doch großartig aus – oder etwa nicht?«
Mode mochte ein treffliches Thema bei anderen First Ladies gewesen sein – selbst Barbara Bushs blaue Jackenkleider und billige Klunkerperlenketten gaben Stoff ab, um die Klatschspalten zu füllen – , und oft war es das einzige, was über sie zu lesen war. Bei Hillary wirkte es einfach deplaziert, allein schon aus dem Grund, daß Mode sie selbst nicht sonderlich bewegt. Sie hat im Laufe ihrer Karriere so ziemlich alles getragen, was ihr tragbar erschien, ohne Scheu selbst vor radikalen Imageverwandlungen. »Ihren« Couturier, den kaum bekannten Randy Kemper von New Yorks Seventh Avenue (nicht aus der supervornehmen Fifth Avenue), hat sie bei einem Wohltätigkeitsbasar für das Arkansas-Kinderkrankenhaus und in der Boutique Barbara Jean Ltd. in Little Rock schätzengelernt.

Die 450-Dollar-Kostüme verblassen vor jenen 5000-Dollar-Kleidern von Gallanos, die Nancy Reagan bevorzugte. »Kempers Kleider«, betonte Designer Cliff Chally, »sind praktisch und leicht und unkompliziert – genauso wie sie.«[3]

Chally wurde Hillary Clinton im Wahljahr 1992 zugeordnet. Eigentlich arbeitet er in Hollywood als Kostümbildner bei den populären Fernsehserien »Designing Women« und »Hearts Afire«. Deren Produzentin Linda Bloodworth-Thomason indes ist eine alte Freundin von Hillary aus Arkansas, und sie hielt ein paar modische Korrekturen für angebracht. So schickte sie auch ihren Coiffeur, Cristophe aus Beverly Hills, um Hillarys Aussehen in Richtung der austauschbaren blondierten Moderatorinnen des Frühstücksfernsehens zurechtzuschneiden. Ihre strengen Haarbänder, Requisiten eines amerikanischen Emanzen-Looks, verschwanden – zumindest zeitweise. »Sie machte Konzession an öffentliche Erwartungen«, erklärte Bloodworth-Thomasen. »Ich glaube, man kann sagen, Hillary definiert ihren Stil erst noch.«[4] Die TV-Produzentin war sich bewußt, daß ihre Bemühungen eher nebensächlich blieben: »Wie ihr Haar geschnitten ist, rangiert so etwa bei Punkt 148 auf ihrer Prioritätenliste.«[5]

Das wurde jedem klar, sobald das Konfetti der Einführungsfeiern aus Washingtons Ballsälen weggekehrt war: Hier trat eine First Lady wie keine andere an. Nur fünf Tage nach seinem Amtsantritt gab Präsident Bill Clinton im Weißen Haus die Bildung einer Kommission bekannt, die ihm binnen 100 Tagen ein Konzept für die Reform des US-Gesundheitswesens ausarbeiten soll. Hillary erhielt den Auftrag, einen Plan zu entwickeln, »um tatkräftig die Krankenversorgungskosten in Amerika unter Kontrolle zu bringen und erstmals die Krankenversorgungsbedürfnisse aller Amerikaner zu decken«. Dieses Reformwerk könnte zur wichtigsten Errungenschaft in Clintons Amtszeit werden, in seiner Wirkung auf die Gesellschaft der USA vergleichbar mit der Einführung der Sozialversicherung unter Präsident Franklin D. Roosevelt oder dem »Great-Society«-Programm von Lyndon B. Johnson – oder aber zu seiner größten und teuersten Pleite, zum Scheitern seines wichtigsten Versprechens und damit zum Schiffbruch seiner Glaubwürdigkeit. Er übertrug die Jahrhundert-Aufgabe dem Menschen, dem er am meisten vertraute – seiner Frau Hillary.

Zwar war die Leitung der *Presidential Task Force on Health Care Reform* nicht dotiert, doch leitete die Präsidentengattin bald einen Mitarbeiterstab, dessen Umfang den des Vizepräsidenten Al Gore weit übertraf, und sie präsidierte bei Sitzungen des Gremiums sogar über Kabinettsmitglieder wie die Minister für Gesundheit, Verteidigung, Finanzen, Arbeit und Handel und den Direktor des Verwaltungs- und Haushaltsamts. Nie zuvor hatte eine First Lady eine derart wichtige Funktion eingenommen, und Bill Clinton, im vollen Bewußtsein, wie außergewöhnlich sein Schritt war, bemühte sich um eine plausible Begründung.

So führte er seine Ehefrau als aktive Mitspielerin ins Zentrum der Macht in Washington ein: »Ich bin dankbar, daß Hillary sich bereit erklärt hat, den Vorsitz dieses Gremiums zu übernehmen, und nicht nur, weil es bedeutet, daß sie etwas von dem Feuer abbekommt, das ich zu entfachen hoffe. Wie viele von Ihnen wissen, leitete Hillary, während ich Gouverneur meines Bundesstaats war, das Arkansas-Komitee für Bildungsrichtlinien, das Zulassungskriterien für staatliche Schulen geschaffen hat, die seither zum Modell für eine landesweite Reform gewor-

den sind. Sie fungierte als meine Abgesandte in der Südstaaten-Regionalarbeitsgruppe über Kindersterblichkeit und war 1979 und 1980 in unserem Bundesstaat auch Vorsitzende des Ausschusses für das ländliche Gesundheitssystem, zu einer Zeit, da wir eine Reihe von Gesundheitsreformen einleiteten, von denen die Menschen in meinem Staat bis heute profitieren. Und im Vorstand des Arkansas-Kinderkrankenhauses half sie, die erste Frühgeborenenstation in unserem Staat einzurichten. Ich glaube, in den kommenden Monaten wird das amerikanische Volk, wie zuvor die Menschen in unserem Staat, erfahren, daß wir eine First Lady mit vielen Talenten haben, die vor allem Menschen angesichts komplizierter und schwieriger Fragen zusammenbringt und Übereinstimmung erwirkt und Dinge getan bekommt ... Von allen Menschen, mit denen ich in meinem Leben je zusammengearbeitet habe, ist sie besser als jeder andere in Organisation und Menschenführung, wenn es darum geht, von einem komplexen Anfang zu einem sicheren Ende zu gelangen.«[6]
Hier bekannte er sich vor aller Öffentlichkeit zu einem in der Bundeshauptstadt seltenen »Wir«-Gefühl, das seine Beziehung zu dieser Frau aus dem privaten in den politischen Bereich beförderte. »Wählt den einen«, hatte er es im Wahlkampf burschikos ausgedrückt, »und ihr bekommt die andere gratis dazu.« Kurz und knapp wie in einer Supermarkt-Reklame: *Two for the price of one.* Ernsthafter und mit einer Deutlichkeit, die er später im Wahlkampf aus taktischen Gründen nicht wiederholte, umschrieb Bill Clinton es in einem NBC-Fernsehinterview: »Wenn ich zum Präsidenten gewählt werde, wird es eine nie dagewesene Partnerschaft geben, weitergehend als bei Franklin Roosevelt und Eleanor. Das waren zwei großartige Leute, aber auf verschiedenen Bahnen. Wenn ich

gewählt werde, werden wir Dinge zusammen tun, so wie wir es schon immer getan haben.«

Die beiden Clintons stiegen als gleichberechtigte und ebenbürtige Partner an die Spitze der letzten Supermacht der Erde auf, als echtes Team, in dem der eine für den anderen da ist, der eine auf den anderen eingespielt ist. Bei öffentlichen Auftritten verständigen sie sich durch Blickkontakt: Bill redet oder gibt eine Replik in einem Interview, und schon suchen seine Augen Hillary. Sie gibt ein leichtes Nicken, kaum merklich, aber er merkt es und macht zufrieden weiter. Das Nicken wurde bald bekannt als *The Hillary Nod.*

»Ich meine selten, daß er falsch liegt«, sagte sie 1992. »Unser Denken und unsere Wertvorstellungen gleichen sich sosehr.« Bill Clinton bemerkte dazu: »Wenn wir uns einig sind, und ich glaube, daß ich recht habe, mache ich einfach weiter und tue, was ich für richtig halte, und dann sagt sie zu mir: ›Ich hab's dir ja gleich so gesagt.‹«[7] Unisono sind auch ihre Ziele und Ambitionen. »Clinton & Clinton« nannten Gegner diese Verbindung in spitzer Anspielung auf den gemeinsamen Juristenberuf (Rechtsanwälte genießen in den USA in der Regel eine ähnliche Beliebtheit wie Klapperschlangen); »Das dynamische Duo« titelte voller Bewunderung Amerikas führendes Nachrichtenmagazine »Time«, als es die eine Hälfte des Teams zum »Mann des Jahres« 1992 kürte (das dazugehörende Interview bestritten typischerweise beide Clintons zusammen). »Nichts hat sich in den vergangenen beiden Jahrzehnten mehr verändert als unsere Erwartungen an Männer und Frauen«, sagte die demokratische Medienberaterin Ann Lewis, »und Hillary und Bill sind wirklich das Paar der Gegenwartsgeneration.«[8]

Im nur zweieinhalb Millionen Einwohner zählenden

Kleinstaat Arkansas, wo beinahe jeder jeden spätestens nach der zweiten Begegnung mit Vornamen (und oft mit Spitznamen) anspricht, verschmolzen Bill und Hillary im Volksmund zu »Billary«. »Wir haben Bill und Hillary immer als eine Arbeitseinheit angesehen«, berichtete Sidney Johnson, der Vorsitzende der *Arkansas Education Association,* aus seiner Zeit bitterer Auseinandersetzungen um die Bildungsreform mit dem Gouverneur und seiner Frau. »Irgend etwas wurde entschieden, und man wußte nicht, wer es ausgeheckt hatte, wo Bill aufhörte und Hillary anfing. Darum haben wir sie Billary genannt.«[9] Es ist diese Symbiose, die Hillary Rodham Clinton als Frau des mächtigsten Mannes der Welt zur mächtigsten Frau der Welt macht.

Auch andere First Ladies haben ihre Nähe zur Macht genutzt, um ihrem Mann mit Rat und Tat zur Seite zu stehen und eigene Interessen zu fördern. Der große Unterschied bei Hillary bestand darin, daß sie zur politischen Vertrauten und Mitstreiterin mehr als alle anderen befähigt war. Die Juristin mit einem Doktorhut der angesehenen Yale-Universität ist die bestgebildete von allen Präsidentengattinnen – und die klügste obendrein. Was Amerikaner immer besonders beeindruckt: Sie verdiente auch weitaus mehr als ihr Ehemann. Als die beiden ihre Einkommensteuererklärung für 1992 publik machten, wies sie für Hillary ein Anwaltsgehalt von 203 172 Dollar auf – doppelt soviel wie im Vorjahr –, dazu 32 400 Dollar Tantiemen für Aufsichtsratsposten und Vorträge und weitere 13 199 Dollar an Zinsgewinnen; für Bill Clinton lediglich seine Bezüge als Gouverneur von Arkansas, ganze 34 527 Dollar.[10] Mit dem Einzug ins Weiße Haus allerdings mußte Hillary ihren Beruf, zumindest vorübergehend, an den Nagel hängen, und Bill wurde der Hauptverdiener der Familie mit seinem Präsidentengehalt von rund 200 000 Dollar plus Aufwandsentschädigung.

Ein wichtigerer Unterschied zu früheren »First Couples« lag darin, daß sich die Aufforderung »Cherchez la femme« in der Clinton-Administration erübrigte: Hillarys Rolle war offenkundig und öffentlich, ihr politischer Einfluß nicht das Resultat von Bettgeflüster, sondern von Kabinettsberatungen und Ausschußsitzungen. Bill Clinton stürzte, so die »New York Times«, das »Präsidentenprotokoll von 200 Jahren« um, als er eine einfache Frage einfach beantwortete.

Die Frage: Wen möchten Sie bei wichtigen Entscheidungen immer bei sich haben?

Die Antwort: »Hillary.«

Die anderen First Ladies

Mit ihren Vorgängerinnen im Weißen Haus befaßte Hillary Clinton sich erst ernsthaft, als ihr Umzug nach Washington schon in den Bereich der Wahrscheinlichkeit rückte. Um zu erfahren, was sie in Washington erwartete und wie andere vor ihr die Freuden und Bürden der unbeschriebenen Funktion bewältigt hatten, las sie angeblich 43 Biographien über die Präsidentengattinnen von einst. Sie reichten von Martha Washington, als Ehefrau des »Vaters der Nation« eine noch heute verehrte Mutterfigur der amerikanischen Republik, bis hin zum »Silberfuchs« Barbara Bush, ebenfalls beliebt wegen ihrer mütterlichen, ja großmütterlichen Art, die ihre härteren Züge wohlig verhüllte. »Sie waren eine bemerkenswerte Gruppe von Frauen«, urteilte Hillary. »Sie haben versucht, das zu tun, was sie zu ihrer Zeit für richtig hielten, für ihre Familien, um ihre Ehemänner zu unterstützen und um ihrem Land zu helfen.«[11]

Jede tat es auf ihre Weise, und jede kam so weit, wie es das Verhältnis zum Ehemann zuließ. Nur einer unter den 40 Präsidenten vor Clinton entging solch familiärem Einfluß: James Buchanan, der unmittelbar vor dem Amerikanischen Bürgerkrieg von 1857 bis 1861 regierte, war eingeschworener Junggeselle. Die meisten First Ladies beschränkten sich auf die Nebenrolle der stillen Helferin und perfekten Gastgeberin, was Mamie Eisenhower am besten zum Ausdruck brachte. »Ich habe meine Karriere gefunden«, sagte die Frau des Generals und Präsidenten

Dwight D. Eisenhower, »und sie heißt Ike.«[12] Trotzdem erkannte Kuratorin Edith Mayo, die für das Washingtoner Nationalmuseum für amerikanische Geschichte 1993 eine Sonderausstellung über die politische Macht der First Ladies vorbereitete, bei ihren Recherchen voller Erstaunen, »wie viele Frauen aktiv waren, wenn auch hinter den Kulissen, und wie viele von ihnen politisch gewandt und erfahren waren«. Mehr noch: »In vielen Fällen fühlten sie sich von diesen Männern angezogen, weil sie selbst so sehr an Politik interessiert waren.«[13]

Das galt beispielsweise für Sarah Polk, die ihrem Mann James Polk während seiner Amtszeit als Speaker (Vorsitzender) des Repräsentantenhauses von 1835 bis 1839 das Büro führte, ihm Reden schrieb und für ihn Unterstützung mobilisierte. 1845 zogen die Polks ins Weiße Haus, und Sarah bekam ein Büro direkt neben dem Oval Office des Präsidenten. »Ich werde weder den Haushalt führen noch Butter machen«, kündigte sie selbstbewußt an. Auch Mary Lincoln, die Frau eines der vier berühmtesten US-Präsidenten, war schon vor ihrer Eheschließung 1842 politisch engagiert. Während des Bürgerkriegs half sie ihrem Mann, Intriganten und Widersacher im eigenen Kabinett ausfindig zu machen. Allerdings fiel ihr Ratschlag oft unklug und impulsiv aus. Als Lincoln 1865 ermordet wurde, verfiel seine Frau vor Gram dem Wahnsinn. Lucy Hayes, die erste Präsidentengattin mit College-Abschluß, bewog als strikte Antialkoholikerin ihren Mann Rutherford Birchard Hayes, während seiner Administration von 1877 bis 1881 den Ausschank von Wein im Weißen Haus zu verbieten und wurde dafür als »Limonaden-Lucy« verspottet.

Helen Herron, Tochter eines Richters aus Cincinnati, besuchte mit 17 das Weiße Haus und nahm sich an Ort und

Stelle vor, daß sie einmal First Lady sein wollte. Sie erreichte ihr Ziel, indem sie 1886 William Howard Taft heiratete. Als er 1909 für vier Jahre ins höchste Amt eintrat und in einem Brief über die Probleme der Kabinettsbildung und des Regierungsprogramms klagte, tröstete er sich selbst mit der Aussicht: »Da meine Frau eine Politikerin ist, ... wird sie in der Lage sein, all diese Dinge zu bewältigen.« Ein Schreiben vom 25. März 1909 adressierte er an »Mrs. Taft , den wahren Präsidenten – vom nominellen Präsidenten«.[14] Doch bald darauf erlitt Helen einen Herzanfall, der sie ein Jahr lang von allen öffentlichen Funktionen fernhielt.

Florence Harding, als Millionärstochter und einflußreiche Verlegerin des *Marion Star* in Ohio zu dem Spitznamen »The Duchess« (»Die Herzogin«) gelangt, förderte nach Kräften den politischen Aufstieg ihres Mannes zum 29. US-Präsidenten. »Mein einziges echtes Hobby« nannte sie das. Nach seinem Wahlsieg 1920 soll sie gesagt haben: »Nun, Warren, ich habe dich zum Präsidenten gemacht. Was machst du nun daraus?«

Viele First Ladies bewirkten Dinge, die beständigere Auswirkungen hatten als Lucy Hayes' Alkoholverbot, vor allem in diesem Jahrhundert: Ellen Wilson, die erste Frau von Präsident Woodrow Wilson, war Ehrenvorsitzende der sozial engagierten National Civic Federation und brachte 1914 ein Gesetz zur Sanierung der Slums in Amerikas Großstädten, einschließlich Washingtons, durch den Kongreß.

Jacqueline Kennedy, eher bekannt geworden als bezaubernde und kultivierte Gastgeberin, die dem Weißen Haus einen höfischen Glanz bescherte, der gern mit dem legendären Schloß des Königs Artus verglichen wurde – Camelot am Potomac. Überdies setzte sie sich für die

Schaffung einer Nationalstiftung für die Künste und Humanwissenschaften ein. Nachdem ihr Ehemann John F. Kennedy am 22. November 1963 ermordet worden war, setzte sie ihr Projekt durch ständiges Bedrängen seines Nachfolgers Lyndon B. Johnson durch. Dessen Ehefrau Claudia, genannt »Lady Bird« (»Marienkäfer«), eine Journalistin, mit deren Geld LBJ seinen ersten Wahlkampf in Texas finanzierte, förderte soziale Anliegen und die Verschönerung der Hauptstadt: Ein Park am Potomac ist nach ihr benannt.

Rosalynn Carter schließlich zeichnete sich dadurch aus, daß sie – wie vor ihr schon Helen Taft – an Sitzungen des Kabinetts teilnahm. Sie beeinflußte offen die Politik ihres Mannes Jimmy Carter, dessen siegreiche Wahlkampfstrategie 1976 sie mit entworfen hatte, in bedeutenden Fragen: die Schaffung einer Präsidentenkommission für die Probleme der Geisteskranken, mehr Hilfe für ältere Mitbürger und Einsatz für einen Verfassungszusatz über die Gleichberechtigung von Mann und Frau *(»Equal Rights Amendment«).* »Ich weiß nicht, warum man im Land meint, eine First Lady habe nur dazusitzen und ihren Ehemann anzustaunen«, sagte sie.[15] Rosalynn und Jimmy handelten »in allem, was sie taten«, so Carters Pressesekretär Jody Powell, »gemeinsam als Partner«.[16] Nur machte Präsident Ronald Reagan die von ihr durchgesetzten Psychiatriegesetze rückgängig, und das »Equal Rights Amendment« scheiterte 1982 an mangelnder Zustimmung der einzelnen Bundesstaaten. »Als Rosalynn Carter an Kabinettssitzungen teilnahm, hätte man denken können, sie hätte eine Bombe in den Rosengarten geworfen«, erzählte ihr ehemaliger Mitarbeiter Paul Costello. »In Wahrheit spielt jede Frau eine kritische Partnerrolle im Leben ihres Ehemanns. Einige machen es öffentlich wie

Rosalynn – und werden zerschmettert –, andere nicht, wie Nancy Reagan.«[17]

Keine First Lady jedoch hielt, zumindest zeitweilig, so viel Macht in ihren Händen wie die zweite Frau von Präsident Woodrow Wilson, der 1917 durch den Eintritt in den Ersten Weltkrieg die neue Epoche des Aufstiegs der USA zur globalen Macht einleitete, dessen Ideen von den Menschenrechten (»14-Punkte-Erklärung« 1918) bis zur Institutionalisierung der internationalen Zusammenarbeit (im Völkerbund) noch heute ausstrahlen. Edith Bolling Galt war eine wohlhabende Juwelierin in Washington, die durch Vermittlung seiner Nichte den Witwer Wilson 1915 kennenlernte. Zum Entsetzen seiner politischen Berater heiratete der Präsident die forsche Geschäftsfrau. Wilson-Biograph Arthur Link schrieb: »Er glaubte, daß Gott sie zu ihm geschickt hatte – zur Gesellschaft, zur Stärkung und zur Freude.«[18] Sie teilte seine 18-Stunden-Arbeitstage, war bald seine engste Vertraute und entschied in allen wichtigen Fragen mit.

Am 2. Oktober 1919 erlitt Wilson einen lähmenden Hirnschlag, von dem er sich nur langsam erholte. Während der Rekonvaleszenz des Ersten Mannes im Staat, die nach Ansicht einiger Historiker bis zum Ende seiner Amtszeit 17 Monate später andauerte, handelte die Erste Dame als »amtierende Präsidentin«: In der Sorge, jede Aufregung könne ihn umbringen, beharrte sie auf alleinigem Zugang zu dem Kranken. Alle Anliegen von Ministern und Beratern, alle Dokumente und Gesetzesvorlagen gelangten nur über sie an Wilson. Sie kam dann aus seinem Schlafzimmer und verkündete: »Der Präsident hat gesagt …«, oder schrieb Memoranden an den Kongreß. Als zwei Minister zurücktraten, ernannte sie neue.

Politische Gegner Wilsons verdächtigten seine Frau, die

Macht im Staate unterwandert zu haben. »Wir haben eine Regierung des Unterrocks«, empörte sich einmal Albert Fall, Senator von New Mexico. »Mrs. Wilson ist Präsident!«[19] Doch Edith Wilson ignorierte alle Kritik und verstand ihr Handeln als nationale Pflichterfüllung, zumal sich Vizepräsident Thomas Marshall strikt weigerte, »die Arbeit des Präsidenten in irgendeiner Form« zu übernehmen. Dennoch sorgte der Kongreß nach der Erfahrung mit der »Regentschaft von Mrs. Wilson« für eine Verfassungsänderung, um die Nachfolge des Präsidenten im Falle von Amtsunfähigkeit genau festzulegen.

Edith Wilson ist nicht das Vorbild für Hillary Clinton. Sie bewundert eher Dolley Madison, die Frau des vierten Präsidenten, »die sehr darauf bestand, daß Frauen eine [politische] Rolle zu spielen haben«. »Außerordentlich mutig« fand Hillary, daß Dolley während des Britisch-Amerikanischen Kriegs am 24. August 1814, als die Engländer das Weiße Haus in Brand geschossen hatten, wertvolle Dokumente ihres Mannes James Madison und vor allem das berühmte Porträt George Washingtons von Gilbert Stuart vor den Flammen rettete. Unter den First Ladies dieses Jahrhunderts erwähnte Hillary in einem Interview mit der Zeitschrift *Parade* überraschenderweise Nancy Reagan, die ihr »irgendwie zerbrechlich und verletzbar und sehr ansprechend« vorkam. Sie verlor kein Wort darüber, daß Ronald Reagans zweite Ehefrau ihn zu Personalwechseln im Weißen Haus veranlaßte und nach einem Attentatsversuch 1981 seinen Reise- und Terminkalender nach Absprache mit einer Astrologin in Kalifornien bestimmte. Ihr Hauptwidersacher Donald Regan, dessen Karriere als Stabschef im Weißen Haus 1987 an ihr scheiterte, schrieb in seinen Memoiren: »Mrs. Reagan betrachtet sich als Alter ego des Präsidenten nicht nur in den alltäglichen,

sondern auch in den politischen und offiziellen Bereichen, so als gehöre das Amt, das ihrem Ehemann vom Volk übertragen wurde, irgendwie in die Kategorie der weltlichen Güter, die unter das Ehegelöbnis fallen.«[20]
Nancy Reagan, von Beruf Filmschauspielerin wie ihr Mann, ging es immer um den bestmöglichen Eindruck nach außen, von Ronald wie von ihr selbst. »Das ist heute anders«, betont der First-Lady-Biograph Carl Sferrazza Anthony. »Hillary Clinton macht sich weniger Gedanken über ihr Image als über ihre politischen Ziele, was sie erreichen kann, zunächst im Gesundheitssystem, aber fortgesetzt auch in anderen Bereichen der Innenpolitik.«[21]
Wer ihr *rôle model* unter den First Ladies ist, verriet Hillary Clinton ohne Umschweife: Eleanor, die Gattin von Franklin D. Roosevelt (kurz »FDR« genannt), unter dessen rekordlanger Präsidentschaft von 1933 bis 1945 Amerika seine tiefgreifendsten Reformen im Inneren und seine weitreichendste Machtausdehnung nach außen erlebte. »Ihre Charakterstärke und Ausdauer, ihre Intelligenz und ihr Mitgefühl waren einfach bemerkenswert«, urteilte Hillary Clinton. »Sie sah den Problemen geradewegs ins Gesicht und ging an sie heran.«[22] Schon als Gouverneursgattin in Arkansas blätterte sie oft in Eleanors politischem Tagebuch, um Rat und Trost zu finden. Eleanor Roosevelt – vielleicht auch das eine Parallele – litt unter der Untreue ihres Mannes. Eine Liebesaffäre, die Franklin 1917 mit der jüngeren Lucy Mercer begann, zerstörte im Kern die Ehe, die formell weiterbestand – nicht aber ihre politische Partnerschaft. Eleanor unterstützte nach Kräften die Reformpolitik des »New Deal« und trat gegen alle geltenden Konventionen stets für Rassengleichheit und Menschenrechte ein, so auch für die Gleichstellung der Schwarzen in der Armee.

Wie viele ihrer Vorgängerinnen diente sie ihrem Mann als »Augen und Ohren«. Von ihren viele tausend Kilometer langen Reisen durch die USA, wo sie Sozialheime und Gefängnisse, Kasernen und Bergwerke besichtigte, schrieb sie ihm Berichte und schärfte somit sein Bewußtsein für die realen Verhältnisse im Lande. Im armen West Virginia initiierte sie eine Musterwohnsiedlung. Überdies gab sie wöchentlich Pressekonferenzen, ursprünglich nur für weibliche Journalisten angesetzt, und schrieb eine regelmäßige Zeitungskolumne unter dem Titel »Mein Tag«. Eleanor Roosevelt war die erste First Lady, die vor einem Kongreßausschuß aussagte, und zwar über die sozialen Probleme des Bundesbezirks District of Columbia. Sie reiste für FDR als Emissär nach Puerto Rico, sie überredete ihn zur Schaffung einer Nationalen Jugendbehörde, und sie arbeitete sogar zeitweilig als Regierungsangestellte: 1941 im Büro für den Zivilschutz, trat aber zurück, nachdem wachsende Kritik sie zu dem Schluß gebracht hatte, daß der Versuch »unklug« war. Im Zweiten Weltkrieg flog sie zu den Kampfschauplätzen im Pazifik, besuchte Lazarette und Feldküchen. »Sie stand früh um sechs auf«, berichtete ihr Biograph Joseph Lash, »um mit den wehrpflichtigen Soldaten frühstücken zu können, weil sie nicht ihre gesamte Zeit mit Offizieren verbringen wollte.«[23]
Die erste Frau in einer amerikanischen Regierung, die Sozialreformerin Frances Perkins, verdankte 1933 ihre Ernennung zur Arbeitsministerin dem Drängen ihrer Freundin Eleanor. Obwohl die mächtigen Gewerkschaften dagegen waren, gab der Präsident seiner Frau nach, angeblich mit den Worten: »Ich streite mich lieber eine Stunde lang mit denen herum als mit dir für den Rest meines Lebens.«
Mit ihrem Engagement zog Eleanor Roosevelt nicht nur

Bewunderung auf sich, sondern auch Häme, Zorn und Haß. »30 Prozent der Bevölkerung«, urteilte die Historikerin Doris Kearns Goodwin, »hielten Eleanor wahrscheinlich für die schlimmste Person, die je existierte, eine subversive Agitatorin. Viele Südstaatler beispielsweise dachten, daß sie bei den Bürgerrechten zu weit ging. Sie schrieben Briefe an FDR mit der Aufforderung, daß sie geknebelt und an einer Kette gehalten werden solle.« Dieses Schicksal teilte sie mit den anderen aktiven First Ladies, die oft schlimmere Anfeindungen als ihre Ehemänner einstecken mußten, sozusagen als »Blitzableiter«: Mrs. Lincoln wurde im Bürgerkrieg wegen ihrer Herkunft aus Kentucky vorgeworfen, eine Spionin der Südstaaten zu sein; Mrs. Harding wurde verdächtigt, ihren Mann vergiftet zu haben; Mrs. Reagan wurde mit der lust- und machtgierigen französischen Königin Marie Antoinette verglichen. »Einer der Gründe, warum Barbara Bush eine Beliebtheitsmarge von 90 Prozent hatte«, behauptet Goodwin, »ist der, daß sie nie etwas von Bedeutung getan hat.«[24]

Kurz bevor Bill Clinton die Präsidentschaft der USA übernahm, versammelten sich im Washingtoner Mayflower-Hotel Mitglieder der Frauenorganisation *Peace Links* (Friedensbande) zu einem Festbankett. Die Band dudelte im Glenn-Miller-Sound, bis der Ehrengast erschien: Hillary Clinton, zierlich im pastellfarbenen Kostüm. Da wechselte die Musik zum Sound einer neuen Generation, Fleetwood Macs »Don't Stop Thinking About Tomorrow«. Es war Clintons Wahlhymne – und ein Leitmotiv, das beide Clintons seit langem antreibt: »Hör nicht auf, an morgen zu denken.« Kaum war sie als »Frau von beeindruckender Substanz und Intelligenz, Kultur und Weitsicht« vorgestellt, stand sie auch schon am Mikrophon und sprach von Eleanor Roosevelt: »Sie war eine Frau, deren Errungenschaften für unser Land bis heute weiterleben.« In Anspielung auf ihre eigene Lage zitierte sie, wie scharf Eleanor von den Zeitungen damals kritisiert wurde: »Sie sagten, daß sie ihre Meinungen für sich behalten solle, daß ihr Mann zum Präsidenten gewählt worden sei und niemand in Amerika auch nur das Geringste von dem hören wolle, was sie zu sagen habe. Und da ging mir auf, daß alles, was mir passiert ist, überhaupt nichts besonders Neues war. Je mehr sich die Zeiten ändern, desto mehr bleiben sie sich gleich.«[25]

Die Juristin sprach ohne Notizen, ohne Floskeln, punktgenau, in druckreif gestanzten Sätzen, wie in der Zusammenfassung eines Plädoyers. In nur 15 Minuten erfüllte Hillary Clinton an diesem Abend ihre Aufgabe, einen Preis, der den Namen Eleanor Roosevelts trägt, zu verleihen »an eine der besten First Ladies, die dieses Land je hatte«. Rosalynn Carter stand unter Beifall auf, ihre Wangen leuchteten rot. Sie nahm den Preis entgegen, tauschte Küßchen mit Hillary und bedankte sich kurz im breiten Georgia-Akzent. Dann fügte sie nur hinzu: »Hillary Clinton im Weißen Haus finde ich aufregend.« Der Saal gab begeisterten Applaus.

Wäre dies eine Zeit, in der »der kleine Unterschied« wirklich keinen Unterschied ausmachte, so hätte Hillary Rodham Clinton das Rüstzeug für das höchste Amt der Vereinigten Staaten. Die britische Wochenzeitschrift *The Economist* urteilte Ende 1992: »Nach jedem annehmbaren Maßstab ist sie eines der eindrucksvollsten Mitglieder der Demokraten ihrer Generation. Wäre ein anderer Demokrat als ihr Gatte Präsident geworden, so stünde sie obenan auf der Liste für höchste Ämter« – vielleicht als

Gesundheitsministerin. In ihrer von Ehemann Bill regierten Wahlheimat Arkansas brachte der Abgeordnete Lloyd George es 1983, beeindruckt von Hillarys Klarheit und Schärfe bei einem Hearing im Staatsparlament in Little Rock, auf den Punkt: »Ich glaube, wir haben den falschen Clinton gewählt.«[26]

In Washington kursierte Anfang 1993 folgender Witz: Bei einer Fahrt auf das Land halten Präsident Bill Clinton und seine Frau Hillary an einer kleinen Tankstelle. Der Pächter ist, wie sich herausstellt, ein »Verflossener« aus Hillarys Jugendzeit.

Auf der Rückfahrt neckt Bill seine Frau: »Was meinst du, was du heute wärst, wenn du den geheiratet hättest?«

Antwortet Hillary: »Die Frau des Präsidenten der Vereinigten Staaten.«

Immer schon die Beste

Zielstrebigkeit gehört zu ihren bestechendsten Eigenschaften, und das Vehikel ihrer Zielstrebigkeit hieß für die Tochter eines kleinen Gardinenfabrikanten von Anfang an Bildung mit Fleiß und Eifer. Das bestätigte in einem Interview mit *Paris Match* ihre Mutter Dorothy Rodham, die Hillary am 26. Oktober 1947 in Chicago zur Welt brachte: »Ich habe immer an Bildung geglaubt. ›Lernen um des Lernens willen‹ oder ›Lernen, um Geld zu verdienen‹ [...] hat Vorrang. Hillarys Erfolg ist der Beweis dafür. Dank Bildung ist sie einer der besten Rechtsanwälte des Landes geworden und nun sogar die First Lady der Vereinigten Staaten.«[27]

Hillary wuchs in der wohlbehüteten Welt eines weißen Vororts heran, mit Klavierstunden und Ballettunterricht, in Park Ridge am Rande der Millionenstadt Chicago, direkt unter der Einflugschneise von O'Hare, dem meistbenutzten Flughafen der Welt. In der Schule fiel sie vor allem dadurch auf, daß sie meist die Beste war, und das bescherte ihr ein Stipendium für das Wellesley College, eine angesehene Mädchenschule bei Boston in Massachusetts. In einer Zeit tiefgreifender innerer Erschütterungen Ende der sechziger Jahre, ausgelöst durch den Kampf der Schwarzen um Gleichberechtigung und den von großen Teilen der Jugend abgelehnten Krieg in Vietnam, wandelte sich Hillary Rodham von der durch ihren Vater geprägten rechten Republikanerin zu einer sozial engagierten Aktivistin, stets mit einem Sinn für praktische

Lösungen, nicht mit Protest und Gewalt, sondern durch Recht und Gesetz. Da lag der Weg zum Jurastudium nahe, und Hillary wählte eine der angesehensten Law Schools der USA, an der Universität Yale in New Haven, wo George Bush Wirtschaftswissenschaften studiert und vor allem Baseball gespielt hatte.
Hillary, die Musterschülerin aus Chicago, lernte 1970 in Yale Bill Clinton, den Musterschüler aus Arkansas, kennen. Wie Hillary hatte sich auch Bill aus eigener Kraft und mit unbändigem Bildungshunger aus den Beschränkungen seiner einfachen Herkunft als Halbwaise aus einem Kuhdorf namens Hope emporgearbeitet bis zu einem begehrten Rhodes-Stipendium an der Oxford-Universität in England. Sympathie wuchs zwischen den beiden Strebern in endlosen Gesprächen und Diskussionen über Amerikas Schicksal und Amerikas Zukunft. »Wir haben einfach angefangen zu reden und nie aufgehört«, sagte sie viel später in einem Interview. »Wir reden immer noch weiter.«[28]
Die Beziehung entwickelte sich durch viele Gemeinsamkeiten: das Jurastudium, das Engagement für Menschen in Not, den Wunsch nach sozialer Veränderung, das Interesse an Politik – und, bei aller Intellektualität nicht zu vergessen, die Liebe. Denn dieser Faktor entschied letztlich, daß Hillary Rodham auf eine große und hochdotierte Anwaltskarriere verzichtete, die ihr in den Metropolen der Ostküste, New York oder Washington, offenstand, und ihrem Bill auf das platte Land folgte, nach Arkansas, in einen der ärmsten und rückständigsten Staaten der Union. Bill hatte sich nun einmal fest entschlossen, hier politische Karriere zu machen.
Die Abgeschiedenheit ihrer neuen Heimat hinderte Hillary nicht daran, eine große und hochdotierte Anwaltskarriere zu machen, und auch nicht, über ihr Engagement

in sozialen Organisationen, allen voran dem Vorsitz beim auf die Probleme der Kinderarmut ausgerichteten *Childrens' Defense Fund*, Eindruck zu machen bis hin nach Washington, D. C. Währenddessen stieg Bill, den sie 1975 heiratete, zum jüngsten Gouverneur von Arkansas auf. Die insgesamt zwölf Jahre im Gouverneurspalast von Little Rock – mit zwei Jahren Unterbrechung nach einer Wahlniederlage, aus der beide Clintons bittere und heilsame Lehren zogen – bereiteten das »Billary-Team« auf den Wettkampf um den größten Preis vor: die Präsidentschaft der USA.

Ein Mann »muß« Präsident werden

Es begann an einem Augustmorgen 1991 in Little Rock, im Gouverneurspalast, im Bett. Hillary war wie immer zuerst wach und rüttelte ihren Mann aus dem Schlaf. Ohne lange Vorreden sagte sie: »Du mußt es einfach tun.« Geträumt hatte er schon lange davon, einmal in ein Rennen um die Präsidentschaft zu gehen. Reportern der Zeitung *USA Today* antwortete er 1988 auf die Frage nach seiner Zukunft unbeschwert: »Was es auch immer gelten mag – ich möchte Präsident werden.« Jeder in Arkansas wußte das, und Clinton hatte seine Wiederwahl zum Gouverneur 1990 unter anderem mit dem Versprechen gewonnen, genau das nicht zu tun. Auch hatte er sich vorgenommen, diesmal Hillarys Karriere zum Zuge kommen zu lassen, vor allem ihre bahnbrechenden Initiativen zur Verbesserung der Rechtsstellung von Kindern, an denen ihr sehr lag. Aber nun, im Sommer 1991, sah alles so verlockend aus: In seiner Demokratischen Partei gab es weit und breit keinen Kandidaten, der nach dem großen Triumph im Golf-Krieg vor wenigen Monaten George Bush, den »Befreier von Kuwait«, schlagen könnte. Schwere Kaliber, wie der New Yorker Gouverneur Mario Cuomo, dachten noch nicht einmal daran, in ein derart aussichtsloses Rennen zu gehen. Aber wartete Amerika ausgerechnet auf Bill Clinton?

»Hast du eine Vorstellung, auf was wir uns da einlassen?« fragte er seine Frau zurück.

»Ich weiß es«, erwiderte sie. »Es wird hart.«[29]

Insider behaupteten später, sie habe nur zugestimmt, weil sie selbst nicht daran geglaubt habe, daß er 1992 gewinnen könne. Es wäre nur ein Versuchswahlkampf, Vorbereitung für den echt entscheidenden in vier Jahren. Solche Anwandlungen klangen durch, als sie einer Reporterin sagte, falls Bill verliere, »werden wir zu dem Leben zurückkehren, das wir so lieben«. Nur trauen andere Beobachter Hillary Clinton genug politischen Sachverstand zu, um die günstigen Zeichen der Zeit zu erkennen und danach zu handeln.

Den Arkansern beizubringen, daß ihr Gouverneur nun doch das Weiße Haus anpeilte, war noch eine der leichteren Übungen. Ohnehin hatte Clinton 1991 auf seinen Erkundungsreisen quer durch die USA, wo er seine Chancen auslotete, mehr Zeit verbracht als im Gouverneurspalast. Seit Jahren nutzte er jede Möglichkeit, über die Grenzen seines kleinen Heimatstaats hinaus bekannt zu werden: 1986/87 war er Vorsitzender der Vereinigung der Gouverneure aller 50 Bundesstaaten, die ihn seither regelmäßig zu den fünf besten regionalen Regierungschefs zählten, 1991 sogar zum besten Gouverneur der USA. 1988 hielt er auf dem Demokratischen Parteitag in Atlanta eine – viel zu lange – Einführungsrede für den Präsidentschaftskandidaten Michael Dukakis, bei der er den stärksten Applaus für den Satz »Ich komme zum Schluß« erhielt. 1990 war er Mitbegründer und Vorsitzender einer neuen Vordenker-Gruppe seiner Partei, des Democratic Leadership Council in Washington, von dem viele der Ideen und Programme für den Wahlkampf 1992 ausgingen. Vor allem aber hatte er von seinen Schultagen an Freunde und Vertraute gesammelt, die ihm bei seinen politischen Zielen nutzen konnten – viele von ihnen sitzen heute in der Regierung.

Seinen Wunsch nach dem Weißen Haus kannte jeder, der mit Clinton auch nur ein längeres Gespräch geführt hatte. »Er ist besessen von Politik und redet über nichts lieber als die Spiele der Macht«, weiß der Journalist John Brummett aus Little Rock, einst ein Freund Bill Clintons. »Sein brennendster Wunsch von Kindheit an war es, Präsident zu werden.«[30]

Clintons Mutter Virginia Kelley, eine Narkoseassistentin, kann den Moment, in dem der Ehrgeiz in ihrem »Willie« aufflammte, sogar datieren: im Sommer 1963, als der 16jährige »glühend vor Begeisterung« von einer Reise nach Washington heimkehrte nach Hot Springs.[31] Als Jugenddelegierter des Veteranenverbands American Legion, einer von nur zwei Oberschul-Abgesandten aus Arkansas, hatte Bill Clinton seinem Idol John F. Kennedy die Hand schütteln dürfen. Damals gab Bill alle anderen Berufswünsche – Musiker, Arzt, Journalist – auf und beschloß, Politiker zu werden. »Obwohl ich in Musik sehr gut war, wäre ich nie ein großer Musiker geworden«, begründete er später einmal seine Entscheidung (er spielte in seiner High-School-Band Saxophon). »Für die Politik aber hatte ich einzigartige Fähigkeiten – ich war echt an Menschen und an der Lösung von Problemen interessiert.«[32] Das Foto der Begegnung mit JFK ist zu einem Dokument amerikanischer Präsidentengeschichte geworden. In Clintons Schuljahrbuch klebt es mit der Anmerkung eines Klassenkameraden: »Auf Wiedersehen im Weißen Haus.«

Hillary war ganz auf Bills Wellenlänge, wie der Demokrat Tom McRae, den Clinton 1990 in der Vorwahl um den Gouverneursposten schlug, aus nächster Nähe erlebte: »Sie sprengte eine meiner Pressekonferenzen mit Zwischenrufen. Sie gab zwar vor, das sei alles spontan, aber sie verteilte vorgedruckte Statements an die Presse. Bill Clinton hatte seine Freude daran.« McRae erkannte in beiden die gleiche Leidenschaft: »Bill Clinton ist der Ansicht, daß es nach der Politik kein Leben mehr gibt. Hillary unterstützt seine politischen Ambitionen voll und ganz, denn sie ist selbst sehr ehrgeizig.«[33]

So stand sie, mit Tochter Chelsea an ihrer Seite, am Mittag des 3. Oktober 1991 auf den Stufen des Alten Kapitols in Little Rock, als Bill Clinton seine Bewerbung um die Präsidentschaftskandidatur der Demokratischen Partei anmeldete. Zuerst dankte er seinen politischen Freunden für »ein Leben voller Segen« in seinen elf Jahren als Gouverneur von Arkansas, um dann seine Nächsten zu bedenken: » Ich möchte besonders Hillary und Chelsea dafür danken, daß wir diesen großen Schritt auf unserer Lebensreise gemeinsam unternehmen; Hillary dafür, daß sie meine Frau ist, meine Freundin und meine Partnerin in unseren Bemühungen, eine bessere Zukunft für die Kinder und Familien von Arkansas und Amerika zu bauen.«

Er setzte von Anfang an auf das große Thema des wirtschaftlichen Niedergangs, das die republikanischen Präsidenten Ronald Reagan und George Bush ignorierten, solange ihre reichen Förderer immer reicher wurden. »Warum verlieren wir unsere Zukunft?« fragte Clinton, und traf damit den Lebensnerv der Administration: »Keine Weitsicht, keine Taten. Nur Vernachlässigung, Egoismus und Zerrissenheit.« Dem setzte er einen großen Slogan entgegen: den »neuen Bund zum Wiederaufbau Amerikas«, ein »neuer Bund« wie in der Bibel, die der Südstaaten-Baptist durchaus als Leitfaden für das moderne Leben anerkannte.

Aber aus seiner ersten Wahlkampfrede sprach auch die eigene Lebenserfahrung, das Aufwachsen mit einer früh verwitweten Mutter in ärmlichen Umständen, und der Sinn seiner Frau Hillary für praktische Lösungen, aus eigener Kraft und ohne große ideologische Verbrämungen: »Die Verantwortung der Regierung ist es, mehr Chancen zu schaffen. Die Verantwortung des Volkes ist es, das Beste daraus zu machen.« Den Menschen sei die »hohle Rhetorik von ›rechts‹ und ›links‹ und ›liberal‹ und ›konservativ‹ egal«. Clinton bot pragmatische Lösungen an, vor allem in jenen Bereichen, in denen Hillarys Hauptinteressen lagen: Bildung und Gesundheitswesen. Gleich zu Anfang versprach er, »im ersten Jahr einer Clinton-Regierung« einen Plan zu »erschwinglicher qualitätsreicher Gesundheitsfürsorge für alle Amerikaner« vorzulegen. Hillary Clinton stand lächelnd daneben; ihre Rolle als »Zarina der Gesundheitspolitik« war noch nicht gekommen.[34]

Stand By Your Man

Zuerst mußte sie sich in einer Situation bewähren, in der sich privates und politisches Leben zu einem unheilvollen Knäuel zusammenballten. Sie war als Ehefrau herausgefordert und hielt dabei die Entscheidung über die Zukunft ihres Mannes – Sieg oder Scheitern, Eingang in die Geschichte oder Kehrichthaufen der Geschichte – in ihren Händen.

Im ersten Vorwahlkampf in den schneeverwehten Hügeln von New Hampshire, wo die Demokratische Partei mit dem monatelangen Prozeß der Auswahl ihres Präsidentschaftskandidaten begann, standen die Chancen für Bill Clinton nicht schlecht. Sein unermüdlicher Wahlkampfstil, sein Bemühen um möglichst viele Kontakte, seine klaren Versprechungen – »Bill Clinton wird die Steuern für die Mittelschicht verringern und von den Reichen ihren fairen Anteil einfordern«[35] – hatten ihn an die Spitze der Meinungsumfragen katapultiert. Auch Hillary reiste umher und schlug die Werbetrommel für den Mann mit den »neuen Ideen«. Mitte Januar 1992 führte Clinton mit 39 Prozent vor Senator Bob Kerrey aus Nebraska und dem ehemaligen Senator von Massachusetts, Paul Tsongas, der in seiner neuenglischen Heimat als Lokalfavorit galt. Am 16. Januar schlug der Blitz ein – in Form einer grell bunt aufgemachten Supermarkt-Illustrierten namens *Star* und einer üppigen Blondine namens Gennifer Flowers.

Die Zeitschrift behauptete, Bill Clinton habe Liebesaffären mit fünf lokalen Schönheiten aus Little Rock gehabt – und berief sich dabei auf Beschuldigungen aus der Rechtsklage eines Staatsbediensteten namens Larry Nichols, der seine Entlassung durch Clinton anfocht. In seiner Klageschrift von 1990 nannte er unter anderem die ehemalige »Miss America« Elizabeth Ward, die ehemalige »Miss Arkansas« Lencola Sullivan und jene Gennifer Flowers, eine Gelegenheitssängerin in Nachtclubs in Little Rock und inzwischen Verwaltungsangestellte des Staates Arkansas. Mit einem Male waren die Gerüchte über den »Weiberhelden« Bill Clinton, die in Arkansas seit Jahren herumgeisterten, Stoff für die Schlagzeilen der nationalen Presse. »WILD BILL«, schrie es die Boulevardzeitung *New York Post* in Riesenlettern hinaus. Im Gouverneurswahlkampf hatten die Republikaner den Klatsch ohne große Wirkung benutzt, nur ging es diesmal um die Präsidentschaft der Vereinigten Staaten – ein Spiel in einer ganz anderen Preisklasse, wo kein Pardon gegeben wird.

Hillary Clinton hatte die Gefahr früh erkannt. Schon im September 1991 wies sie die beiden Wahlberater Frank Greer und Stan Greenberg in Little Rock, während Bill dabeisaß, darauf hin, daß die Gerüchte, auch wenn sie unbewiesen blieben, durch ständige Wiederholung nur schlimmer würden.[36] Bei einem Pressefrühstück in Washington kurz danach erklärte Bill Clinton auf Befragen lediglich, es habe einmal Probleme in seiner Ehe gegeben; jetzt sei sie »solide«. Damit war die Sache erledigt.

Dieses Argument schien auch in New Hampshire zu ziehen, nachdem der *Star* mit seiner Enthüllung heraus war. »Zu Hause sind das alte Kamellen«, erklärte Clinton, als 20 Reporter ihn vor seinem Hotel in Nashua bedrängten. »Es ist genau überprüft worden, und es ist nicht wahr.« Er hob auch hervor, daß die Quelle, der *Star*, ein Blatt sei, das über »Marsmenschen auf der Erde und Menschen mit

Kalbsköpfen« berichte. Kläger Nichols, auf den alles zurückging, sei wegen unerlaubter Telefonate aus dem Amt entlassen worden, seine Klage längst abgewiesen. Hillary bekam sogar Beifall, als sie bei einem Wahlkampfauftritt trotzig erklärte, ihre Eheprobleme gingen niemanden etwas an; sie liebe Bill und damit basta.

Eine Woche später legte der *Star* nach. Die Titelseite posaunte »Geliebte sagt alles: Meine zwölfjährige Affäre mit Bill Clinton« und »Die geheimen Liebestonbänder, die alles beweisen«. Dazu Farbfotos von Bill Clinton – und Gennifer Flowers. In einem Interview erklärte sie, Clinton habe Hillary von 1977 bis 1989 mit ihr betrogen und sei oft mehrmals pro Woche zu ihr gekommen: »Der Sex mit Bill war wunderbar ... Wir liebten uns überall in der Wohnung, nicht nur im Schlafzimmer, sondern am Boden, in der Küche, auf der Couch, sogar unter der Dusche.« Daneben standen der Vorwurf, Clinton habe seiner »Geliebten« einen Job beim Sozialgericht in Little Rock verschafft, obwohl sie dafür gar nicht qualifiziert gewesen sei, und eine Reihe von Tonbandprotokollen, denen zufolge der Präsidentschaftskandidat der Barsängerin Tips für ihr Verhalten gegenüber der Presse gab: »... wenn sie dich jemals fragen, ob du mit mir darüber gesprochen hast, kannst du einfach nein sagen.« An anderer Stelle klagt Clinton laut *Star*, daß sein Rivale, Senator Bob Kerrey, als Junggeselle ungestraft herumscharwenzeln dürfe, und scherzt, New Yorks Gouverneur Cuomo benehme sich wie ein Mafioso.[37] (Obwohl er die Echtheit der Tonbandaufzeichnung öffentlich bestritt, entschuldigte sich Clinton dafür später bei Cuomo.)

Als Clintons Pressesprecherin Dee Dee Myers die Enthüllungsgeschichte sah, entfuhr ihr nur: »Das ist verheerend.« Berater Greenberg, dem Clinton zugegeben hatte,

daß er mit Gennifer Flowers telefoniert hatte, las entsetzt die Tonbandprotokolle im *Star:* »Diese Sachen klingen schädlich.«
In Clintons Wahlkampfmannschaft klingelten alle Alarmglocken. Es gab nur eine Person, die aus dieser verfahrenen Situation noch einen Ausweg weisen konnte: Hillary. Schon in seinen ersten Stellungnahmen bezog Bill Clinton seine Frau ein. Er habe über jeden Anruf von Gennifer Flowers mit ihr geredet, betonte er, und aus Atlanta meldete sich Hillary mit dem Kommentar, alle Flowers-Geschichten seien »unbewiesene Behauptungen«. Was er nicht verriet, war Hillarys erste Befürchtung, niemand werde ihm glauben: »Bill, Leute, die dich nicht kennen, werden fragen: Warum hat er überhaupt mit dieser Person gesprochen?« Der Kongreßabgeordnete Mike Espy aus Mississippi (den Clinton später zu seinem Landwirtschaftsminister machte) argumentierte sogar: »Ich kenne Hillary Clinton, und sie ist eine Frau mit einem starken Willen. Wenn das wahr wäre, würde Bill jetzt kein Kandidat sein, weil sie ihn nämlich umgebracht hätte.«[38]
In der Krise zeigten die beiden Partner ihre stärksten Seiten: Bill seinen Charme und seine Ausdauer, Hillary ihre Intelligenz und Schärfe. Vor der Reporterin Gail Sheehy ließ sie während eines Fluges über dem Mittelwesten die Juristin sprechen: »Wenn wir vor einer Geschworenenkammer wären, würde ich sagen: ›Miss Flowers, ist es nicht wahr, daß sie im Juni 1990 von [der Nachrichtenagentur] AP danach gefragt wurden und nein gesagt haben? Sind Sie nicht von der *Arkansas Gazette* gefragt worden und haben nein gesagt?‹ Also, ich würde sie kreuzigen!«[39] Bill versuchte die positive Wendung: »Haben wir diesem Land etwas zu bieten? Lieben wir uns? Stehen wir zu unserer Ehe? Stehen wir zu unserer Tochter? Die Ant-

wort auf all diese Fragen lautet ja. Ich glaube, das will das amerikanische Volk wissen.«[40]
Die beiden bekamen ihren Tag vor Gericht, wenn auch nicht in einem Justizpalast. Bill und Hillary Clinton traten in einer Sondersendung des CBS-Magazinprogramms *60 Minutes* vor die gesamte Nation. Sie folgte am 26. Januar unmittelbar auf die Übertragung vom Sportereignis des Jahres aus Minneapolis, dem *Super Bowl* im US-Football, bei dem eben die Washington Redskins die Buffalo Bills 37:24 geschlagen hatten. Für Publikum war also gesorgt. Die Clintons hatten ihr Interview schon vorher in einem provisorischen Studio des Hotels Ritz-Carlton in Boston aufgezeichnet. Die Spannung vorher war so groß, daß Clintons Wahlkampfstratege James Carville hemmungslos zu weinen begann und Berater Frank Greer alle mit seinem Unkenruf »Das ist eine Katastrophe« nervte.
Im Studio allerdings hatte Hillary Clinton alles unter Kontrolle. Sie beratschlagte, freundlich, aber bestimmt, mit den Technikern Kameraeinstellungen und Beleuchtung. Interviewer Steve Kroft staunte: »Man hätte nicht angenommen, daß sie seine Frau ist, eher eine Medienberaterin.«
Kroft begann mit der Kernfrage: »Wer ist Gennifer Flowers?« Bill Clinton nannte sie eine »gute Bekannte«, deren ganze Geschichte nur gekauft worden sei, und bestritt erneut die »zwölfjährige Affäre«. Seine Kernaussage indes war: »Ich habe Verfehlungen zugegeben, ich habe zugegeben, daß ich meiner Ehe Pein zugefügt habe.« Als Kroft nachbohren wollte, schaltete sich Hillary ein: »Wir sind weiter gegangen als irgend jemand, den wir kennen, und das ist alles, was wir sagen werden.« Dann kam der Höhepunkt des Interviews:

Kroft: Ich glaube, die meisten Amerikaner würden zustimmen, daß es sehr bewundernswert ist, daß Sie zusammengeblieben sind, daß Sie Ihre Probleme gelöst haben, daß Sie offenbar eine Art Übereinkunft und ein Arrangement erzielt haben.

Bill Clinton: Moment mal, Moment mal.

Kroft: Aber …

Bill Clinton: Moment mal. Sie sehen hier zwei Leute, die sich lieben. Dies ist keine Übereinkunft und kein Arrangement. Dies ist eine Ehe. Das ist etwas ganz anderes.

Hillary Clinton: Wissen Sie, ich sitze hier nicht als so ein kleines Frauchen, das wie Tammy Wynette zu ihrem Mann steht. Ich sitze hier, weil ich ihn liebe, und ich respektiere ihn, und ich ehre, was er durchgemacht hat und was wir zusammen durchgemacht haben. Und wissen Sie, wenn das den Leuten nicht genug ist, dann, zum Kuckuck, wählt ihn eben nicht.[41]

Die Würfel waren gefallen. Zwar ärgerte sich Bill Clinton darüber, daß die Sendung seine Äußerungen zu stark gekürzt wiedergab, und die Country-Sängerin Tammy Wynette sah ihren Super-Hit *Stand By Your Man* von Hillary verunglimpft, aber die breite Öffentlichkeit der USA akzeptierte die Haltung des Billary-Teams: Wenn die eigene Frau seine Seitensprünge vergeben kann, wer soll ihm dann noch grollen? Hillary berichtete später, daß die Reaktion ihrer Tochter Chelsea sie am meisten rührte. Nachdem sie zusammen mit ihren Eltern im heimischen Little Rock die *60-Minutes*-Aufzeichnung gesehen hatte, sagte die beinahe Zwölfjährige nur: »Ich bin froh, daß ihr meine Eltern seid.«[42]

Auch wenn Gennifer Flowers bei einer Pressekonferenz in New York am Tag nach der Sendung ausgelacht wurde – das allein reichte Hillary nicht. Als mahnendes Beispiel stand ihr und dem Clinton-Team das Ende des demokratischen Präsidentschaftskandidaten Gary Hart im Mai 1987 vor Augen, der sich von Reportern des *Miami Herald* mit einem Starlet namens Donna Rice auf einer Yacht namens *Monkey Business* in flagranti ertappen ließ – und den seine Frau Lee vor den Kameras sogar geküßt hatte. Unermüdlich reiste Clintons Frau in den nächsten Wochen durch New Hampshire und andere Vorwahlstaaten, um zu ihrem Mann zu stehen. Sie ermutigte ihn, wie sie später berichtete, »jeden Abend«, indem sie ihn darauf hinwies, daß »da draußen etwas wirklich Gutes passiert«, daß die Affäre nicht das Wichtigste war, sondern das politische Ziel eines demokratischen Wandels der Gesellschaft, dem sich beide verschrieben hatten.
Das half ihnen, nicht den Mut zu verlieren. »Wir hatten nicht geplant, Hillary im Norden soviel einzusetzen«, gab ihr Wahlmanager Richard Mintz zu, »aber die Ereignisse der letzten Wochen haben unser Drehbuch ziemlich zerfetzt.« Sie erntete echte Begeisterung. »Wähler fragen sie immer wieder, warum sie sich nicht selbst bewirbt«, berichtete die Zeitung *Boston Globe.* »Und warum auch nicht? Allein genommen ist [Hillary] Clinton wahrscheinlich so effektiv wie kein anderer Politiker in diesem Rennen.«[43]
Von da an begannen die Republikaner, Hillary Clinton als ernsthafte Mitstreiterin im Wahlkampf einzustufen. Sofort machten sie die blondierte Frau an der Seite des demokratischen Außenseiters zur Zielscheibe, allen voran der in der Watergate-Affäre diskreditierte Richard Nixon, der einzige US-Präsident, der je zum Rücktritt gezwungen

wurde. »Wenn eine Frau als zu stark und zu intelligent rüberkommt«, sagte er, »läßt das den Ehemann als Weichling erscheinen.« Hillary nahm es als Kompliment für den starken Eindruck, den sie im Wahlkampf machte: »Es ist kein Zufall, daß Richard Nixon mich öffentlich angreift.«[44]

Als am 18. Februar die Stimmen gezählt wurden, hatte Bill Clinton die Vorwahl zwar nicht gewonnen – der Lokalfavorit Tsongas siegte mit 33,2 Prozent der Stimmen – , aber eben auch nicht verloren. Seinen zweiten Platz – mit 24,7 Prozent weit vor allen anderen demokratischen Mitbewerbern – feierte er in Concord wie einen Sieg. »New Hampshire hat Bill Clinton heute abend zum *Comeback Kid* gemacht«, strahlte er. »Zumindest habe ich eines bewiesen: Ich kann schon einen Schlag wegstecken.«[45] Er wußte genau, daß er ohne Hillarys Löwinnenauftritt an diesem Tag seinen Rückflug nach Arkansas hätte buchen müssen: Einfach, Endstation Little Rock.

Plätzchen, Tees und Emanzipation

In den folgenden Wochen kämpfte Bill Clinton mit aller Ausdauer und Verbissenheit, die er aufbringen konnte. Er wußte, es lag nun in seiner Hand, den Stimmungsumschwung in solide Unterstützung zu verwandeln, und so reiste er kreuz und quer durch die Vereinigten Staaten, um für die nächsten Vorwahlen Punkte zu sammeln, soviel er konnte. Journalisten tauften ihn wegen seiner unermüdlichen Wahlkampfauftritte – fünf bis sechs pro Tag an verschiedenen Orten, oft in verschiedenen Bundesstaaten – den *RoboCampaigner* analog zu dem Film *RoboCop* über einen Polizisten, der, halb Mensch, halb Maschine, nicht kaputtzukriegen ist.

In geringerem Maße folgte Hillary dem Beispiel ihres Mannes. Mit einem kleinen Lear-Jet reiste sie, begleitet von einem Stab von fünf oder sechs Mitarbeitern und Freundinnen, zu den Stätten der Vorwahlen und focht in zuweilen schrillen Tönen für Bill. Wo immer die beiden hinkamen, mußten sie ihre politische Botschaft gegen das vorherrschende Interesse der Medien an der »Charakterfrage« zum Wähler durchbringen. Dazu zählte die Presse die Art und Weise, wie sich Bill als 23jähriger vor dem Wehrdienst und einem möglichen Einsatz im Vietnam-Krieg herumdrückte (er versprach späteren Reservistendienst und vergaß es dann), wie er den stets mit vagen Formulierungen bestrittenen Vorwurf, als Jugendlicher Marihuana geraucht zu haben, schließlich bestätigte (»Ich habe nicht inhaliert«); wie er berechnend seit seinen Studententagen eine politische Karriere aufbaute, ohne praktische Erfahrungen in irgendeinem Beruf zu sammeln (für *Newsweek* war das »blindwütiger Ehrgeiz«) – und letztlich blieb auch der Schatten von Gennifer Flowers über der Kampagne.

Hillary reagierte zunehmend zorniger auf die sich ständig wiederholenden Fragen nach dem Zustand ihrer Ehe. Sie schoß Giftpfeile ab, die zwar ihren Ruf als eine Anwältin bestätigten, die keinem Streit aus dem Weg geht, in ihrer Wirkung aber wenig hilfreich waren. Ohne Beweise anzubringen, behauptete Hillary, Gennifer Flowers' einziges Motiv sei Geld gewesen; Londoner Skandalblätter hätten ihr bis zu einer halben Million Dollar angeboten; die politischen Gegner hätten das Ganze inszeniert: »Wir wissen, daß die Republikaner ihr Geld angeboten haben, damit sie ihre Story ändert und meinen Mann belastet, nachdem sie die Affäre wiederholt bestritten hatte.«[46] Ihr Wahlmanager Mintz erkannte: »Je böser die Sache wird, desto entschlossener ist sie zum Kämpfen bereit.«[47] Den Gipfel erreichte die Schlammschlacht, als Hillary kurz vor der entscheidenden New Yorker Vorwahl im April Gerüchte über eine Affäre zwischen Präsident Bush und einer ehemaligen Angestellten des Weißen Hauses namens Jennifer Fitzgerald aufgriff und süffisant bemerkte: »Er soll ja auch eine Jennifer haben.« Empörung folgte dieser Bemerkung, und Hillary, durchaus fähig zu taktischen Rückzügen, entschuldigte sich öffentlich: »Niemand kennt besser als ich den Schmerz, den die Diskussion von Gerüchten, selbst in privaten Unterhaltungen, auslösen kann, und ich wollte wirklich niemandem weh tun.«[48]

Aber es gab eine andere Äußerung von Hillary Clinton, die sie wahrscheinlich bis an das Ende ihrer Karriere verfolgen wird. Clintons Hauptgegner zur Zeit des New Yorker Vorwahlkampfs, der ehemalige kalifornische Gouverneur Jerry Brown, attackierte Hillary, wo es am meisten schmerzte, an ihrer beruflichen Eigenständigkeit. Er behauptete, Clinton habe als Gouverneur von Arkansas der Anwaltsfirma, bei der seine Frau arbeitete, Staatsaufträge zugeschanzt, was an »Korruption« grenze. Als sie am 16. März 1992 beim Besuch einer Bäckerei in ihrer Heimatstadt Chicago darauf angesprochen wurde, explodierte Hillary Clinton: »Ich nehme an, ich hätte ja zu Hause bleiben und Plätzchen backen und Tees geben können.«

Dieser Spruch war bald in aller Munde und brachte die Hausfrauen Amerikas auf die Palme. Yale-Absolventin Anna Hewitt Wolfe, die fünf Jahre aus dem Berufsleben ausstieg, um ihre Kinder aufzuziehen, schrieb an die *Washington Post*, sie sei »schockiert und enttäuscht« davon, wie Hillary »herabsetzt, was ich tue«. Leserin Anne Byrnes fühlte sich »zutiefst gekränkt« und verlangte Respekt für ihre selbstgewählte Hausfrauenrolle, »wenigstens von einer Frau, die vorgibt, eine Fürsprecherin der Kinder zu sein, und deren Ehemann Präsident werden will«. Nancy J. Schrank schließlich brachte die Kritik auf den Punkt: »Hillary Clinton ist bestimmt nicht meine Wahl als First Lady.«[49]

Hillary Clinton fühlte sich mißverstanden und falsch zitiert. In der Tat hatte sie mehr gesagt als nur jenen umstrittenen Satz: »Ich habe mich entschlossen, meinen Beruf auszuüben, in den ich bereits eingetreten bin, ehe mein Mann im öffentlichen Leben stand … Die Arbeit, die ich als berufstätige Frau, als öffentliche Advokatin getan habe, zielte immer darauf ab … zu gewährleisten, daß Frauen die Wahl haben, … sei es die einer Vollzeit-Karriere, einer Vollzeit-Mutterrolle oder einer Kombination aus beidem.«[50] Hillary wies vergeblich darauf hin, daß sie jede mögliche Wahl honoriere, auch das Zuhausebleiben und Plätzchen backen, denn: »Das ist die Wahl, die meine eigene Mutter getroffen hat.«[51]

Bill Clinton haßte Jerry Brown wegen der provozierenden Attacke auf seine Frau und versuchte, ihn zum Weiberfeind abzustempeln: »Das ist typisch dafür, was Männer berufstätigen Frauen antun.«[52] Aber es half nichts. Selbst er mußte einsehen, daß Hillary die schlimmste Sünde begangen hatte, die einem Wahlkämpfer unterlaufen kann: Sie hatte potentielle Wähler verprellt. »Um gewählt zu werden, muß man zu einer Menge von Schwachköpfen höflich sein und einige dumme Kommentare hinnehmen«, betonte Max Brantley, Chefredakteur der Monatszeitschrift *Arkansas Times.* »Hillary ist keine Zeitverschwenderin. Ich habe erlebt, wie sie ungeduldig auf Reporterfragen reagierte, die sie für unwichtig hielt. Die Plätzchen-Bemerkung ist ein perfektes Beispiel. Sie war frustriert … Aber ein echter Politiker hätte nie soviel Feuer gezeigt.«[53]

In einer Meinungsumfrage der Frauenzeitschrift *Vanity Fair* Ende März hatten nur 41 Prozent der Befragten eine positive Meinung von Hillary Clinton, 24 Prozent eine negative. Und sie bekam hohe Negativwerte bei den Punkten »machthungrig« (44 %), »zu stark« (36 %) und »zu dominierend« (28%). Das bestürzendste Ergebnis rüttelte an der Substanz der Selbstdarstellung des Paares: Nur 22 Prozent hielten die Ehe der Clintons für »echt«, 53 Prozent betrachteten sie nur als ein »professionelles Arrangement«. Immer lauter stellte die Presse die Kernfrage: »Hilft Hillary oder schadet sie?«

Clintons Wahlkampfberater antworteten unsentimental und nüchtern mit »Ja«. Am 27. April schickten Stan Greenberg, James Carville und Frank Greer an Bill Clinton

ein umfangreiches Memorandum unter dem Titel »Das Projekt Hauptwahl: Zwischenbericht«. Darin hieß es, daß allen Erhebungen zufolge weniger als 40 Prozent der Wähler ein positives Bild von Hillary Clinton hatten. Vielmehr sei der Eindruck verbreitet, Hillary betreibe »Wahlkampf für sich selbst« und »sei nur auf Macht aus«: »Mehr als bei Nancy Reagan wird sie als diejenige gesehen, die ›die Show lenkt‹. Das Fehlen von Zuneigung, von Kindern und Familie und die Konzentration auf Karriere und Macht verstärkt nur das politische Problem, das von Anfang an evident war.«[54]
Die Wahlstrategen empfahlen einen Imagewandel: Hillary Clinton sollte umfrisiert werden von der selbstbewußten und eigenständigen Karrierefrau zur liebenden Gattin und treusorgenden Mutter, von der kaltschnäuzigen Emanze zur herzerwärmenden Gefährtin. Bemerkenswert detailliert schlug die Denkschrift wie ein Drehbuch kamerareife Inszenierungen für das Publikum vor, etwa daß »Bill und Chelsea Hillary zum Muttertag überraschen« oder »gemeinsame Auftritte mit Freunden, wo Hillary lachen, ihre Possen machen kann«, kurzum »Gelegenheiten, wo Bill und Hillary ein Rendezvous mit dem amerikanischen Volk haben«.
Wie *New-York-Times*-Reporter Michael Kelly, der die geheime Denkschrift ans Licht brachte, von einem engen Clinton-Mitarbeiter erfuhr, handelten die beiden »sehr ernsthaft« nach diesen Empfehlungen: »Dieses Memo erklärt den Rest des Wahlkampfs, alles, was in den nachfolgenden Vorwahlen geschah, im Juni, beim Parteitag«.[55]
Hillary überwand sogar ihre Abneigung dagegen, ihre zwölfjährige Tochter in die Wahlpropagandaschlacht einzubeziehen: Als sich die Demokraten Mitte Juli in New York versammelten, um Bill Clinton offiziell zu ihrem

Präsidentschaftskandidaten zu küren, trat auch Chelsea, in ihrer angeborenen Schüchternheit sehr unsicher wirkend, erstmals ins Rampenlicht.
Fortan kam eine modisch frisierte, dezent modern gekleidete Hillary ohne das streng wirkende dunkle Haarband über die Bildschirme, die nur lächelte und strahlte und vor allem wenig sagte. Wann immer sie herausfordernd von Journalisten gefragt wurde, ob sie Rezepte für Plätzchen habe, antwortete sie: »Sicher, ich schick' euch welche.« Sie scherzte sogar über die Flowers-Enthüllungen im *Star:* »Der wahre Skandal ist: Wer hat all diese alten Fotos von mir ausgegraben?« Sie gab auch noch Fehler zu: »Ich habe die Welt der knappen O-Töne nicht verstanden. Ich habe etwas in einem Zusammenhang gesagt, und es wurde in einem anderen Zusammenhang verstanden.«[56]
Die konservative *Washington Times* betitelte diesen Prozeß »die Entschärfung der H-Bombe«.[57]
Im riesigen Rund des Madison Square Garden, unter dem Dröhnen von Blaskapellen, dem Gejohle von Delegierten und der üblichen Karnevalsatmosphäre amerikanischer Wahlkonvente, wurde Hillary Clinton »neu eingeführt«. Ihre Freundin Linda Bloodworth-Thomason lieferte dazu einen Film, in dem eine entspannte Hillary auf der Veranda und im Garten des Gouverneurshauses in Little Rock Nettes aus ihrem Familienleben plauderte, über ihre Liebe zu Bill und ihren Stolz auf Chelsea. Als beim Abschluß die bunten Ballons von der Decke fielen, legte sie zusammen mit Tipper Gore, der Frau des Vizepräsidentschaftskandidaten Al Gore, sogar ein Damentänzchen auf die Bühne, alles herzerwärmend, alles zur besten Sendezeit.
Die ganze politische Aufmerksamkeit des perfekt inszenierten Parteitags blieb somit bei Bill Clinton, der den »neuen Bund« zwischen dem Volk und der Regierung an-

kündigte, eine bessere Zukunft für Amerika, einen neuen Anfang. Alles, was stören konnte, wurde ausgeräumt. Hillary wies zum Beispiel das Gerücht von der Hand, sie habe Bill davon abgeraten, den schon früh aus den Vorwahlen ausgeschiedenen Senator Bob Kerrey aus Nebraska als Vize zu nehmen – aber das Dementi fiel recht doppeldeutig aus: »Diese Entscheidung war seine. Als ich gefragt wurde, habe ich meine Meinung gesagt. Aber er hat entschieden.«[58] Den pragmatischen Wandel nannte der Journalist Donald Baer »ein bedeutendes Beispiel für das Talent der Clintons, die scharfen Kanten ihres Ehrgeizes zu verdecken, um politische Ämter zu gewinnen«.[59]

Von New York aus segelte Hillary weich durch den Hauptwahlkampf, sowohl bei den Bustouren mit Bill zusammen oder mit Tipper oder allein. Der wohnlich eingerichtete Wahlkampfbus wurde ihr »zweites Zuhause«. Der Frage, was sie tun würde, wenn Bill gewählt wäre, wich sie meist elegant aus. Bill Clinton gab nun die Antworten: »Sie will in unserer Administration eine Stimme für die Kinder sein, und ich will das auch. Es hat noch nie eine Kopräsidentschaft gegeben, und es wird auch jetzt keine geben, und wir haben das auch nie angedeutet.« Je mehr die Republikaner versuchten, sich unter dem Rubrum »Werte der Familie« auf Hillary als die »Lady Macbeth von Little Rock« einzuschießen, desto mehr klebten die Demokraten ihnen das Etikett der Frauenfeindlichkeit an. »Es ist nicht nur ein Angriff auf Hillary«, betonte Bill Clinton. »Es ist ein Angriff auf Frauen, die unabhängig sind, die eigene Meinungen haben und die sich ihren Lebensunterhalt selbst verdienen.«[60]

Mit geschickt lancierten Einzelheiten aus dem Privatleben konterten Clintons Medienberater den Eindruck der Familienfeindlichkeit: Bill und Hillary wurden als – trotz all der langen Abwesenheiten des einen oder anderen oder beider von zu Hause – als glückliche Familie dargestellt, die zusammen auf dem Piano herumklimpert, laut über Witze lacht und »Scrabble« spielt. Traditionelle Werte waren gefragt? Schon taucht die neue Hillary auf. »Religiös geprägt seit ihrer Kindheit«, trägt die Methodistin ihre bevorzugten Bibeltexte wie die Psalmen und die Korinther-Briefe stets bei sich in der Handtasche und betet regelmäßig mit Chelsea vor dem Zubettgehen, wie *Time Magazine* im September 1992 zu berichten wußte.[61]

Erst später kam heraus, wie stark Hillary Clinton im Wahlkampfteam agierte. Hillary-Beobachter Baer: »Hillary spielte eine maßgebliche Rolle hinter den Kulissen, um die Kampagne ihres Mannes auf Kurs zu halten – als Strategin, persönliche Beraterin und dickköpfige Antreiberin ihres manchmal weichherzigen Gatten.«[62]

Im Clinton-Hauptquartier in Little Rock, das James Carville den »War Room« nannte und in dem er zur ständigen Erinnerung an das A und O der Clinton-Politik ein Schild mit der Aufschrift »*THE ECONOMY, STUPID*« (»Die Wirtschaft, Dummkopf«) aufgestellt hatte, wurden ihre Telefonanrufe mit Anregungen, Hinweisen und Eindrücken von ihren Veranstaltungen ernstgenommen. Die Nervenzentrale des Wahlkampfs war zwar Carvilles Idee, doch ehe er ihre Einrichtung Bill Clinton vorschlug, holte er sich das Okay von Hillary. Wie immer war sie in alle wichtigen Entscheidungen einbezogen. So ließ sie sich bewegen, ihrem Mann einen Auftritt in der Fernseh-Talkshow des schwarzen Entertainers Arsenio Hall zu empfehlen, der ihm bei Jungwählern ein gewaltiges Plus einbrachte: Das Bild vom Saxophon spielenden Clinton mit dunkler Sonnenbrille ging nicht nur um die Welt, es wurde sogar im Wahlkampf für T-Shirts und Buttons genutzt. Hillary half, ihren Mann auf die wichtigen Fernsehdebatten gegen Präsident Bush und den unabhängigen »Dritten Mann«, Texas-Milliardär Ross Perot, vorzubereiten. Und sie päppelte Bill mit Honig und Zitronentee auf, als seine Allergien erneut überhand nahmen und seine Stimme wieder einmal in ein heiseres Krächzen entartete. So stand sie auch am Ende dieses kräftezehrenden Wettbewerbs an seiner Seite, am Sonntag vor der Wahl in Cincinnati, Ohio, vor dem Riverfront Stadium. Ein leichter Nieselregen machte den Auftritt etwas trostlos. Diese Veranstaltung war der Auftakt für Clintons Endspurt, eine wahnwitzige 48-Stunden-Hetztour über 5000 Meilen durch 14 Städte in acht Bundesstaaten von New Jersey bis New Mexico. Der total heisere Clinton redete noch nicht einmal eine halbe Minute, dann krächzte er: »Schlimm, es ist schlimm. Ich werde Hillary etwas sagen lassen.« Sie sprach kurz und präzise über die »gemeinsame« Politik für die USA. Beifall, Abmarsch, Abflug nach Pennsylvania.

Der Sieg war nun abzusehen: Bush steuerte auf die Katastrophe zu, weil er »die Wirtschaft, Dummkopf« bis zuletzt nicht genügend beachtet hatte, weil er einem reformwilligen Amerika nichts zu bieten hatte als noch einmal vier Jahre dasselbe – und weil Ross Perot das Wählerreservoir so spaltete, daß Clinton mit weniger Stimmen auskam als der vollen Mehrheit von 50 Prozent. Einen Tag vor der Wahl, in einem Flugzeug hoch über Ohio, erlaubte sich Hillary einen optimistischen Kommentar: »Ich war mir immer sicher, daß Bill gewinnen würde.«[63]

Mr. and Mrs. President

Am 3. November 1992 schlug Bill Clintons größte Stunde: Mit 43 Prozent der Stimmen wurde er zum 42. Präsidenten der USA gewählt. Er schlug den Amtsinhaber Bush um sechs Prozentpunkte, während Perot auf erstaunliche 19 Prozent kam, die das Ausmaß des Unmuts im Lande mit der traditionellen Politik ausdrückten. Nach dem amerikanischen Wahlsystem, bei dem ein Wahlmännerkollegium aufgrund der Siege in den einzelnen Bundesstaaten über den Ersten Mann entscheidet, kam Clinton mit Siegen in 32 Staaten und dem Bundesbezirk D.C. auf 370 »electors«; Bush hatte nur 168, Perot keine.
Bei seiner Siegesrede am späten Abend vor dem Staatskapitol in Little Rock klang die Stimme immer noch schwach, aber den Amerikanern gefiel, was er sagte: »Wenn wir keinen Sinn für Gemeinschaft aufbringen, wird der Amerikanische Traum weiter dahinschwinden.« Nur den unaufmerksamen Jubelgästen vor Ort und Fernsehzuschauern überall im Lande entging ein kleines, aber vielsagendes Detail: Bill Clinton zog den Text seiner Rede nicht aus der Jackentasche – Hillary steckte sie ihm zu.

Das Rennen um die Präsidentschaft endete, wie es angefangen hatte, im Bett, im Gouverneurspalast in Little Rock, am Morgen des 4. November. »Ich wachte auf«, beschrieb Bill Clinton das Happy-End. »Sie schaute mich an, und ich schaute sie an, und wir fingen einfach an zu lachen, so wie: Kannst du glauben, daß uns das passiert ist?«[64]

So gut auch Hillary Clinton mit ihrem eher traditionellen Rollenspiel im Herbstwahlkampf den »Hillary-Faktor« überspielte, es blieben doch Zweifel in der Wählerschaft. In einer Umfrage des Nachrichtenmagazins *U.S. News & World Report* vor der Amtsübernahme erklärten 47 Prozent der Befragten, eine tragende Rolle Hillarys in Clintons Regierung werde ihm schaden; 40 Prozent widersprachen dieser Ansicht. Sally Quinn, eine Kennerin der Washingtoner Polit-Szene, erklärte dazu: »Wenn sie zur Rolle der Kokandidatin, der Kopräsidentin zurückkehrt, werden sich die Leute so verschaukelt fühlen, als wären sie Opfer von irreführender Werbung.«[65] Genau dieses Risiko aber gingen die beiden Clintons voll ein.
Beim Antrittsbesuch der führenden Demokraten im Kongreß, dem Vorsitzenden des Repräsentantenhauses, Tom Foley, und dem Chef der Senatsmehrheit, George Mitchell, in Little Rock spielte Hillary Clinton nicht nur die Gastgeberin im Gouverneurssitz. Selbst das schwarze Haarband war wieder da – und mit ihm Hillary, die Hauptratgeberin. Im Gespräch über die politischen Prioritäten der neuen Regierung und des neuen Parlaments mischte sie voll mit. »Blieb die ganze Zeit«, berichtete Bill Clinton anschließend im Telegrammstil. »Redete eine Menge. Wußte über einige Dinge mehr als wir.«[66] Das gleiche galt, als die Spitzen von Clintons Übergangsteam, die Staranwälte Warren Christopher und Vernon Jordan, Vizepräsident Gore und Wahlmanager Mickey Kantor darangingen, Regierungsprogramm und Kabinettsliste auszuarbeiten. »Wir sitzen hier einfach um den Tisch herum und reden«, sagte Bill. »Sie ist Teil davon.«[67]
Bei einigen Personalentscheidungen war ihr Einfluß klar erkennbar, so bei der Ernennung von Gesundheitsministerin Donna Shalala, einer alten Freundin und Mitstreite-

rin im *Childrens' Defense Fund* (CDS). Robert Reich, der Mann, der angeblich die Clintons in gemeinsamen Studientagen in Yale zum ersten Rendezvous zusammengebracht hatte, wurde Arbeitsminister, ein weiterer, Mickey Kantor, ebenfalls über seine Arbeit für den CDS mit Hillary eng verbunden, Handelsbeauftragter der USA. Eine andere Freundin, die Washingtoner Steueranwältin Margaret Richardson, übernahm die Leitung der Steuerbehörde IRS. Zwei ehemalige Partner ihrer Anwaltssozietät in Little Rock stiegen ebenfalls in die große Politik ein: Webster Hubbell als stellvertretender Justizminister und Vincent Foster als Präsidentenberater. Bernard Nussbaum, Rechtsberater des Präsidenten, kannte Hillary aus gemeinsamer Arbeit im Rechtsausschuß des Repräsentantenhauses 1974, und die Hauptzuständige für innenpolitische Fragen im Weißen Haus, Carol Rasco, zählte auch zu Hillarys engstem Beraterkreis. Sie diskutierte ihre Arbeit ebenso mit Hillary Clinton wie Personalchef Bruce Lindsey, einem gemeinsamen Vertrauten aus Little Rock, seine Vorgaben für den Präsidenten.

Noch nie waren so viele Frauen in einer amerikanischen Regierung vertreten: Von den 150 höchsten Führungspositionen wurden 38 mit Frauen besetzt, genau ein Viertel (gegenüber einem Fünftel bei Bush und nur zwölf Prozent bei Reagan). Im Kabinett saßen neben Donna Shalala noch Energieministerin Hazel O'Leary, Umweltministerin Carol Browner, die Botschafterin bei den Vereinten Nationen, Madeleine Albright, die Vorsitzende des Wirtschaftsberaterstabs, Laura d'Andrea Tyson, die stellvertretende Vorsitzende des Haushaltsbüros, Alice Rivlin, die Oberstaatsärztin Dr. Joycelyn Elders – und die Justizministerin. Niemand mußte Hillary die Bedeutung des öffentlichen Rechts beibringen, und so bestand sie darauf, daß in Clintons Kabinett, jenem angestrebten »Abbild Amerikas«, unbedingt eine Frau das Justizressort übernehmen solle. Damit bescherte sie Bill ungewollt die erste Washingtoner Krise, noch bevor er sich im Oval Office richtig an seinen Schreibtisch gesetzt hatte. Ausgesucht wurde im Dezember auf Vorschlag Christophers die millionenschwere Staranwältin der Aetna-Lebensversicherung, Zoë Baird. Am 14. Januar gab Baird bei der Personenüberprüfung durch das Bundeskriminalamt FBI zu, zur Obhut für Kind und Haus in New Haven ein illegal in den USA lebendes peruanisches Ehepaar angeheuert zu haben. Baird und ihr Ehemann, der Yale-Juraprofessor Paul Gewirtz, deren Besitz auf 2,3 Millionen Dollar taxiert wurde, bezahlten den Südamerikanern nur magere 500 Dollar pro Woche und, was viel schlimmer war, entrichteten für sie keine Steuern und Sozialabgaben. Obwohl beide das am 14. Januar nachholten und sich für ihren »Fehler« entschuldigten, war Baird, in deren Zuständigkeit als Attorney-General auch die illegale Einwanderung in die USA zählen würde, nicht mehr akzeptabel. Kaum im Amt, sah sich Clinton am 22. Januar gezwungen, den »Verzicht« Bairds auf den Posten anzunehmen.

Die nächste Kandidatin für das Justizministerium, die New Yorker Bundesrichterin Kimba Wood, nahm man sich genauer vor. Nachdem sie im Oval Office mit Präsident Clinton 40 Minuten lang gesprochen hatte, ging sie die Treppe hoch zur First Lady, wo ein weiteres Vorstellungsgespräch von 50 Minuten Dauer folgte. Beide Clintons wollten wissen, ob Kimba Wood, ebenfalls Mutter, ein »Zoë-Baird-Problem« habe. Wood verneinte. Im streng legalistischen Sinn stimmte das zwar, doch ihre Anstellung einer Babysitterin aus Trinidad für ihren Sohn Ben, bei der alle Anforderungen einschließlich Steuern und Abgaben erfüllt waren, glich dem Fall der Versicherungsanwältin zu sehr, um die Juristin dem Senat schmackhaft zu machen: Warum muß eine Frau, die 400 000 Dollar im Jahr verdient, auf illegale Immigranten zurückgreifen? Nach einem letzten Gespräch mit Hillarys Vertrautem Nussbaum am 4. Februar schied Kimba Wood ebenfalls aus.

So gaben zweimal Frauenprobleme – die Koppelung von Arbeits- und Mutterpflichten – den Ausschlag, um zwei hochqualifizierten Frauen das bisher immer nur von Männern geleitete Justizministerium zu verweigern. Bezeichnenderweise spielten häusliche Probleme keine Rolle, als die Männer für Clintons Kabinett in den Senatsausschüssen geprüft wurden. Der demokratische Parteivorsitzende Ron Brown, ein schwarzer Lobbyistenanwalt, enthüllte in einem Fernsehinterview, daß er im Januar 1993 nachträglich Sozialhilfeabgaben und ein Bußgeld für eine Angestellte bezahlt hatte, »die meiner Frau beim Hausputz geholfen hat« – und damit war die Sache erledigt. Niemand stellte deshalb Browns Ernennung zum Handelsminister in Frage.

Die Frau, die schließlich am 11. Februar das Justizressort übernahm, hieß Janet Reno, stammte aus Florida, war ledig und kinderlos. Als zähe, unbestechliche und dennoch liberale Oberstaatsanwältin in der Drogenhochburg Miami hatte sie sich einen Namen gemacht: die Frau, die »mit Alligatoren ringt« (sie gab einmal zu, in reptilienverseuchten Gewässern geschwommen zu sein, aber gerungen hat sie wohl eher mit menschlichen Ungeheuern). Um ihren Ruf wußte Hillarys Bruder Hugh Rodham, der in Miami als Justizfahnder arbeitete, und er schlug sie seiner mächtigen Schwester in Washington vor. In ihrer Befragung brachte Janet Reno von selbst auf, daß Gegner sie als Lesbierin anschwärzen wollten, woran nichts wahr sei. Mit der 54jährigen konnte Hillary schließlich auch Bill überzeugen, obwohl beide am liebsten auf Leute zurückgriffen, die sie persönlich kannten – keinen Moment zu früh, denn der Präsident hatte schon begonnen, auch männliche Kandidaten ins Kalkül zu ziehen. Auf die Frage von Journalisten, welche Rolle Hillary hinter den Kulissen bei Reno gespielt habe, antwortete Bill Clinton einsilbig: »Keine.«[68]

Doch da gab es auch einen vielsagenden Versprecher, ganz gewiß ein Freudscher, der ganz Amerika zum Schmunzeln brachte. Zu einem Bankett im Weißen Haus kündigte der Ausrufer die Hausherren mit den Worten an: »Ladies and Gentlemen, the President of the United States, Bill Clinton, and the Vice – the First Lady, Hillary Rodham Clinton.«

Hillary findet an ihrem Einfluß nichts auszusetzen. Immerhin war sie die erste Präsidentenfrau, die nicht nur im Ostflügel des Weißen Hauses das traditionelle Repräsentationsbüro bekam, sondern auch einen Arbeitsbereich im Westflügel, wo die Politik gemacht wird, nur einen Treppenaufgang hoch vom Zentrum der Macht, immerhin leitete sie als Beauftragte für die Gesundheitsreform einen Stab von über 500 Mitarbeitern. »Ich bin bei allen Kabinettspositionen konsultiert worden und habe seinem Wunsch nach Ratschlägen entsprochen«, erklärte sie in der Frauenzeitschrift *Redbook*.[69] In der praktischen Arbeit des Weißen Hauses beschränkte sich Hillary Clinton nicht auf den Gesundheitsbereich. Ihr Interesse schloß den gesamten Bereich der sozialen Sicherung ein, mit einem Schwergewicht auf den Problemen von Frauen und Kindern. Bildung gehört dazu, wie Erziehungsminister Richard Riley und seine Stellvertreterin Madeleine Kunin erfahren mußten, als sie im Februar ins Weiße Haus kamen, um Gesetzesinitiativen aus ihrem Ressort mit dem Präsidenten zu besprechen: Sie mußten mit seiner Frau vorliebnehmen.[70]

Bei den endlosen Beratungen im Weißen Haus über den ersten Haushalt der Clinton-Administration trumpfte Hillary als energische Beraterin auf. Radikaler als Finanzminister Lloyd Bentsen oder Budgetdirektor Leon Panetta setzte sie sich für Einsparungen bei der Sozialversicherung und der Beamtenaltersversorgung ein. Obwohl alle anderen dagegen votierten, kam Bill Clinton bis zur endgültigen Ablehnung wieder und wieder auf die von Hillary zäh vertretenen Vorschläge zurück. Diskussionsteilnehmern schien eher sie als Bill sich bewußt zu sein, welche finanziellen Erfordernisse die neue Politik stellen würde, wie sehr sich der Kongreß gegen Steuererhöhungen wehren würde und wie sehr die Öffentlichkeit, von Ross Perot sensibilisiert, auf dem versprochenen Abbau der Staatsschulden beharren würde (Anfang 1993 waren sie auf vier Billionen Dollar angewachsen). »Sie haben beide ein ausgeprägtes soziales Bewußtsein«, beschrieb Panetta das Ehepaar Clinton, »aber beide sind auch gleichermaßen praktisch veranlagt und dickköpfig obendrein.«[71]

Ehe Bill Clinton am 17. Februar seine Wirtschaftsrede vor dem Kongreß hielt, berichtete *Newsweek,* »ging der Text durch endlose Entwürfe, wobei Hillary immer wieder eingriff«. Einmal klebte sie sogar Zettel mit Redeelementen, die auf dem Konferenztisch im Roosevelt Room liegengeblieben waren, wieder zusammen. Ein Mitarbeiter des Weißen Hauses beschrieb in *Time* Hillarys Rolle: »Bei Sitzungen ist der Präsident immer in der Mitte des Tisches, der Vizepräsident rechts von ihm und Hillary, wo immer sie sitzen will. Und der Refrain, an den wir uns alle gewöhnt haben, lautet: ›Was denkst du darüber, Hillary?‹ … Wenn eine Rede umgeschrieben werden muß, frage Hillary. Wenn eine Rede gehalten werden muß, frage Hillary. Wenn der Präsident an einem Problem herumkaut, frage Hillary. Kurzum: Es ist nie verkehrt, Hillary zu fragen.« Der politische Konsultant Paul Begala fügte hinzu, es sei für jeden Mitarbeiter mit einem Problem »viel einfacher, sich an Hillary zu wenden als an den Präsidenten. Ich habe noch nie erlebt, daß sie die Beherrschung verliert, und man kann ihr alles sagen.«[72] Sie selbst ermahnte ihren Stab immer wieder, keine Scheu vor ihr zu haben: »Ich will alles auf dem Tisch haben.«

Die Erste Frau im Staat fand an ihrer Rolle als Erste Ratgeberin keinen Makel: »Ich glaube nicht, daß es irgend etwas besonders Geheimnisvolles an der Rolle gibt, die ich im Leben meines Ehemanns spiele und immer gespielt habe. Und ich glaube, das sollte durchaus positiv betrachtet werden. Ein Präsident hat das Recht, sich von jedem Rat zu holen, der ihm guten Rat geben kann, auch von jemandem, mit dem er verwandt ist, sei es Präsident Kennedy und sein Bruder oder ein Präsident mit seiner Ehefrau.«[73]

Die Anspielung auf John F. Kennedy und seinen Bruder Robert, der zum Justizminister ernannt wurde und engster Berater des Präsidenten wurde, entbehrte nicht der Pikanterie. Denn Kennedys Nachfolger Johnson ließ 1967 in ein neues Bundesbesoldungsgesetz einen Passus gegen solche Vetternwirtschaft einbauen, wonach ein Amtsträger keinen Verwandten in einer Behörde »ernennen, anstellen, befördern [oder] voranbringen darf, in der er dient oder über die er Jurisdiktion oder Kontrolle ausübt«.[74]

Hillary weiter: »Ich möchte wirklich einen Beitrag leisten – und das habe ich schon immer gewollt. Und niemand bestimmt Richtlinien oder bestimmt die Politik außer dem Präsidenten. Alle anderen dienen ihm nach seinem Gutdünken ... Ich bin in das einbezogen, was er tut und indem ich ihm Rat gebe. Aber ich nehme auch die Pflichten der First Lady sehr ernst, ... und ich will wirklich helfen, daß das Weiße Haus ein Ort ist, der für die Menschen offen und zugänglich und gastfreundlich ist. Und dann tue ich, was immer er sonst noch von mir will.«

In ihrer traditionellen Aufgabe, als Gastgeberin im Weißen Haus, bewährte sich Hillary von Anfang an mühelos. Die besten Köche, Floristen, Kellner, Kammerdiener, Chauffeure und Arrangeure erleichtern ihr die Aufgabe natürlich. Hillary sorgte dafür, daß »gesundes, frisches amerikanisches Essen« auf den Tisch kam, auch wenn ihr ursprünglicher Plan, Gemüse und Geflügel bei kleinen Farmern einzukaufen, am Veto der Sicherheitsbeamten scheiterte. Bei Bushs war französische Haute Cuisine gefragt. Die Clintons baten wieder amerikanische Küchenchefs um Menüanregungen für das Weiße Haus. Zu seinem eigenen Erstaunen gehörte dazu auch John Sneddon von Rocklands Barbecue, einem Stehimbiß an Washingtons Wisconsin Avenue, der allerdings eine der besten Barbecuesoßen der Hauptstadt serviert, fast so gut wie in Arkansas. Brokkoli, das von Präsident Bush seit Kindesbeinen verabscheute Gemüse, kam wieder auf den Speiseplan.

Viele Gäste wollte Hillary Clinton im Weißen Haus haben, und nicht nur die Reichen und Mächtigen. Die Leute von nebenan sollten Gelegenheit haben, mit dem Präsidenten zu speisen, so wie sie ihn und seine Frau am Tag nach der Vereidigung im stundenlangen Defilee beglückwünschen konnten. Der First Lady schwebte sogar eine »Lotterie in jedem Bundesstaat« vor, Hauptpreis ein Empfang in 1600 Pennsylvania Avenue. Nur eines verbot Hillary allen, die den Präsidentenpalast betraten: Rauchen war endgültig out. Es gab viele Gründe dafür: Die Allergien, die beide Clintons plagen; »die Atmosphäre hier, und das Alter des Hauses, die Möbel«[75] – so Hillary Clinton – , vor allem aber die logische Konsequenz einer Frau, die daran ging, Amerika ein neues Gesundheitssystem zu verschreiben. Denn die Reform hatte für sie – und ihn – nicht nur etwas mit staatlicher Hilfestellung zu tun, sondern auch mit Eigenverantwortung, damit, daß »der einzelne verantwortungsbewußt für sich selbst sorgen muß und ein Verständnis dafür bekommt, was gesund ist und was krank macht«.[76]

Eine Reform für alle Amerikaner

Obwohl Amerikas Gesellschaft zu den wohlhabendsten der Erde gehört, lebte ein großer Teil der Bevölkerung, von dem nur die reichsten ausgenommen waren, in ständiger Furcht vor einer schweren Krankheit. Nicht etwa, weil die Ärzte schlecht ausgebildet oder die Krankenhäuser schlecht ausgerüstet wären – das Gegenteil traf für die meisten Gegenden der USA zu. Sie waren einfach nur zu teuer. Krankheit konnte selbst eine Familie aus dem Mittelstand finanziell ruinieren: Ein Krebsleiden, das eine Serie von Operationen oder eine Strahlentherapie erforderte, oder ein Verkehrsunfall, der zu Dauerinvalidität und Pflegebedürftigkeit führte, konnten den bestehenden Versicherungsschutz sprengen und eigene Mittel bis zur bitteren Neige aufzehren. Fast 37 Millionen Amerikaner hatten überhaupt keine Krankenversicherung und waren auf die Wohltätigkeit des Staates angewiesen.

So zum Beispiel Paul Cohen, 51 Jahre alt, als er 1991 nach 25 Jahren im Einzelhandel von Philadelphia seinen Job als Leiter einer Supermarktfiliale von einem auf den anderen Tag verlor. Seine Krankenversicherung, vom Arbeitgeber bezahlt, büßte er ebenfalls ein. Nur seine beiden Kinder, der sechsjährige Wayne und die neunjährige Cassandra, wurden über die städtische Sozialbehörde weiterversichert. »Ohne Krankenschutz zu sein«, klagte Paul Cohen, »beunruhigt mich am meisten. Wir haben die beste medizinische Versorgung der Welt, aber sie ist herzlos. Wenn man nicht versichert ist, lassen sie einen gnadenlos fallen.

Ich war einmal mit akuten Nierenproblemen im Krankenhaus. Ich schrie vor Schmerzen, aber die fragten, ehe ich überhaupt einen Arzt zu sehen bekam, erst einmal: ›Sind Sie auch versichert?‹«[77]
Schon der Blick auf die Statistiken des amerikanischen Gesundheitswesens genügte, um den Ruf nach einer Reform auszulösen. Im Jahre 1950 gab der Durchschnittsamerikaner 459 Dollar für seine Gesundheit aus; 1990 waren es 2566 Dollar, was bei einer Familie mit zwei Kindern leicht die 10 000-Dollar-Grenze überschreiten konnte. Insgesamt betrugen 1990 die Ausgaben 666 Milliarden Dollar, rund 100 Milliarden mehr als sämtliche Verteidigungsausgaben und 416 Milliarden Dollar über den Krankenkosten von 1980. Etwa ein Viertel der Behandlungskosten erstatteten Amerikaner aus eigener Tasche, ein weiteres Drittel kam von privaten Krankenversicherungen, der Rest aus staatlichen Krankenschutzprogrammen bei Bund, Einzelstaaten und Kommunen, darunter *Medicare* und *MedicAid,* von denen vorwiegend alte und arme Bürger profitierten. Dabei stand die Ausgabeninflation in keinem Verhältnis zum Resultat, obwohl Amerikaner im Schnitt doppelt soviel für ihre Gesundheitsvorsorge zahlen mußten wie Deutsche. Der mit dem Nobelpreis ausgezeichnete Ökonom Milton Friedman verglich die Medizinbürokratie mit einem »Schwarzen Loch«, »das gleichzeitig Ressourcen aufsaugt und in seiner Leistung schrumpft«.[78] Unternehmen, die ihren Beschäftigten Krankenschutz anboten, stöhnten immer mehr unter der drückenden Kostenlawine: General Motors etwa gab 1990 rund 3,2 Milliarden Dollar dafür aus, wodurch jedes in den USA produzierte Auto mit etwa 770 Dollar belastet wurde.[79] So war auch die Wirtschaft reformbereit, denn jedermann wußte, es konnte nur schlimmer werden, wenn nichts geschah.

Welche politische Sprengkraft in dem Thema Gesundheitsreform steckte, bewies am 5. November 1991 der Demokrat Harris Wofford, ein bis dahin relativ unbekannter Hochschullehrer aus Philadelphia. Er gewann eine Nachwahl um einen der beiden Senatssitze von Pennsylvania gegen den ehemaligen Justizminister Richard Thornburgh, einen Republikaner und Bush-Spezi. Woffords Wahlkampf kreiste um das Versprechen, sich im Senat für eine nationale Krankenversicherung einzusetzen. Innerhalb weniger Wochen stieg die Zahl der Gesetzesvorlagen zur Gesundheitsreform auf 30 an, und Präsident Bush versprach »einen umfassenden Plan zur Gesundheitsvorsorge«. Doch im Wahlkampf des Jahres 1992 hatte er nichts Derartiges zu bieten und kritisierte nur, daß sein Gegenkandidat ein Gesundheitssystem ohne Effizienz und »mit dem Mitgefühl des KGB« plane. Dennoch machte Bill Clinton das heiße Eisen zu seinem Schlager – und Bush hatte das Nachsehen.

So konnte es nicht verwundern, daß Bill Clinton die Gesundheitsreform zu einer seiner ersten Prioritäten machte. Indem er seine Frau mit dem gewaltigen Projekt beauftragte, machte er diesen Vorrang auch jedem deutlich. Kaum ernannt, machte sich Hillary Rodham Clinton, unterstützt von dem New Yorker Unternehmensberater Ira Magaziner, daran, die besten Köpfe in ihrer *Task Force* zu sammeln. In monatelanger Arbeit trugen 511 Regierungsbeamte, Kongreßmitarbeiter und Experten von außen alle Mosaiksteine zu diesem Reformwerk zusammen, in Anhörungen und Konferenzen äußerten sich Patienten, Ärzte, Versicherer, Arzneimittelhersteller und Unternehmer zu den langsam konkreter werdenden Plänen.

Die First Lady ging mit Feuereifer an die Aufgabe. Zuallererst stellte sie sich den Gesetzgebern im Kapitol in sechs Stunden am Telefon vor, dann besuchte sie regelmäßig alle maßgeblichen Leute und Institutionen in Senat und Repräsentantenhaus, wobei sie Vertreter der Republikanischen Partei, von deren Senatschef Robert Dole abwärts, nicht ausnahm. 31mal traf sie sich in den folgenden Monaten mit Abgeordneten des Repräsentantenhauses, 19mal mit Senatoren. Außerdem kreuzte sie wie eine Wahlkämpferin durch die USA, um für ihre Reform »im Auftrag des Präsidenten« zu werben und breite Unterstützung zu mobilisieren. Sie machte komplizierte Dinge verständlich, so bei einer Pressekonferenz in Washington: »Leute, denen wegen einer bestehenden Krankheit die Versicherung verweigert wird ..., die zu den 100 000 Amerikanern gehören, die jeden Monat ihren Krankenschutz verlieren, ... – ich glaube, die Amerikaner wissen, daß wir ein Problem haben.«[80] Auf einem Seminar in Harrisburg (Pennsylvania) wetterte sie gegen die Preistreiberei der Pharmaindustrie (6,69 Dollar kostete der Impfschutz für ein Kind 1981, zehn Jahre später bereits 90,43 Dollar), und schon am nächsten Tag verkündete Bill Clinton, als er zusammen mit Hillary ein Krankenhaus in Arlington besuchte, ein Impfschutzprogramm für eine Million Kids an und verurteilte »Profite auf Kosten der Kinder«.[81] Vor schwarzen Kongreßabgeordneten beklagte Hillary Clinton, daß Minderheiten in den USA »unverhältnismäßig unterversorgt« sind und viel mehr von Herzleiden, Krebs, AIDS und Diabetes bedroht sind als weiße Amerikaner.[82] In Boston attackierte sie die Krankenversicherungen, die so handelten, »als sollte niemand krank werden – einfach tot umfallen, ohne daß jemand ins Krankenhaus geht«.[83] In Des Moines (Iowa) versprach sie Studenten, künftig würden die Kosten so unter Kontrolle gehalten, »daß jedem Amerikaner qualitativ gute und erschwingliche Gesundheitsfürsorge zur Verfügung stehen wird«.[84] In Lincoln (Nebraska) warnte sie vor Nichtstun; dann nämlich würden sich »die jährlichen Krankenkosten für eine amerikanische Familie bis zum Ende des Jahrzehnts verdoppeln.«[85]

Hillarys Arbeit am Reformpaket wurde am Freitag, dem 19. März 1993, jäh unterbrochen. Während eines lockeren und fröhlichen Treffens mit Mitarbeitern aus dem Wahlkampf und aus ihrem Stab bei einem Lunch im Weißen Haus flüsterte ein Adjutant ihr eine böse Nachricht ins Ohr: Ihr 82jähriger Vater Hugh Rodham hatte in Little Rock einen Herzanfall erlitten. Sein Zustand war ernst, und er befand sich im St.-Vincent-Krankenhaus. Hillary erbleichte und machte sich sofort auf den Weg nach Arkansas. Ihre Tochter Chelsea nahm sie mit. Die nächsten 16 Tage verbrachte die First Lady an der Seite ihres sterbenden Vaters im Krankenhaus. Obwohl ihr ein Zimmer mit Telefon und Faxgerät eingerichtet wurde, konnte sie sich kaum auf die in Washington zurückgelassene Arbeit konzentrieren. Statt dessen verbrachte sie Stunden nur wartend oder mit Chelseas *Game-Boy* spielend. Einmal besuchte Präsident Clinton seinen Schwiegervater und seine Familie. Hillary wollte noch nicht einmal über die Gesundheitsreform reden, obwohl die Frist für die Vorlage des Plans – 100 Tage – bereits nicht mehr einzuhalten war. »Was ich dort sah«, berichtete Skip Rutherford, ein Freund der Familie, nach einer Visite, »war nur eine Tochter, die sich schreckliche Sorgen um ihren Dad machte.«[86]

Die First Lady begleitete noch nicht einmal ihren Mann zu dessen erstem Gipfeltreffen mit dem russischen Präsidenten Boris Jelzin in der kanadischen Hafenstadt Vancouver. Nur einmal nahm sie einen Termin wahr, einen Vortrag vor 14 000 Menschen an der Universität von Texas in

Austin am 6. April. Sie sprach über ihre Politik, mehr aber über Leben und Tod und den Sinn menschlicher Existenz. Zum Gesundheitsprogramm sagte sie nur: »Solange ich am 1. Mai fertig bin, wird der Präsident, glaube ich, zufrieden sein.« Am nächsten Tag starb ihr Vater.

Trotz der schweren Tage danach und der Sorge um ihre nun allein zurückgebliebene Mutter nahm Hillary Clinton die Fäden in ihrer *Task Force* bald wieder auf, doch konnte sie weder den Termin 1. Mai noch Ende Mai noch Mitte Juni einhalten. Das komplexe Thema bot sich nicht zu einfachen Lösungen an und geriet bald in den Windschatten schwerer politischer Stürme. In einer Rede vor Gewerkschaftsfunktionären, die rund 400 000 Bedienstete des Gesundheitswesens vertraten, verteidigte Hillary Clinton die Reform kämpferisch. »Wenn wir nichts tun, wird es weiterhin Leute geben, die vom bestehenden System profitieren, während viele ohne Versorgung bleiben«, sagte sie am 26. Mai in Washington. »Bei der Gesundheitsdebatte geht es um Sicherheit.« Die Gesundheitsindustrie mache riesige »Profite auf Kosten der Patienten«, die langsam den Lebensstandard aufzehrten. »Wir müssen den Willen aufbringen, uns dagegenzustellen und zu sagen: Wir stellen das amerikanische Volk und seine Gesundheit auf den ersten Platz.«[87]

Sie hatte damit die Mehrheit dieses Volkes auf ihrer Seite. In einer Meinungsumfrage der *Washington Post* Ende April 1993 stimmten 56 Prozent der Befragten ihrer Arbeit zu. 80 Prozent fanden das US-Gesundheitswesen nicht gut; 57 Prozent waren bereit, für eine Reform mehr Steuern zu zahlen, bei Aufschlägen auf Zigaretten- und Alkoholsteuern sogar mehr als 70 Prozent; 82 Prozent stimmten Preiskontrollen der Regierung auf ärztliche Leistungen, Krankenhaus- und Arzneikosten zu. Diese

Kernelemente bezog Hillary Clinton in ihr Reformprogramm ein: eine allgemeine Krankenversicherung für alle Amerikaner, die die Kosten von stationärer Behandlung voll, von ambulanter Behandlung zu 75 Prozent, aber von Medikamenten, Psychotherapien und Zahnbehandlung nur zu noch geringeren Teilen übernimmt; regionale Krankenversicherungspläne, die neben dem Standardpaket für alle auch Zusatzversicherungen anböten, ähnlich dem deutschen System; Übernahme der Versicherungsprämien durch den Arbeitgeber, stufenweise von einer bestimmten Beschäftigtenzahl aufwärts, und bei Arbeits- oder Mittellosen durch die Regierungsbehörde *Medicaid;* strenge Kostenkontrolle durch bundes- und einzelstaatliche Behörden, vor allem beim milliardenteuren Verwaltungsaufwand, ähnlich wie in Kanada.

Das Dilemma der Gesundheitsreformer lag zwischen dem Bemühen, möglichst alle Amerikaner möglichst umfassend zu versichern und die Kosten dafür zu dämpfen sowie allzu krasse Steuererhöhungen zu vermeiden. Der Mehraufwand der Clinton-Reform – schätzungsweise 30 bis 50 Milliarden Dollar – führte im Weißen Haus bald zu lautstarken Zusammenstößen zwischen Hillarys Gesundheitsadvokaten und Bills Haushaltsstrategen. Die Wirtschaftsberater des Präsidenten meldeten die Befürchtung an, daß die Gesundheitsreform alle Anstrengungen zunichte machen würde, die Staatsverschuldung zu reduzieren und sogar – wegen der Zusatzbelastung von Unternehmen und Steuerzahlern – den Wirtschaftsaufschwung bremsen könnte. Hillary Clinton versicherte, mit ihren Vorschlägen würde »auf lange Sicht Geld gespart«, würden die Bürger im Durchschnitt weniger zahlen als unter dem alten System: »Es wird nicht jeden glücklich machen«, betonte sie in Baltimore, »aber es wird für jeden fair sein.«[88] Bill Clinton ging es auch um seine rasch absackende Popularität und um den Ruf seiner Partei: »Wir werden jetzt jeden Tag bezichtigt, typische Demokraten zu sein, die nur die Steuern erhöhen und Geld ausgeben.«[89] Als Clintons Konjunkturprogramm im Kongreß gescheitert war und sein Haushaltsentwurf nur mühsam die parlamentarischen Hürden genommen hatte, legte er Hillarys ehrgeiziges Projekt zunächst einmal auf Eis. Wieder einmal trat Hillary Clinton aus politischer Räson ins zweite Glied zurück. Sie ließ jedoch keinen Zweifel daran, daß die Reform ein Kernstück der demokratischen Werbung im Zwischenwahlkampf des Jahres 1994 sein würde. Auch Bill Clinton wußte: Krankheitsvorsorge für alle war ein Versprechen, das er nicht brechen durfte, wenn er von einer Wiederwahl 1996 auch nur träumen wollte. »Mein Mann glaubt, daß es jedes Risiko wert ist, ein neues Gesundheitssystem für dieses Land zu schaffen«, unterstrich Hillary in einem Interview. »Er glaubt, Präsident zu sein wäre nichts wert, wenn er das nicht kann.«[90]

Obwohl Hillary Clinton keine Gesundheitsexpertin war, beeindruckten ihre Sachkenntnis und ihr Einsatz die Fachleute im Kongreß. Der demokratische Senator Patrick Leahy sagte: »Das ist das erste Mal in meinen 19 Jahren hier, daß ich glaube, es wird etwas aus der Gesundheitsreform.«[91] Selbst die Gegenpartei zollte Hillary Anerkennung. »Sie scheint die einzige Person [in der Clinton-Regierung] zu sein, die ihre Ziele rüberbringt«, lobte Bushs Propagandistin Mary Matalin. »Es ist eine Ketzerei für mich als Republikanerin, so etwas zu sagen, aber als Frau bin ich einfach stolz.«[92] Allerdings kritisierten Gegner, darunter die Republikaner im Kongreß und die Medizin-Lobby, daß die First Lady zu viele Sitzungen hinter verschlossenen Türen abhielt, und erzwangen per Gerichtsbeschluß mehr Öffentlichkeit. »Hillary hat sich die besten von allen Welten ausgesucht: Autorität ohne Verantwortlichkeit«, rügte der Kolumnist John Omicinski. »Ihr Beharren auf Geheimniskrämerei ist bezeichnend.«[93] Hier trafen die Kritiker einen Nerv bei Hillary Clinton, die wegen ihrer schlechten Erfahrungen mit der Presse verfrühte Publicity ausschalten wollte. Nur äußerst selten ließ sie sich in den ersten Monaten im Weißen Haus auf Interviews ein und wenn, dann lud sie Vertreter von Hausfrauenzeitschriften wie *Parade, Family Circle* und *Good Housekeeping* ein, von denen sie kein kritisches Hinterfragen zu befürchten hatte.

Die intensive Detailarbeit und die politischen Kämpfe forderten ihren Zoll von Hillary Clinton. Als sie einmal gefragt wurde, ob sie noch regelmäßig Sport und Gymnastik betreibe, entgegnete sie: »Der Job verzehrt jede freie Minute. Ab und zu muß ich auch mal eine volle Nacht durchschlafen.«[94] Ihre Freundin Diane Blair, eine Professorin an der Universität von Arkansas, bestätigte nach einem Besuch im Weißen Haus: »Es war eine sehr, sehr kräftezehrende und anspruchsvolle Zeit [für Hillary]. Sie wird sehr, sehr müde. Aber sie macht alles, so wie sie es immer schon gemacht hat.«[95]

Gute Taten – schlechte Tage

In Washington, wo der Zugang zu den Mächtigen als höchstes Merkmal sozialen Ansehens gilt, wirkte der große und wachsende Freundeskreis des Ehepaars Clinton wie ein Magnet. Fast jeder wollte dazugehören, entweder als »Freund von Bill« (amerikanisches Kürzel: FOB) oder »Freund von Hillary« (FOH) oder, am besten, »Freund von beiden« (FO2). Kritiker wandten ein, daß unter ihnen zu viele der Reichen und Mächtigen waren – plus eine ganze Serie von Hollywood-Stars wie Barbra Streisand, Paul Newman und Mary Steenburgen – und zu wenige von den John und Jane Does, den amerikanischen Normalbürgern. Gerade diese Menschen zu bewegen, die eigenen Talente für das Land und seine Menschen möglichst uneigennützig einzusetzen, war von Anfang an Absicht der Clintons. Mit strengen Verhaltensregeln versuchte Bill Clinton, stets auf die Außenwirkung seiner Maßnahmen bedacht, seine Mitarbeiter vor einer Ausnutzung ihrer Funktionen zur Selbstbereicherung oder gar vor einem Mißbrauch zum Schaden anderer abzuhalten. So mußten sich zum Beispiel alle Minister verpflichten, nicht sofort nach dem Ausscheiden aus der Regierung in den Sold eines Großunternehmens zu schlüpfen, um sich dort ihr Wissen und ihre Kontakte versilbern zu lassen.
Sie selbst, obwohl keineswegs aus reichen Familien, fühlten sich dagegen gefeit. »Niemand von uns beiden hat sich je darum geschert, reich zu werden«, erklärte Bill Clinton einmal. Dennoch gehörten sie natürlich zur privi-

legierten Klasse der USA, dem obersten einen Prozent auf der Einkommens- und Vermögensskala. Aber Macht ging ihnen vor Millionen, Macht zur Veränderung bestehender Zustände.
»Es mag sentimental klingen«, sagte Hillary Clinton einem Interviewer, »aber wir hätten es gern, wenn die Leute in der Clinton-Gore-Regierung jeden Tag auf dem Weg zur Arbeit zu sich selbst sagten: ›Was werde ich heute tun, um Amerikanern zu helfen?‹ Und am Ende jedes Tages würden sie zu sich sagen: ›Was habe ich heute getan, das einem jedem das Leben verbessert?‹«
Trotz soviel Idealismus aber war schon von Anfang an die Furcht vor dem Versagen vorhanden, vor einem Schiffbruch der geweckten Hoffnungen an den scharfen Klippen der Realität. Ihre größte Sorge, sagte Hillary Clinton, »ist, ob man angesichts der großen Erwartungen und der Notwendigkeit zur Veränderung das richtige Gleichgewicht finden kann zwischen Vorwärtsgehen und politischer Verstrickung mit allem, was man tut, so daß man die Chance hat zu versuchen, substantiell etwas in Bewegung zu bringen, bevor die Leute abgelenkt werden und in eine Geisteshaltung der Skepsis oder des mangelnden Willens geworfen werden. Ich glaube, das ist jetzt ein weitverbreitetes Problem in unserer Gesellschaft, diese ganze kurzfristige Fixierung, die wir haben, und die Unfähigkeit, auf lange Sicht zu planen und eine Vorstellung davon zu haben, wo man hin will, und dann auch beständig auf Kurs bleibt, um dahinzukommen.«[96]
Die Sorge erwies sich als berechtigt, denn schon bald stand Bill Clintons Ansehen im öffentlichen Stimmungsbarometer schlechter als bei jedem anderen neuen Präsidenten: 36 Prozent Zustimmung im Juni. Grobe Fehler bei der Kooperation mit dem Kongreß und der Ernennung

politischer Beamter, schlimme Schnitzer im Umgang mit der Presse und der Einbeziehung von alten Bekannten, krasse Widersprüche zwischen Versprechungen und Leistungen ließen seinen Popularitätspegel rapide absacken. Das Tüpfelchen auf dem »i« servierte Clinton einer ohnehin vernachlässigten Presse, als er sich Ende Mai nach einem Besuch in Kalifornien an Bord des Präsidentenflugzeugs *Air Force One* von dem Beverly-Hills-Prominentenfriseur Cristophe die Haare schneiden ließ. Die neue Frisur kostete ihn 200 Dollar, doch während der Prozedur blockierten die Sicherheitsbehörden die Umgebung des Präsidenten-Jumbos und legten damit zwei Startbahnen des Internationalen Flughafens von Los Angeles fast eine Stunde lang lahm, was dem Steuerzahler Ausfallkosten von etwa 76 000 Dollar bescherte. Während auf Bill Clinton ein Trommelfeuer der Kritik niederging, erwähnte die Presse eher beiläufig, daß sich die First Lady beim New Yorker Coiffeur Frederick Fekkai für 275 Dollar einen neuen Haarschnitt zugelegt hatte und bemäkelte allenfalls, daß er zu kurz war.
Je schlechter Bill dastand, desto bissiger wurden die Hillary-Witze auf seine Kosten. Kostprobe: Bill Clinton konnte seine Steuererklärung nicht rechtzeitig abgeben, weil Hillary verreist war. Sie muß nämlich vom Haushaltsvorstand unterschrieben werden. Die Wirklichkeit indes war nicht allzu weit davon entfernt. Als Chelsea Clinton in ihrer Schule geimpft werden mußte, fragte die Krankenschwester, welcher Elternteil denn telefonisch um Erlaubnis gefragt werden könne. »Rufen Sie meinen Dad an«, erwiderte die Präsidententochter. »Meine Mama hat zuviel zu tun.« Bill Clinton erklärte dazu, Chelsea habe nur gemeint, daß »ich leichter per Telefon erreichbar bin, weil ich eher an einem Platz bleibe«.[97]

Schließlich machten sogar Gerüchte über einen ersten Ehekrach im Weißen Haus die Runde in Washington, den Nörgler als Beispiel für das klassische Dilemma hochspielten, daß ein Präsident seine angeheiratete »erste Beraterin« schließlich nicht einfach entlassen könne. Im Streit soll Hillary etwas nach Bill geworfen haben; je nach Version handelte es sich um eine Lampe, eine Vase oder eine Bibel. Als sogar gemunkelt wurde, das Ehepaar habe nun getrennte Schlafzimmer, ließ Hillary eine Korrespondentin von *Time Magazine* in ihre Privatgemächer und führte die getrennten Telefonanschlüsse neben dem gemeinsamen Doppelbett vor: »Er schläft da und hat sein Telefon, und ich schlafe hier und habe meines.«[98] Freunde reagierten auf Hillarys Zukunftsaussichten mit einem ironischen Geschenk. Bei einem privaten Essen überreichten sie der First Lady einen Hexenhut, passend für jene Zeit, in der sie als die »böse Hexe vom Westflügel« für alle Fehler verantwortlich gemacht würde.[99]
In der Bush-Administration galt Vizepräsident Dan Quayle als der beliebteste Prügelknabe. Die Presse registrierte seine Fehler und Dummheiten mit Messerschärfe, die Karikaturisten stellten ihn als halbblödes Kleinkind dar, und die normalen Leute lachten über unzählige Quayle-Witze. Quayle war der einzige Politiker, dem eine regelmäßig – jedes Vierteljahr – erscheinende Zeitschrift gewidmet war: *The Quayle Quarterly.*
Im Winter 1993 entschloß sich der Journalist Frank Marafiote, ein *Hillary Clinton Quarterly* zu starten. Aber dies war kein Periodikum, in dem die First Lady – so wie vorher der Vice President – lächerlich gemacht wurde. Kaum einer pries Hillary in so hohen Tönen wie Marafiote in seiner ersten Ausgabe:

Was bei Hillary am meisten herausragt, ist ihre Vielseitigkeit. Sie ist wie eines dieser erstaunlichen Utensilien, die fast alles können, vom Möhrenschälen bis zum Autowaschen. Sie ist eine Aktivistin, eine erfolgreiche Anwältin, eine Feministin, eine loyale Ehefrau, eine fürsorgliche Mutter, eine intelligente Frau, die sowohl politische Taktik wie große Politik versteht. Sie ist das perfekte First-Lady-»Paket«. So wie sich die Rolle der Frauen in der amerikanischen Gesellschaft – und die ihnen offenstehenden Möglichkeiten – entwickelt haben, hat sich auch die Rolle der First Lady verändert. Hillary Clinton ist die unmittelbare Nutznießerin und die eigentliche Verkörperung dieser Veränderungen. So wie andere First Ladies Hillary den Weg gebahnt haben, so wird sie wahrscheinlich neue Optionen für die Frauen in Amerikas Zukunft schaffen. Vielleicht wird eine dieser Optionen eine »Mrs. President« sein – ohne die Anführungsstriche.[100]

Aufstand gegen die Männerwelt

Das »Jahr der Frau«

In einem Kellerraum im Samuel Rayburn Office Building, einem geräumigen Abgeordnetenbürohaus in Washington, direkt neben der Erste-Hilfe-Station, tagt gewöhnlich der Frauenausschuß des Kongresses. Offiziell *Congressional Caucus for Women's Issues* (Kongreßgremium für Frauenthemen) genannt, zählt er 48[1] Mitglieder, allesamt Frauen. Es gibt außerdem etwa 170 stellvertretende Mitglieder, allesamt Männer. Zur Tagung am 23. Februar 1993 waren die Männer nicht eingeladen. An diesem Tag begann eine neue Ära für den Ausschuß und für Frauen in der amerikanischen Politik. Die Gattin des Präsidenten, Hillary Rodham Clinton, beehrte die Damenrunde – und es wurde, ungeachtet der Parteizugehörigkeit der anwesenden Demokratinnen und Republikanerinnen, was Amerikaner ein *lovefest* nennen. Mit ihrem Auftritt holte Hillary die Parlamentsfrauen symbolisch aus dem Keller – und sie dankten es ihr mit Beifall und Jubel. Drei Abgeordnete, während der Sitzung zu einer Abstimmung gerufen, gingen so vergnügt und ausgelassen durch den Korridor, daß ihnen die schwarze Kalifornierin Maxine Waters halb ernst zurief: »Ihr hört euch an wie ein Haufen Schulgören.«

Hier war endlich eine First Lady aufgetreten, die ihren Platz und ihr Thema nicht lange suchen mußte. Hillary warb zunächst für die Gesundheitsreform, ihren eigenen Zuständigkeitsbereich, doch tauschte sie sich bald mit den Congresswomen über alle beiderseits interessierenden

Fragen aus: Frauenrechte, Abtreibung, Gewalt gegen Frauen und Gesetzgebung für Frauen. Es sei an der Zeit, betonte die First Lady, daß die Bundesregierung aufhöre, Frauen »auf sehr deutliche Weise zu übervorteilen«. Sie benutzte dabei den typisch amerikanischen Ausdruck *shortchange,* was sehr bildhaft bedeutet, daß man beim Wechselgeld betrogen wird. Hillary versprach regen Kontakt mit der Frauengruppe. Dies sei, sagte sie, nur »der erste [Tag] einer sehr langen und fruchtbaren Beziehung über Parteigrenzen hinweg, um jene Probleme anzugehen, die dieses Gremium aufgezeigt hat«.[2]

Welch ein Unterschied zu ihren Vorgängerinnen. Deren politische Bandbreite beschränkte sich in der Regel auf ein Steckenpferd, das sie während der Amtszeit ihrer Männer betreuten und das ihnen Gelegenheit gab, vom bloßen Small talk in tiefgründigere Themen einzusteigen. Sie taten es mit unterschiedlicher Begeisterung – und in der Regel ohne großen Erfolg: Pat Nixon setzte gegen soziale Probleme auf freiwillige Hilfeleistung von einzelnen oder Organisationen, auf privaten Voluntarismus als Ausgleich für staatliches Nichtstun. Betty Ford focht vehement, aber vergeblich für die verfassungsrechtliche Gleichstellung der Frauen. Rosalynn Carters Energie galt der Reform der Psychiatrie und der Altenhilfe, nur war ihr kein dauerhafter Erfolg beschert. Nancy Reagan focht mit simplen Slogans (»Just Say No«) gegen die Rauschgiftplage, ohne auch nur das geringste an diesem überhand nehmenden Problem zu ändern; Barbara Bush trat im Kampf gegen das Analphabetentum als Vorleseoma mit Kindern in Vorschulen und Ghettohorten auf, während in den schlecht finanzierten Schulen der USA die Leistungskurve rapide absank.

Den vor 16 Jahren gegründeten Caucus hatte nur eine

Frauen im Kongreß

K = Wahlkandidatin M = Mandatsträgerin

Wahl	Senat		Repräsentantenhaus	
	K	M	K	M
1970	1		25	12
1972	2		32	14
1974	3		44	18
1976	1		54	18
1978	2	1	46	16
1980	5	2	52	19
1982	3	2	55	21
1984	10	2	65	22
1986	6	2	64	23
1988	2	2	59	25
1990	8	2	70	29
1992	11	6	108	47

Quelle: *New York Times* vom 5. Nov. 1992

First Lady bisher besucht – Nancy Reagan. »Es war so ein Theater«, erinnerte sich die Vorsitzende des Gremiums, die Demokratin Patricia Schroeder aus Denver, »daß wir es einfach aufgaben. Es hieß vom Weißen Haus: ›Ihr dürft nicht über Sachthemen sprechen.‹ Aber wir sind Kongreßabgeordnete! Worüber sollten wir denn reden? Wir sind doch keine Modeberaterinnen. Es war sehr seltsam.« Barbara Bush hingegen lehnte jede Visite ab. Pat Schroe-

der vermutete, weil sie und ihr Mann »gegen alles waren, worauf sich unser Gremium geeinigt hatte«.[3]
Hillary Clinton saß im Ausschußraum, ließ keine Frage unbeantwortet und machte sich eifrig Notizen, als Mitglieder über ihre gesetzgeberischen Initiativen berichteten, von neuen Ansätzen zu einer Abtreibungsgesetzgebung über mehr Mittel für die Erforschung von Brustkrebs bis hin zur Pflichtimpfung von Kindern. Seit Jahren setzte sich das Gremium dafür ein, die Benachteiligung der Frauen im Gesundheitssystem abzuschaffen, etwa bei der staatlich subventionierten medizinischen Forschung über typische Frauenleiden, förderte Gesetze zur Gleichstellung im Arbeits- und Berufsleben, beispielsweise beim Zugang zu sogenannten Männerberufen und bei Pensions- und Sozialhilfebezügen für teilzeitbeschäftigte Mütter, und forderte energischere Maßnahmen angesichts der zunehmenden Gewalttaten gegen Frauen. Unstimmigkeiten gab es bei Hillarys Besuch keine. Am Ende verteilte sie Lob: »Ich bin wirklich dankbar für die harte Arbeit, die hier schon eingeleitet worden ist.« Und sie versprach bald wiederzukommen.
Hier stand eine Frau, die glasklar für die Emanzipation ihres Geschlechts eintrat und über ihren Zugang zur Macht viele Ziele der Frauen in Politik, Wirtschaft und Gesellschaft in einer Weise fördern wollte wie keine First Lady vor ihr. Mehr noch: Sie war bestrebt und fähig, einen Konsens zu schmieden und praktikable Lösungen zu erreichen. Hillary Clinton hatte eine Mehrheit der an Fortschritt interessierten Frauen auf ihrer Seite – nicht nur im Kongreß, sondern in der Nation. Den Grund dafür sieht ihre erste Biographin Judith Warner in ihrer Ausgeglichenheit: »Hillary war nie in irgendeiner Weise radikal. Sie ist nicht links von der Mitte, sondern mehr eine Libe-

rale der breiten Mitte.«[4] In ihrem Buch zitierte sie Hillarys schonende Definition von Feminismus: »Ich glaube nicht, daß Feminismus [...] die Ablehnung mütterlicher Werte impliziert, nämlich Kinder zu erziehen und sich um seinen Mann zu kümmern. Das halte ich einfach für Unsinn.«[5] Die Euphorie im Caucus war durchaus gerechtfertigt: Ein Durchbruch für die Frauen rückte in greifbare Nähe.

Dazu hatte indes nicht nur Hillary Clinton in ihrer Vorbild- und Vorreiterfunktion beigetragen, sondern eine Vielzahl politisch engagierter Frauen. Sie machten das Wahljahr 1992 zum »Jahr der Frau«.

Nie zuvor hatten sich in den USA so viele Frauen für politische Ämter beworben wie 1992: elf für 34 offenstehende Sitze im Senat; 108 Politikerinnen, davon 70 Demokratinnen, für die 435 Mandate im Repräsentantenhaus; drei für zwölf zur Wahl stehende Gouverneursposten; über 2000 für Sitze in den Parlamenten der einzelnen Bundesstaaten. Dahinter stand eine zunehmende Enttäuschung über männliche Politiker, die »es einfach nicht kapieren«. In einer Meinungsumfrage des Nachrichtenmagazins *Newsweek* erklärten 68 Prozent der befragten Frauen, die meisten Männer hätten kein Verständnis für die Probleme, die das weibliche Geschlecht bewegten.[6] Zu diesen Männern zählte Präsident George Bush, Gegner von Abtreibung, Familienpflegeurlaub und Geburtenkontrolle, nicht aber Bill Clinton, dessen Programm deutlich »feminine« Züge trug (Kritiker behaupteten sogar, Clinton selbst, aufgewachsen ohne Vater, zeige mit seiner Vorliebe für Umarmungen und Sprüche wie »Ich empfinde mit dir« zu »weibische« Züge).

Die brennenden innenpolitischen Themen standen indes weniger im Brennpunkt der Wahldebatten, als Frauen es sich gewünscht hätten – und auch das spielte den weiblichen Kandidaten zu. Gewalt gegen Frauen zum Beispiel wurde von Clinton, Bush und Perot in drei Präsidentendebatten nicht einmal erwähnt. Aber Frauen konnten diesmal mit ihren »weichen« Themen antreten, ohne vom Wähler unzureichender »Härte« verdächtigt zu werden. Solange der Kalte Krieg und die äußere Bedrohung der USA durch die Sowjetunion Wahlkämpfe beherrschte, mochte das wichtig gewesen sein – nun zählte es nicht mehr. Selbst das langlebige Vorurteil, das Frauen als das »schwache Geschlecht« abstempelt, wirkte sich 1992 günstig für sie aus: In einer Umfrage hielten Wähler Kandidatinnen für kompetenter, Bildungs- und Erziehungsfragen anzugehen, als männliche Politiker.

Andere Fehler des Herrenvereins im Kapitol – vor der Wahl 1992 waren von 535 Mitgliedern beider Häuser des Kongresses nur 31 Frauen – spielten mit, so der Skandal um die Hausbank des Repräsentantenhauses, von der sich über 300 Volksvertreter beider Parteien regelmäßig ungedeckte Schecks auszahlen ließen (allerdings auch 18 weibliche Abgeordnete einschließlich der kalifornischen Senatskandidatin Barbara Boxer). 53 von ihnen räumten kampflos ihre Sitze und machten damit Platz für neue Bewerber. Die Stimmung gegen die Mandatsträger, die korrupt, träge und selbstgefällig ihre Macht mißbrauchten, der Unmut über die Vernachlässigung der inneren Probleme des Landes mündete in einen schallenden Ruf nach »Veränderung« durch Washington-Außenseiter, dem die meisten weiblichen Kandidaten entsprachen – und Bill Clinton auch.

Eines vor allem anderen machte die frauenfreundliche politische Atmosphäre perfekt, das Wichtigste in der amerikanischen Politik: Geld ist die »Muttermilch«. Wer nicht in der Lage ist, reichlich Dollars für seinen Wahlkampf aufzutreiben, kann im US-System nichts werden. Männer hatten da traditionell den Vorteil, weil sie hemmungsloser die großen Spender – Millionäre, Verbände und Konzerne – anzapften; Frauen, meinte einmal die Lobbyistin Nancy Reynolds, fanden diese »alten Gewohnheiten« männlicher Politiker eher »unappetitlich«.[7]

Das war nun anders. Ellen Malcolm, eine freundliche, leicht pummelige Millionenerbin aus Washington, bekam vor der Wahl 1992 plötzlich mehr Geld, als sie sich je erträumt hätte. Nicht für sich selbst, denn die 46jährige, früher Pressesekretärin des Congressional Women's Caucus, zählte seit 1985 zu den Hauptförderern weiblicher Kandidaten in der Demokratischen Partei. Damals gründete sie ein Politisches Aktionskomitee (PAC), um Wahlkampfspenden aufzubringen. Sie nannte es *EMILY's List*, wobei es keine Emily hinter der Liste gab: Der Name entstand aus der Abkürzung für den Spruch »Early Money Is Like Yeast« (»Frühe Geldspenden sind wie Hefe«), was den Teig hochtreibt.

1986 nahm *EMILY's List* 350 000 Dollar ein. Etwa die Hälfte davon verhalf Barbara Mikulski aus Baltimore zum unerwarteten Sieg im Senatswahlkampf in Maryland. 1990 wurde Ann Richards zur Gouverneurin von Texas gewählt, mit Finanzspritzen von *EMILY*. 1992 schoß die Zahl der Mitglieder des Aktionskomitees, die sich zu mindestens 300 Dollar Spenden verpflichteten, von 3500 im März auf über 24 000 im Herbst. Bei den Vorwahlen gewannen zwölf von 14 Kandidatinnen, die von der Liste gefördert wurden – und im Hauptwahlkampf verhalf sie 27 zum Sieg.[8] »Die Leute haben diesen Club der alten Knaben, der in Washington alles bestimmt, total satt«, kommentierte Ellen Malcolm die Stimmung. »Sie suchen

Politiker, die Vertrauen schaffen, die sich mehr um ihre Wähler kümmern als um ihre Privilegien. Die Wähler dürsten nach Veränderung, und sie erwarten diese Veränderung von Frauen.«[9] Insgesamt nahm *EMILY's List* rund 6,2 Millionen Dollar ein und wurde damit zum größten Förderer von Kongreßwahlkämpfen. Weitere Millionen kamen von Frauenvereinigungen wie dem Verband der Hochschulfrauen, der Nationalen Aktionsliga für Abtreibungsrechte, dem Frauenwahlfonds und dem *Congressional Women's Caucus* selbst sowie, auf republikanischer Seite, der Susan B. Anthony List (gegen Abtreibung) und *WISH List* (für Abtreibung). Genug Geld und die Aufbruchstimmung trieben 1992 in der Tat den Teig hoch. In hart umkämpften Wahlentscheidungen, insbesondere bei den Senatskampagnen in Kalifornien und Illinois, gaben diese Gelder den Ausschlag. »Wir sollten alles tun, was nutzt, damit mehr Frauen sich um Ämter bewerben, mehr politisch aktiv werden«, betonte die republikanische Abgeordnete Susan Molinari aus New York. »Dann bekommt man die Männer so weit zu sagen: ›Na gut, vielleicht sind Frauen im Amt gar nicht so schlecht.‹«[10]

Am Wahlabend zeigte das Fernsehen fast überall in den USA strahlende Siegerinnen: Vier neue demokratische Senatorinnen, dazu eine wiedergewählt; 47 Frauen, davon 35 Demokratinnen, im Repräsentantenhaus, wo vorher insgesamt nur 28 vertreten waren (sowie eine nicht stimmberechtigte Delegierte aus dem Hauptstadtbezirk District of Columbia); 1517 weibliche Abgeordnete in den *Legislatures* der 50 Bundesstaaten, wo sie immerhin ein Fünftel aller Volksvertreter ausmachten. Trotz einiger Enttäuschungen – eine Senatsbewerberin in Pennsylvania und alle drei Gouverneurskandidatinnen (in Montana, New Hampshire und Rhode Island) verloren – zeichnete sich hier eine Trendwende für Frauen in der Politik ab. Manche Feministinnen wandten allerdings ein, daß trotz des verhältnismäßigen Anstiegs immer noch enttäuschend wenig Frauen in Wahlämtern standen: Im Senat waren es eben nur sechs von 100, im Repräsentantenhaus 47 von 435, bei den amtierenden Gouverneuren drei von 50 (die Demokratinnen Ann Richards in Texas, Joan Finney in Kansas und Barbara Roberts in Oregon) und elf Stellvertreterinnen (sogenannte *Lieutenant Governors*) sowie in den *State Legislatures* 1517 von 7424 Mandaten.[11] Solchem Pessimismus widersprach eine der Frauen im Repräsentantenhaus, die seit zehn Jahren im Amt ist, die Republikanerin Nancy Johnson aus Connecticut: »Daß Frauen für den Kongreß kandidieren, ist die Ausnahme von der Regel, viel mehr noch, daß sie auch gewählt werden. Wir sind so weit gekommen, weil wir bereits in einer Weise Führungskraft und Einsatzbereitschaft und Stärke bewiesen haben, wie sie unsere männlichen Kollegen nicht unbedingt aufzuweisen hatten. Wir sind nicht dahingekommen, wo wir heute stehen, weil wir Frauen sind, sondern weil wir fähige Führungspersönlichkeiten sind.«[12]

Der Sanfte und die Schrillen

Das wichtigste Resultat an diesem 3. November 1992 blieb selbstverständlich der Sieg des Demokraten Bill Clinton in der Präsidentschaftswahl – und auch hier sorgten Frauen für den Durchbruch. Nicht nur stimmten 45 Prozent aller wahlberechtigten Frauen für ihn, aber nur 41 Prozent der Männer, siegentscheidend war die Rekordanzahl von Frauen, die überhaupt zur Wahl gingen, 54 Prozent gegenüber 46 Prozent der Männer, in absoluten Zahlen etwa acht Millionen mehr.[13]

Hier zeigte sich erneut eine Kluft im Wahlverhalten der beiden Geschlechter. Diese sogenannte *gender gap,* Ergebnis der unterschiedlichen Perspektiven und Erwartungen, die Frauen und Männer an die Politik stellen, hatte sich erstmals bei der Präsidentschaftswahl 1980 geöffnet, als bis zu neun Prozent weniger Frauen als Männer für den erzkonservativen Republikaner Ronald Reagan stimmten. Unterschiedliche Mehrheiten gab es zum erstenmal 1988: 52 Prozent der Wählerinnen bevorzugten den demokratischen Präsidentschaftskandidaten Michael Dukakis, 54 Prozent der männlichen Wähler Reagans Nachfolger George Bush.[14]

Clintons Anziehungskraft auf weibliche Wähler rührte daher, daß er die richtigen Themen besetzte: »Die Wirtschaft, Dummkopf«, als Thema für 42 Prozent aller Wähler das A und O; die Staatsverschuldung, für 21 Prozent die größte Sorge; die Reform des Gesundheitswesens bezeichneten 20 Prozent als ausschlaggebend für ihre Wahlentscheidung; eine liberale Abtreibungsgesetzgebung motivierte 12 Prozent (aber 21 Prozent der Frauen im Alter von 18 bis 29 Jahren) an den Wählmaschinen.[15] Clintons Wählerinnen war bewußt, daß die freie Entscheidung über Abtreibung unter Bush immer weiter zurückgedreht worden und vielleicht – mit Hilfe weiterer konservativer Nachrücker im Obersten Gerichtshof à la Clarence Thomas – sogar ganz aufgehoben worden wäre. »Ich trete entschlossen für die freie Entscheidung ein«, betonte Clinton im Wahlkampf. »Ich glaube, diese schwierige und schmerzliche Entscheidung sollte allein den Frauen Amerikas überlassen werden.«[16]

Und der Typ selbst kam an: Was Kritiker an Bill Clinton »weibisch« fanden, erwärmte vielen Frauen das Herz. Hier stand kein harter *Macho* auf, sondern ein Mann in mittlerem Alter, der, so seine Bekannte Susan Thomases, »in der Lage ist, Frauen wirklich als Gleichberechtigte«[17] zu behandeln. Hier trat ein Politiker auf, der während seiner Zeit als Gouverneur von Arkansas eine Frau, die Texanerin Betsy Wright, als Chefin seines Mitarbeiterstabs hatte. Und schließlich entdeckte die Polit-Beraterin Ethel Klein noch einen bemerkenswerten Faktor: »Dies ist der Mann, der sich [beim New Yorker Parteikonvent] hinstellte und eine persönliche Geschichte erzählte, wie er sich physisch dazwischengeworfen hat, als sein zürnender Stiefvater seine Mutter verletzen wollte. Hier liegt der Kern der Verletzbarkeit, die Frauen in dieser Gesellschaft empfinden.«[18] Dafür wurden ihm sogar seine außerehelichen Eskapaden mit Gennifer Flowers und so weiter verziehen.

Den Republikanern fehlte Clintons Feingefühl. Es mochte ein einfaches Generationsproblem sein. Immerhin war George Bush zu einer Zeit nach dem Zweiten Weltkrieg in

Texas in Beruf und Politik aufgestiegen, als es die allernormalste Sache der Welt war, daß seine Frau sich um das Haus und die sechs Kinder kümmerte und ihre politischen Ansichten, so sie welche hatte, für sich behielt. So beging Bush den kapitalen Fehler, die Interessen einer Mehrzahl der Wählerinnen mit radikalem Emanzentum gleichzusetzen und den erzkonservativen Eiferern seiner Partei freie Bahn zu lassen. Sie tobten sich im August beim Konvent der »Grand Old Party« in Houston aus, und zwar an Hillary Rodham Clinton. Marilyn Quayle, die Frau des Vizepräsidenten, selbst Anwältin und Aktivistin (für Brustkrebsforschung), stellte Hillary in die feministische Radikalenecke, um dann über die gesamte Bewegung herzuziehen. Ihre Protagonisten, sagte sie, seien »immer so zornig, ... weil die meisten Frauen überhaupt nicht von ihrer wesentlichen Natur als Frauen ›befreit‹ werden wollen«. Das schwerste Geschütz fuhr der Publizist Pat Buchanan auf, der in jeder einzelnen Vorwahl gescheiterte Gegenkandidat Bushs:

> Und an was glaubt Hillary? Nun, Hillary glaubt, daß Zwölfjährige das Recht haben sollten, ihre Eltern zu verklagen. Und Hillary hat die Institutionen Ehe und Familie verglichen mit der Sklaverei und dem Leben in einem Indianerreservat. Nun, sprich für dich allein, Hillary. [Beifall, Zwischenrufe.]. Freunde, meine Freunde, das ist radikaler Feminismus. Das Programm, das Clinton & Clinton Amerika aufzwängen wollen – Abtreibung auf Anforderung, ein Lackmustest für den Obersten Gerichtshof, Rechte für Homosexuelle, Diskriminierung religionsgebundener Schulen, Frauen in Kampfeinheiten – wäre gewiß ein Wandel. Aber

> das ist nicht die Art Wandel, die Amerika braucht. Es ist nicht die Art Wandel, die Amerika wünscht. Und es ist nicht die Art Wandel, die wir in einer Nation dulden können, die wir immer noch das Land Gottes nennen.

Die schrillen Töne in ihrer Kampagne über die »Werte der Familie«, mit denen die Republikaner ihren Hauptwahlkampf eröffneten, bewogen Bill Clinton zu der scherzhaften Frage, ob Bush sich »wohl um den Posten der First Lady bewirbt«. Rechtsgerichtete Journalisten unterstützten die Geiferei noch, die sogar Barbara Bush »unappetitlich« fand. Hillary Clinton wurde mit der fanatischen Frau des argentinischen Diktators Juan Peron und dem verrückten Mönch und Verführer der letzten russischen Zarin verglichen: Das Magazin *Human Events* nannte sie »die Evita Peron der amerikanischen Politik«, und im *Wall Street Journal* wurde sie beschrieben als »eine überzeugte Linke, deren kalte, berechnende Rücksichtslosigkeit auf einen Präsidenten Clinton einen Rasputin-artigen Einfluß ausüben würde«.[19]
Bushs scharfzüngige Medienberaterin Mary Matalin, überdies liiert mit Clintons Wahlmanager Carville, hätte den Präsidenten warnen müssen, daß die Dämonisierung Hillary Clintons ein Schuß war, der nach hinten losging. Aber sie erkannte die Realität erst, als es zu spät war. In ihrem Büro hing ein Poster, das Hillary als Hexe zeigte, die ausrief: »Ich krieg' dich noch, meine Schöne, und dein Hündchen dazu!« Letztendlich gelang den Republikanern mit ihrer Hetzkampagne, was die beste Werbung der Demokraten und das »Umfrisieren« von Hillary Rodham Clinton nie vollends geschafft hätten: Der »Hillary-Faktor« verwandelte sich in der öffentlichen Meinung zu

einem Positivum für Bill Clinton. Lynn Cutler, die stellvertretende Parteivorsitzende der Demokraten, faßte das Phänomen so zusammen: »Sie versetzten Hillary Clinton einen Schwinger, und jede arbeitende Frau spürte den Schlag.«[20]

Die verletzte Ehre der Anita Hill

Das politische Erdbeben, das zwölf Jahre republikanischer Präsidentschaft beendete, ging allerdings auf eine andere Frau zurück. Clintons Sieg ist auch, so der Soziologe Michael Kimmel, »Anita Hills Rache«.[21] Nichts hat seit langer Zeit Amerikas Frauen – und nicht nur sie – derart aufgewühlt wie jene vier Tage im Oktober 1991, als sich der Rechtsausschuß des US-Senats mit der Anklage einer Frau gegen Bushs Kandidaten für den Obersten Gerichtshof der USA beschäftigte.

Der Kandidat hieß Clarence Thomas, ein schwarzer Verwaltungsjurist und konservativer Republikaner. Bush hatte ihn am 1. Juli 1991 zum Nachfolger des ersten Schwarzen im Supreme Court, Thurgood Marshall, ernannt. Im Vergleich zu diesem liberalen Pionier der schwarzen Bürgerrechtsbewegung kam der dröge und wenig erfahrene Thomas, der beispielsweise im Senatshearing jeden Kommentar zur Abtreibungsgesetzgebung ablehnte, schlecht weg. Am 27. September stimmte der Rechtsausschuß über ihn ab und gab mit sieben zu sieben Stimmen seine Ratlosigkeit zu. Dann tauchte Anita Hill auf. Die ebenfalls schwarze Rechtsprofessorin der Universität von Oklahoma bezichtigte Thomas, sie sexuell belästigt zu haben, während sie als seine Untergebene arbeitete, zunächst 1981/82 im Bürgerrechtsbüro des Bildungsministeriums, dann 1982/83 in der Kommission für gleiche Beschäftigungschancen (*Equal Employment Opportunity Commission*/EEOC). Eine der Aufgaben dieser Kommission war es, die Einhaltung von Absatz VII des Bürgerrechtsgesetzes von 1964 zu überwachen, in dem »sexuelle Belästigung« definiert wird als »unerwünschte sexuelle Annäherungen, Bitte um sexuelle Gunst und anderes verbales und physisches Verhalten, bei dem Nachgeben oder Ablehnen des Verhaltens explizit oder implizit das Beschäftigungsverhältnis einer Person beeinflußt, in sinnloser Weise die Arbeitsleistung einer Person beeinträchtigt oder ein einschüchterndes, feindseliges oder demütigendes Arbeitsklima schafft«.[22] Politische Intrigen standen am Anfang des Skandals. Die Republikaner hätten die Vorwürfe von Anita Hill wahrscheinlich gern in einem Aktenberg vergessen, hätten nicht liberale Senatoren – verdächtigt wurden die Demokraten Edward Kennedy und Howard Metzenbaum – die Sache an die Öffentlichkeit lanciert. Daher hörte der Senatsausschuß vom 11. bis 14. Oktober 1991 die Anklage von Anita Hill und die Selbstverteidigung von Clarence Thomas – und mit ihm Millionen von Amerikanern. Denn das Spektakel lief stundenlang über die Bildschirme der Nation, live und dramatischer als »Dallas« oder »Denver«. Die Anhörung vor den 14 Senatoren, ausschließlich männlich, geriet zu einer der düstersten Episoden in der Geschichte des amerikanischen Parlamentarismus, zu einem »häßlichen Zirkus« *(Time Magazine),* zu einem »Schauspiel der Erniedrigung« *(New York Times),* das Frauen überall in den USA als würdelos empfanden. Aufrecht vor ihrem Mikrophon sitzend, bezichtigte die 35jährige ledige Anita Hill den 43jährigen verheirateten Clarence Thomas in einer seltsam tonlosen Stimme und ohne jede Gefühlsregung als Sexisten: »Er sprach über Akte, die er in pornographischen Filmen gesehen hatte, darunter solche Dinge wie Frauen, die Sex mit Tieren hatten, und Filme, die Gruppensex oder Vergewaltigungsszenen zeigten. Er sprach über pornographisches Material, das Personen mit großen Penissen oder großen Brüsten bei verschiedenen Geschlechtsakten darstellte. Bei mehreren Gelegenheiten erzählte mir Thomas sehr bildhaft von seiner eigenen sexuellen Leistungskraft.« So habe er betont, daß »sein eigener Penis größer als normal« sei. Einmal habe er in seinem Büro eine Cola-Dose genommen und sie gefragt: »Wer hat Schamhaare auf meine Coke getan?«

Noch nie hatten derart direkte Vokabeln über Sex Eingang ins Senatsprotokoll gefunden, unerhört in einer nach wie vor zu puritanischer Prüderie neigenden Gesellschaft, wo selbst der *Playboy*-Titel im Zeitschriftenladen hinter einem Pappdeckel versteckt wird. Anita Hill wehrte nach eigener Aussage alle Avancen von Thomas ab, doch fühlte sie sich emotional so stark belastet, daß sie um ihren Posten fürchtete und sogar in einer Krise mit akuten Magenschmerzen für fünf Tage ins Krankenhaus eingewiesen werden mußte. Thomas, ebenso starr in seinem Vortrag, aber bebend vor unterdrücktem Zorn, bestritt rundweg alles: »Ich habe die Dinge, die Anita Hill mir vorwirft, weder gesagt noch getan.« Er fühlte sich als Opfer einer politisch motivierten »High-Tech-Lynchjustiz«, mit der »die schlimmsten Vorurteile hochgespielt werden, die wir in diesem Land über schwarze Männer haben«.[23]

Die 14 Senatoren gingen durch schier endlose Stunden peinlichster Befragung der beiden Widersacher und ihrer Zeugen. In den Fragen kam nach und nach das Vorurteil dieser Männerrunde gegen eine Frau hoch, deren Anklage sowohl unbeweisbar wie unwiderlegbar war. Im klassischen Dilemma der Wahrheitsfindung reduzierte sich die Lösung auf Glauben oder Nichtglauben. Jedem Fernsehzuschauer oder Rundfunkhörer – vor allem an den beiden

Wochenendtagen, dem 12. und 13. Oktober, verfolgten Millionen die Live-Übertragungen des Hearings aus dem Kapitol – ging bald auf, daß die Senatoren Thomas glaubten. »Vor eine verwundete Frau gestellt«, kommentierte das Nachrichtenmagazin *Time* dieses Verhalten, »wandten sich 14 Männer einfach ab.«[24]

Von Anita Hill wollten sie wissen, warum sie die Anklage erhoben habe, warum sie zehn Jahre geschwiegen habe, warum sie überhaupt bei Thomas geblieben sei, warum sie nun seine Karriere vernichten wolle und welchen Vorteil sie aus dieser Sache ziehe. Immer wieder sagte die junge Professorin, die sich aus bitterer Armut in Oklahoma zur Juristin hochgearbeitet hatte, nur unbewegt: »Ich fühlte, daß ich die Wahrheit sagen mußte. Ich konnte nicht mehr schweigen.« Der Republikaner Orrin Hatch versuchte nachzuweisen, daß Anita Hill die Geschichte mit dem Schamhaar aus dem Roman *Der Exorzist* plagiiert hatte; sein Parteifreund Alan Simpson interpretierte ihre gelegentlichen Kontakte mit Thomas nach ihrer Washingtoner Zeit als Beweis ihrer Unaufrichtigkeit; und der Hauptbefrager der Republikaner im Ausschuß, Arlen Specter aus Pennsylvania, ein ehemaliger Staatsanwalt, nahm sie mit unnachgiebiger Schärfe ins Kreuzverhör, bis hin zum Vorwurf des »glatten Meineids«. Republikaner John Danforth, Thomas' Hauptförderer im Senat, deutete sogar geistige Verwirrung bei der Juristin an: »Bei einigen Leuten passieren Dinge im Kopf, die nicht wirklich passieren ...« Die Pein der Zeugin empfand zwar der Ausschußvorsitzende Joseph Biden, ein Demokrat, aber die Idee, dieses Hearing hinter verschlossenen Türen zu veranstalten, kam ihm zu spät. Wie alle anderen produzierte er sich vor den Kameras, denn das Wahljahr stand bevor. Thomas gab ebenfalls nicht nach. Obwohl er an einer Stelle während der endlosen Befragungen sagte, er hätte »die Kugel eines Attentäters dieser lebenden Hölle« vorgezogen und daß kein Posten den »Horror« seiner öffentlichen Erniedrigung wert sei, beharrte er auf der Nominierung: »Lieber sterbe ich, als daß ich sie zurückziehe.« Niemand vermochte zu entscheiden, wer von beiden die Wahrheit gesagt hatte. »Wir haben hier«, stöhnte Biden, »zwei glaubwürdige Leute vor uns.« Anita Hill unterzog sich selbst noch einem Test mit dem Lügendetektor, beaufsichtigt von FBI-Fachmann Paul Minor. Er erklärte anschließend, die Frau spreche die Wahrheit.[25]

Der volle Senat gab letztlich dennoch Thomas seinen Segen, wenn auch mit einer knappen 52:48-Mehrheit. Am 18. Oktober wurde Clarence Thomas als Mitglied des Obersten Gerichts bei einer in aller Eile angesetzten Zeremonie im Weißen Haus vereidigt. Senator Danforth schwante bereits, daß Amerikas Politiker aus dieser Affäre als Verlierer hervorgehen würden: »Die Öffentlichkeit wird empört sein über das, was wir getan haben.«[26]

Viele Frauen empfanden Hergang und Ausgang der Thomas-Nominierung als Schlag ins Gesicht. Plötzlich ging ein Riß durch die amerikanische Gesellschaft, der sie nach Geschlecht trennte. Die Frage, wer in diesem Fall die Wahrheit sprach, geriet zum politischen Glaubensbekenntnis der Liberalen. »Ich glaube Anita Hill«, wurde zum beliebten T-Shirt-Aufdruck bei Feministinnen. Anfänglich akzeptierten nur 27 Prozent der Frauen in einer *Newsweek*-Umfrage die Version von Anita Hill, 37 Prozent nicht. Je mehr jedoch die Schwere dieses politischen Kernerlebnisses nachwirkte, desto klarer wandelten sich die Meinungen: Ein Jahr später glaubten 51 Prozent die Vorwürfe gegen Thomas.[27] Bei männlichen Befragten fiel die Glaubwürdigkeit des neuen Obersten Richters von 69 Prozent Ende 1991 auf 44 Prozent Ende 1992.[28] Frauen beließen es nicht beim Zorn; sie gaben ihm auch eine politische Richtung für das Wahljahr 1992. »Pandoras Büchse der Empörung ist geöffnet worden«, rief die Präsidentin des Fonds für eine feministische Mehrheit, Eleanor Smeal, nach dem Thomas-Hearing aus. »Wir haben die Macht; wir müssen sie nur benutzen.«[29]

Die starke Damenriege im Senat

So stieg Anita Hill urplötzlich zur neuen Heldin der Frauenbewegung auf. Wo immer sie öffentlich erschien, war sie sofort von Bewunderern umgeben, fast ausschließlich weiblichen. Im August 1992 reiste sie nach San Francisco zur Jahrestagung des US-Anwaltsverbands *American Bar Association* (ABA). Sie brauchte allein eine Stunde, um sich für die Konferenz einzuschreiben, so sehr wurde sie von allen Seiten angesprochen, beglückwünscht und bejubelt. Viele Frauen erfüllten sich einfach den seit Oktober brennenden Wunsch, dieser schon historischen Symbolfigur aus Oklahoma einmal die Hand zu schütteln. Anita Hill strahlte und schwelgte im ungewohnten Ruhm, den sie allein ihrem entschlossenen Auftreten verdankte. Denn ihre politische Grundeinstellung hätte die Mehrheit der liberalen Frauen irritieren müssen: Sie war eine recht konservative Republikanerin, glaubte an Ronald Reagan, in dessen Administration sie immerhin gearbeitet hatte, und hatte sich bis dahin kaum sozial engagiert, weder für Frauen noch für Schwarze. In San Francisco spielte das alles keine Rolle: Hier sprach sie in einem Forum über Strategien zur Förderung der Frau in Politik und Berufsleben, hier gab sie Interviews und signierte Exemplare des Buches *Sexual Harassment: Know Your Rights!* (»Sexuelle Belästigung: Kenne Deine Rechte!«) Zu diesem Werk hatte sie ein Kapitel beigetragen, unter der Überschrift »Die Natur des Tieres«, womit zweifellos das Tier im Mann gemeint war. Veranstaltungen mit Anita Hill waren so begehrt, daß

Eintrittskarten dafür sogar in den Gängen schwarz gehandelt wurden – für 50 Dollar und mehr.
Keiner ihrer Auftritte allerdings weckte mehr Interesse als ein Treffen der Frauenkommission der ABA, denn hier bestand die einzigartige Gelegenheit, noch eine andere Heldin der Frauenbewegung kennenzulernen: die erste Vorsitzende dieser fünf Jahre zuvor gegründeten Kommission, von der Washingtoner Anwältin Cory Amron vorgestellt als »die wahrscheinlich nächste Erste Frau der Vereinigten Staaten« (sie benutzte bewußt »First Woman«, nicht das höflich-antiquierte »First Lady«) – Hillary Rodham Clinton.[30] Wie üblich kam Hillary in ihrer Rede gleich auf das Wesentliche. Sexuelle Belästigung, betonte sie, habe auch Frauen in der Jurisprudenz das Leben schwergemacht. »Verbaler und physischer Mißbrauch« diente dazu, Frauen vor Gericht lächerlich zu machen und so ihre Autorität und ihr Selbstbewußtsein zu durchlöchern, wie bei dem Richter, der laut in eine Verhandlung hinein sagte: »Ist es zu glauben, daß dieses hübsche kleine Ding eine Anklägerin ist?« Hillary fuhr fort:

> Wie schockierend das damals schien. Und wie wichtig es war, die Botschaft herauszubringen, daß diese Art von Verhalten nicht hingenommen werden kann. Aber das war, bevor unser heutiger Ehrengast das allgemeine Bewußtsein umformte und mit ihrer mutigen Aussage den Lauf der Geschichte veränderte. Alle Frauen, denen es um Chancengleichheit geht, um Integrität und Moral am Arbeitsplatz, stehen in der Schuld von Professorin Anita Hill … Als Frauen und als Anwältinnen dürfen wir uns nie scheuen, unsere Stimmen gegen sexuelle Belästigung zu erheben oder gegen die

> zählebige und oft illegale Diskriminierung, die immer noch bei Gehalt und Beförderung Chancen einschränkt, und gegen die Glasdecke, die oft durchsichtig ist, aber nie durchlässig. Aufgrund meiner Arbeit in dieser Kommission und überhaupt während des vergangenen Jahres bin ich viele, viele Tage durch dieses Land gereist und habe Frauen zugehört. Was mich am meisten beeindruckt und bedrückt hat, sind die überwältigenden Hindernisse, die so viele Frauen überwinden müssen, indem wir mit der Unterstützung der Männer sowohl in unserem beruflichen wie privaten Leben versuchen, unsere Karrieren und unsere familären Verpflichtungen auszubalancieren.[31]

Ganz Politikerin, ließ sich Hillary Clinton nicht die Chance entgehen, für die Politik ihres Mannes zu werben und – im Gegensatz zu den radikalen Feministinnen – das notwendige Zusammenwirken von Männern und Frauen herauszustellen. Sie benutzte das in der amerikanischen Politik geläufige Sprachbild von der »Glasdecke«, mit dem Feministinnen in den USA seit Jahrzehnten jene Diskriminierung symbolisieren, die den Frauen trotz vielfältiger Fortschritte im beruflichen und öffentlichen Leben letztlich immer noch den Aufstieg bis an die Spitze verwehrt: Das Ziel ist sichtbar – und dennoch unerreichbar. Hillary Clinton appellierte an die versammelten Juristinnen, einen Teil ihrer Zeit sozialen Aufgaben zu widmen. Hillary ermunterte dazu, wie sie es beinahe poetisch ausdrückte, »unser öffentliches Leben zu verbessern und die Zukunft dieser Nation zu schützen – und zwar durch fundamentale Veränderungen in unserer Politik«. Als Kernelemente zählte sie auf: ein familienfreundliches Besteuerungssystem, bessere Kinderhorte, mehr Geld für Schul- und Berufsausbildung, umfassende Krankenversicherung, Familienplanung und das Recht auf Abtreibung. All das sei 1992 greifbar geworden: »Dies ist unser Jahr in der Politik.«

Sie sollte recht behalten, und ein alter Feministenspruch wurde wahr: »Frauen gehören ins Haus – und in den Senat.« Amerikanische Politikerinnen, die vom Senatshearing über Clarence Thomas aufgestachelt worden waren, setzten sich durch und bildeten eine neue Generation, nicht von »Freshmen«, wie Kongreßneulinge tradionellerweise genannt werden, sondern »Freshwomen«, frisch in ihrem Tatendurst, ihren Ideen und ihrem Wunsch nach Wandel: Da traten, erstmals in der Geschichte des US-Parlaments, aus einem Staat gleich zwei Senatorinnen an – Barbara Boxer und Dianne Feinstein aus Kalifornien. Da kam die erste schwarze Senatorin der USA nach Washington – Carol Moseley-Braun aus Illinois. Da tauchte eine »Mutti in Tennisschuhen« als erste Senatorin ihres Bundesstaats auf – Patty Murray aus Washington State. Geschichte gemacht wurde auch im Repräsentantenhaus – mit der ersten weiblichen Abgeordneten aus Virginia, mit den ersten schwarzen Frauen aus drei Südstaaten (Florida, Georgia und North Carolina), vier insgesamt, und überdies mit der ersten Puertorikanerin (aus New York) sowie der ersten Mexiko-Amerikanerin (aus Kalifornien). Bezeichnenderweise waren alle Neulinge Mitglieder der Demokratischen Partei, zumeist vom liberalen Flügel. »Ich bin sehr für das ›Jahr der Frau‹«, erklärte Barbara Boxers republikanischer Rivale Bruce Herschensohn. »Ich hätte gern die Gelegenheit, eine Margaret Thatcher zur Präsidentin zu wählen, aber jene, die über das ›Jahr der Frau‹ herumposaunen, wollen keine Thatcher – sie wollen

ihre eigene Version einer sehr liberalen Kandidatin.«[32]
Siegten 1992 wirklich die Rächerinnen der Anita Hill?

Die umstrittene Anhörung hatte bei Barbara Boxer, Patty Murray und Carol Moseley-Braun den Ausschlag zur Kandidatur gegeben. Wie ihre Kolleginnen beharrte Patty Murray darauf, besser zu verstehen, worum es in Amerika wirklich geht, als jene weltfremden und millionenschweren Senatoren aus der Live-Übertragung von Hill gegen Thomas, diese »Herren in grauen Anzügen und roten Schlipsen«.

Jedoch nicht überall genügte der Bezug auf Anita Hill zum Siegen: In Pennsylvania kämpfte die Demokratin Lynn Yeakel, Direktorin der Fraueninitiative *Women's Way*, eine politische Novizin, gegen den etablierten republikanischen Senator Arlen Specter. Ihn hatten Feministinnen zur besonderen Zielscheibe gemacht, denn sein »unverzeihliches« Verhalten empfanden sie, so die Frauenrechtlerin Betty Friedan, als »Kriegserklärung gegen die Frauen«.[33] In ihren Fernsehwahlspots zeigte Lynn Yeakel nur Specter, wie er als Mitglied des Rechtsausschusses auf Anita Hill herumhackte, und in ihren Kundgebungen bekam sie Beifall auf die Frage: »Hat euch das genauso wütend gemacht wie mich?«[34] Am Ende gewann jedoch Specter, der sich starke Unterstützung im konservativen Lager und bei Gewerkschaften gesichert hatte, mit knappen 70 000 Stimmen Vorsprung. Er verdankte seinen Erfolg der Unerfahrenheit von Yeakel, die in vielen politischen Fragen nicht firm war, vor allem aber dem Geld, das er in seinen Wahlkampf steckte: Zehneinhalb Millionen Dollar – da blieb die Frau, trotz *EMILY's List*, mit viereinhalb Millionen einfach auf der Strecke. Überdies war Yeakel eine der wenigen Kandidatinnen, die nicht gegen einen neuen Bewerber der Gegenpartei antrat, son-

dern mit einem verbissen um seine Wiederwahl ringenden Mandatsträger fertig zu werden hatte.
Und in Missouri reichten die Wahlspenden ebenfalls nicht: Kandidatin Geri Rothman-Serot, mit 784 000 Dollar in der »Kriegskasse«, ging unter, Republikaner Christopher Bond mit 4,8 Millionen Dollar triumphierte. »Unsere Regierung sollte vom, durch und für das Volk sein, aber die Wahlkampfkosten heutzutage machen das unmöglich«, klagte die Verliererin. »Wenn man nicht selbst reich oder unglaublich gut im Auftreiben von riesigen Dollarsummen ist, kann man sich um kein Amt mehr bewerben.«[35]
Diese bittere Realität amerikanischer Wahlkämpfe konnte in Kalifornien Barbara Boxer zu ihrem Erfolg nutzen. Die Liberale hatte gegenüber ihrem erzkonservativen Gegenspieler Herschensohn nicht nur den Vorteil einer progressiv gestimmten Wählerschaft (70 Prozent für Abtreibung), sondern auch den des großen Geldes. Sie hatte genug Spenden, um achteinhalb Millionen auszugeben, Herschensohn nur 5,7 Millionen. So gelang es ihm nicht mehr, ausreichend publik zu machen, daß Boxer, seit zehn Jahren Kongreßabgeordnete, 143 Schecks bei der Bank des Repräsentantenhauses platzen lassen, für eine umstrittene Diätenerhöhung und gegen die »Operation Wüstensturm«, den Krieg um Kuwait, gestimmt hatte. Denn in der weiblichen Euphorie über die Stärkung des femininen Elements auf dem Kapitolshügel wurde leicht übersehen, daß die neue Damenriege sich nicht aus Engeln zusammensetzte, sondern aus – Politikerinnen. Und die hatten sich im vielleicht schärfsten politischen Klima der Welt zu bewähren, ständig bemüht um die Wählergunst (die Wahlperiode im Repräsentantenhaus dauert nur zwei Jahre), ständig bedrängt von Lobbyisten, ständig heraus-

gefordert von »männlichen Chauvinisten«, ständig begutachtet von der Presse. Washington, eine durch und durch maskuline Stadt, deren einzige Industrie Macht erzeugt, hat keinen Platz für zarte Seelchen. Als Pat Schroeder aus Denver, immerhin seit 1973 als Vorkämpferin der liberalen Feministinnen im Repräsentantenhaus, Ende 1987 ihren ersten Anlauf zu einer Präsidentschaftskandidatur unter Tränen für beendet erklärte, entschied sie damit, daß es auch ihr letzter bleiben würde. Es half ihr nichts, die Erklärung nachzuschieben: »Tränen bedeuten Gefühl, nicht Schwäche.«[36] (Tränen ruinierten auch die Karriere eines Mannes: Der Demokrat Edmund Muskie war erledigt, nachdem er 1980 im Vorwahlkampf in New Hampshire vor Fernsehkameras geweint hatte.)
So konnte es nicht verwundern, daß die Frauen im Kongreß eher aus hartem Holz geschnitzt waren. So zum Beispiel Carol Moseley-Braun, 1947 als Tochter eines Polizisten in einem armen Viertel von Chicago geboren und keineswegs wie Hillary Rodham auf der Schokoladenseite. Nicht nur setzte die schwarze Juristin den amtierenden demokratischen Senator Alan Dixon in der Vorwahl schachmatt und schlug dann den wohlhabenden republikanischen Anwalt Richard Williamson mit 55 Prozent der Stimmen, sie überstand auch Anfeindungen im Wahlkampf, die schwächere Politiker zermürbt hätten. So brachte die Presse ans Licht, daß sie eine Erbschaft von 28 750 Dollar von ihrer Mutter angenommen hatte, obwohl die Krankenrechnungen der alten Frau wegen angeblicher Mittellosigkeit von der staatlichen Krankenhilfe (MedicAid) bezahlt worden waren. Ehe eine strafrechtliche Untersuchung ihr noch mehr schaden konnte, zahlte Braun etwa 15 000 Dollar an Vater Staat zurück. Dann zahlte die Beamtin Berichten zufolge ihrem Wahl-

manager Kgosie Matthews 15 000 Dollar im Monat, sogar bis zwei Monate nach der Stimmabgabe, trotz Wahlkampfschulden von 446 000 Dollar, und verteidigte ihn vehement gegen den Verdacht, Frauen in ihrem Mitarbeiterstab sexuell belästigt zu haben. Dies erschien merkwürdig bei einer Frau, die mit der Anita-Hill-Lawine nach Washington gerollt war, doch, wie sich erst spät herausstellte, war Matthews, ein Südafrikaner mit britischem Paß, der Liebhaber der geschiedenen Mutter.[37]

Dennoch setzten ihre Parteifreunde darauf, daß die erste Schwarze im Senat ihr Imageproblem unter Kontrolle bekäme. Sobald sie an die konkrete Arbeit ging, bewies die gelernte Medizinaltechnikerin, was sie in zehn Jahren als Abgeordnete und Fraktionschefin im Staatsparlament von Illinois gelernt hatte. Sie empfand aufgrund ihrer Herkunft eine besondere Verpflichtung, gegen die »Ismen« anzukämpfen, »gegen Sexismus und Rassismus, die uns auseinanderreißen«.[38] Ihr Vorsatz für sechs Jahre Washington lautete: »Das Beste, was ich für Frauen und Afro-Amerikaner tun kann, ist eine großartige Senatorin aus Illinois zu sein.«[39]

Dianne Feinstein aus Kalifornien war der Ruf von Härte längst vorausgeeilt. Ihre Karriere machte sie auf den Straßen von San Francisco, wo sie 1933 in eine jüdische Familie hineingeboren wurde. Nach einem Geschichtsstudium an der Stanford-Universität stieg sie im Stadtparlament zu einer solchen Prominenz auf, daß ihre Wohnung einmal zum Ziel einer Terroristenbombe wurde. Ein Mord katapultierte sie im November 1978 plötzlich in den Stuhl des Oberbürgermeisters: Ihr Vorgänger George Moscone wurde von einem Stellenbewerber im Rathaus erschossen, ebenso wie dessen Stellvertreter in einem Büro direkt neben dem von Feinstein. Als Stadtoberhaupt kämpfte sie mit aller Verbissenheit gegen das Verbrechen. Sie setzte auf harte Strafen, die Todesstrafe eingeschlossen, mehr Polizei und ein Verbot von Handfeuerwaffen, womit San Francisco 1982 als erste amerikanische Großstadt ein Beispiel gab. Sie begleitete sogar, durch eine Perücke verfremdet, Polizeifahnder auf nächtlichen Einsätzen. Andererseits hatte Dianne Feinstein eine liberale Agenda zum Umweltschutz, zur Abtreibung und zum Umgang mit Homosexuellen und AIDS-Kranken, was in der Schwulen-Hochburg am Golden Gate besonders zählte. Als 1984 der demokratische Präsidentschaftskandidat Walter Mondale eine Frau für das Amt des Vizepräsidenten suchte, stand sie oben auf seiner Liste, aber nicht ganz oben, denn die Wahl fiel schließlich auf die New Yorkerin Geraldine Ferraro.

1988 schied Feinstein als Bürgermeisterin aus, ein 180-Millionen-Dollar-Defizit im Stadtsäckel hinterlassend, um sich in der Gouverneurswahl von 1990 zu versuchen. Sie verlor. Das Jahr 1992 bot ihr die Chance, sich in einer Sonderwahl für nur zwei Jahre im Senat zu bewerben. Sie gewann. Und auch in ihrem Fall kümmerten sich die Wähler nicht um ihre Affären (sie soll knapp drei Millionen Dollar an fragwürdigen Krediten und Geschenken für ihren Gouverneurswahlkampf eingesteckt haben). Was im rezessionsgeplagten Kalifornien mit seiner abgewerteten Rüstungsindustrie zählte, war ihr Programm »Investieren in Amerika«, mit dem sie zumindest einen Teil der bedrohten Arbeitsplätze zu erhalten hoffte. Kaum im Senat, zog sie in den Bewilligungsausschuß ein, der konkret über die Verteilung öffentlicher Mittel befindet, und versprach, dort für ihren Heimatstaat »maximal zu arbeiten«.[40]

Was aber ganz entscheidend für sie zählte, waren Frauenstimmen: Feinstein gewann 64 Prozent der Frauen (plus

50 Prozent der Männerstimmen)[41] und hatte zum erstenmal in den zehn Wahlkämpfen ihres Lebens das Gefühl, daß es »kein Nachteil war, eine Frau zu sein, sondern eindeutig ein Vorteil«. Sie versprach noch am Wahlabend, das Beste daraus zu machen – vor allem auch für die Frauen, die auf Hilfe des Staates in ihrer vielfältigen Belastung als Ehe- und Hausfrau, Mutter und Mitverdienerin hofften: »Ihr werdet sehen, wie Frauen in einer noch nie dagewesenen Art und Weise zusammenarbeiten werden, um die Dinge zu ändern.«[42]

Die zweite kalifornische Senatorin, Barbara Boxer, für die volle Amtszeit von sechs Jahren gewählt, stand als erste Partnerin dafür zur Verfügung. Auch sie brachte weitaus mehr Frauen- als Männerstimmen ein, nämlich im Verhältnis 57 zu 43 Prozent, doch bei ihrer Vereidigung im Januar dankte sie vor allem einer: »Ohne Dianne hätte ich diese Wahl nicht gewonnen. Sie stand mir bei, als ich sie brauchte.«[43] Feinstein hatte ihr Wahl-Tandem mit Boxer, die zwar in Brooklyn 1940 geboren wurde, aber ihre politische Karriere seit 1977 im Bezirksparlament von Marin County auf der anderen Seite der San Francisco Bay gemacht hatte, einmal mit den Filmheldinnen »Thelma und Louise« verglichen, die auf ihre Art mit der Männerwelt abrechneten.

Doch während Feinstein stets Politik aus der Mitte bevorzugte, galt die forsche Barbara während ihrer zehn Jahre im Repräsentantenhaus als ausgesprochen liberal. Sie half mit, die Verschwendung bei Rüstungsaufträgen anzuprangern (krassestes Beispiel: 7622 Dollar für eine Spezialkaffeekanne bei der US-Luftwaffe); sie setzte sich für bessere Kinderfürsorge und die allgemeine Krankenversicherung ein; sie bekämpfte abtreibungsfeindliche Gesetze einzelner Bundesstaaten; sie erwirkte AIDS-Beratung in

Drogenkliniken; und sie zwang per Gesetz die Thunfischflotten der USA und ihrer Lieferländer zu Fangmethoden, die Delphine schonen, nachzuweisen mit einem amtlichen Siegel auf der Konservendose. Als Washington-Insiderin war sie für die Clinton-Regierung eine wichtige Verbündete im Kongreß, obwohl sie wesentlich tiefere Einschnitte in den Verteidigungshaushalt verlangte als der neue Präsident und die ersparten Milliarden als »Friedensdividende« zur Konversion der Rüstungsindustrie auf Friedensprodukte einsetzen wollte, vorwiegend in Kalifornien natürlich.

Ihre ersten Schritte im Senat bewiesen ihre Zähigkeit und ihren Einfluß. Sie kam aufgrund ihrer Erfahrung in das mächtige Steuerungskomitee der demokratischen Mehrheitsfraktion, das über die Besetzung von Ausschüssen und den Ablauf von Gesetzesberatungen vorentscheidet. Trotzdem blieb sie, auch als Gegnerin des Golf-Krieges, zahlreichen Anfeindungen ausgesetzt. Nichts davon konnte sie erschüttern. »Sie haben Granaten auf uns geworfen«, sagte sie. »Wir haben gezeigt, daß wir sie zurückwerfen können.«[44]

Die jüngste der vier neuen Senatorinnen, Patty Murray aus dem Bundesstaat Washington, 1950 in Seattle geboren, legte in ihrer erfolgreichen Kandidatur den Akzent darauf, eine »Mutti in Tennisschuhen« zu sein. Ihr Vorsatz lautete, Dinge »anders« zu sehen und »anders« zu machen. Sie setzte sich für alles ein, was auch – zumindest anfangs – auf Clintons Liste stand: Familienpflegeurlaub, Gesundheitsreform, Steuerkürzungen für die Mittelschicht, Abtreibungsrechte und Infrastrukturinvestitionen. Das besondere Interesse der Lehrerin allerdings galt der Bildung, denn als Mitglied der Schulaufsicht im Seattle-Vorort Shoreline hatte sie ihre ersten politischen

Meriten erworben. 1979 wandte sich die Mutter zweier Kinder gegen Kürzungen bei einem Vorschulprogramm und blitzte beim Staatsparlament von Washington ab. Ein Abgeordneter gab ihr das Etikett der »Mutti in Tennisschuhen« quasi als Hohn auf ihre Machtlosigkeit. Patty Murray machte es zum Symbol ihrer Beharrlichkeit, indem sie 12 000 Familien mobilisierte und das Programm rettete. Das brachte sie dann für vier Jahre in den Senat ihres Heimatstaats.[45]

Washingtoner Politiker, die ihr bescheidenes Auftreten falsch auslegten, mußten bald erkennen, daß die pausbackige »Mutti« einen stählernen Willen hatte. Gestärkt fühlte Murray sich vom Verlangen der Wähler »nach einer neuen Führung«, nach Politikern, »die verstehen, wo wir uns heute in der realen Welt befinden«.[46] Und sie sah sich als Vorreiterin für Amerikas Frauen: »Ich mache diesen Balanceakt als Mutti und US-Senatorin. Es ist schwer, weil es dafür noch keine Regeln gibt. Aber es ist meine Aufgabe zu zeigen, daß es geht, damit andere das nicht mehr durchmachen müssen.«[47]

Diese Worte hätten von der Seniorin der demokratischen Senatorinnen stammen können. Barbara Mikulski aus Maryland, 1986 in den Senat gewählt, hielt sechs Jahre lang als einzige Frau in ihrer Fraktion die Stellung. Die nur 1,50 m große ehemalige Sozialarbeiterin aus Boston, Tochter einer polnischen Bäckerfamilie, erwarb sich mit scharfer Zunge und unbeugsam sozial-liberalen Positionen Respekt im Haus. Ihr stärkte eine städtische Wählerschaft den Rücken, in der sich gewerkschaftlich organisierte Arbeiter, radikale Feministinnen, schwarze Aufsteiger und weiße Umweltschützer zusammengefunden hatten. Doch von dem berühmten »Schmelztiegel« Amerika wollte sie nie etwas hören. »Wir sind ein Mosaik«, erklärte sie Amerikas ethnische Vielfalt und ihr politisches Erfolgsrezept. »Wenn nur ein Stück fehlt, fehlt etwas Wichtiges.«[48] Ihr Eintreten für die Rechte der Minderheiten bescherte ihr 61 Prozent der Wählerstimmen, obwohl ihre Gegner versucht hatten, die Junggesellin als Lesbierin zu verunglimpfen.

Begonnen hatte ihr Aufstieg zur Macht 1968 mit organisiertem Protest gegen den Bau der neuen Autobahn I-69, die mitten durch den historischen Stadtkern von Baltimore getrieben werden sollte, wo Mikulski 1936 geboren worden war. So gelangte sie in den Stadtrat und ab 1977 ins Repräsentantenhaus in Washington, stets bereit, für die Benachteiligten mit feuriger Leidenschaft zu kämpfen. Es versteht sich fast von selbst, daß die Autobahn nie gebaut wurde und statt dessen der renovierte Innere Hafen der einst schmutzigen Industriestadt Baltimore zum Magnet für Wochenendtouristen geworden ist. Mit ihrem Parteifreund Clinton sah Barbara Mikulski endlich die Chance gekommen, auch die USA zu »renovieren« – und das Ende jahrzehntelanger Vernachlässigung der sozialen Anliegen von Millionen Amerikanern, unter der Minderheiten und insbesondere Frauen am meisten zu leiden hatten.

»Wie viele Mädels haben wir?«

Mit einer erstarkten Frauenrunde im Kongreß wurde nicht nur das Wahljahr 1992, sondern erst recht 1993 zu einem »Jahr der Frau«, und es bestanden gute Aussichten, daß die Politikerinnen ihre neugewonnene politische Macht in der Zukunft nur weiter ausbauen würden. *Empowerment* hieß das Stichwort, »Ermächtigung«, von der Feministin Eleanor Smeal so definiert: »Macht beugt sich nur Macht.«[49] Die Wahlen von 1992 hatten Frauen in einem Parlament, in dem wesentlich weniger als im europäischen Fraktionssystem nach Parteizugehörigkeit abgestimmt wird, die Möglichkeit eröffnet, bei wesentlichen Entscheidungen das »Zünglein an der Waage« zu sein. In der Ausschußarbeit, wo Politik geprägt, Geld genehmigt und Ziele festgelegt werden, zählte auf einmal die weibliche Perspektive. Die Männer im Senat, nach dem Anita-Hill-Hearing so verschrien, nahmen sie beinahe erleichtert auf, selbst Senator Specter, nach dessen Ansicht die Präsenz zweier Frauen dem Rechtsausschuß »eine andere Dimension und Richtung« gab. Als der Ausschuß über Zoë Baird, Clintons erste Kandidatin für das Justizministerium, zu befinden hatte, holte sich sein Vorsitzender Biden zuerst den Rat seiner neuen Kolleginnen Carol Moseley-Braun und Dianne Feinstein ein. Beide wiesen darauf hin, daß niemand, der illegale Einwanderer beschäftigt hatte, gerade dieses Ministerium übernehmen dürfe. Patty Murray irritierte ihre männlichen Kollegen, weil sie deren Kungeleien bei der Ernennung eines Bundesanwalts für Alaska durchkreuzte. Carol Braun verbuchte als Afro-Amerikanerin mit besonderem Stolz, daß es ihr gelang, ein Symbol der »Sklaverei«, das Emblem einer Südstaatenorganisation namens *United Daughters of the Confederacy* mit der Flagge der Rebellen-Konföderation, vom Patentschutz auszunehmen.[50]

Veteranin Barbara Mikulski gab den Neulingen Nachhilfe in den Finessen der Macht: Wie komme ich in die richtigen Ausschüsse, wie setze ich meine Ideen durch, mit wem kann man gute Zweckallianzen schmieden, wer hat wo welche Fäden in den Händen, wie nutze ich meinen Heimatwählern am besten? Sie nannte diese Kurse in praktischem Parlamentarismus angemessen »Power Workshops«, denn diese erste Lehre hatten alle Neulinge längst begriffen: Macht ist das einzige, was in Washington zählt. Dazu trug ihr Auftreten im Senat bei, etwa bei den rotierenden Vorsitzen in der Kammer. Als neue und andersgeartete Mitglieder – eben nicht jene »Herren in grauen Anzügen und roten Schlipsen«, sondern Damen in blauen Kostümen und bunten Kleidern – weckten sie die Neugier von Presse und Publikum. Sie nutzten diese Aufmerksamkeit, um ihre Anliegen beharrlich vorzutragen, zu »weiblichen Themen« wie der Gesundheitsreform ebenso wie zu »männlichen« Angelegenheiten wie dem Krieg in Bosnien. Wo es im Frühjahr 1993 darum ging, die Rolle der USA gegenüber der Aggression der bosnischen Serben festzulegen, waren drei der vier neuen Senatorinnen weniger nachgiebig als Präsident Clinton. Braun verlangte »strategische Bombardierungen« und mehr »US-Führungskraft«, Feinstein »aggressive Durchsetzung« aller Sanktionen – einschließlich der militärischen –, Boxer »Druck« auf die Serben.[51] Vor allem aber brachten sie Themen wie Kindergeld und Mutterschaftsurlaub aus der mit

männlicher Arroganz belächelten Randthemenlage ins Zentrum der politischen Debatte.
Auch wenn nach wie vor Frauen in der erlesenen Hundertschaft des Senats erheblich unterrepräsentiert waren, konnte niemand die Bedeutung der Wahl von 1992 bestreiten. »Dies ist nicht das ›Jahr der Frau‹«, erklärte Smeal vom Fund for the Feminist Majority am Wahlabend 1992, »dies wird das ›Jahrzehnt der Frauen‹.«[52] Barbara Boxer gab ihr recht und griff – wie Hillary in ihrer Rede in San Francisco – das Bild von der »Glasdecke« auf, dem Symbol beruflicher Diskriminierung der Frau: »Wir haben die Glasdecke für Frauen in der Politik durchbrochen. Wenn wir in den Senat gelangen können, in die höchste gesetzgebende Körperschaft dieses Landes, dann sind die Tage des Vorurteils gegen Frauen in der Regierung vorbei.«[53]
Langsam, aber stetig begriffen das, nach ihrer Schlappe im Wahlkampf um die »Familienwerte«, auch die Republikaner. Amüsiert erzählte Senatorin Boxer, wie am Abend der Präsidentenrede im Kongreß im Februar 1993 Strom Thurmond, der 90 Jahre alte republikanische Senator aus South Carolina, seine neuen Kolleginnen musterte: »Er kam auf uns zu und sah uns an. Er fragte: ›Wie viele Mädels habt ihr Demokraten denn hier?‹ Und ich sagte fünf. Er sagte: ›Wie viele Mädels haben wir auf unserer Seite?‹ Ich sagte eins. Er sagte: ›Wir müssen uns ein paar Mädels dazu besorgen.‹«[54]
Sein Wunsch ging schneller in Erfüllung als Thurmond dachte: Bei Nachwahlen in Texas, wo die noch verbleibenden zwei Senatsjahre des zum Finanzminister aufgerückten Lloyd Bentsen auszufüllen waren, siegte am 5. Juni 1993 die Leiterin des texanischen Schatzamts, Kathryn Bailey Hutchison. Die 49jährige Republikanerin vom gemäßigten Flügel, Frau eines reichen Investmentbankers,

hatte sich im Mai zur Stichwahl qualifiziert, indem sie mit einer gut geplanten und gut finanzierten Kampagne zwei männliche Bewerber ihrer Partei aus dem Feld schlug. Sie überstand einen brutalen Wahlkampf, in dem ihr demokratischer Gegner, Senator Bob Krueger, sie beschuldigte, ihren Bankiersfreunden finanzielle Vergünstigungen zugeschanzt, ihre Angestellten für private Aufträge mißbraucht und einmal sogar eine Untergebene im Büro geschlagen zu haben.

Der Sprung aus dem Wahlamt des *State Treasurer* in den Senat folgte dem Muster, nach dem drei Jahre zuvor die Demokratin Ann Richards zur Gouverneurin von Texas aufgestiegen war. Der Sieg der Republikanerin hatte mehr mit dem Versagen von Bill Clinton in Washington und der neuen Energiesteuer zu tun als mit der Amtsführung von Ann Richards, denn die 59jährige ehemalige Lehrerin blieb die beliebteste Politikerin des Bundesstaats. Sie galt vielen im drogenverpesteten Amerika als Vorbild, weil sie den Alkoholismus überwunden hatte, dem sie nach dem Scheitern ihrer 30jährigen Ehe verfallen war: »Junge Leute sollen wissen, daß man einen Fehler machen und wieder neu anfangen kann.«[55] Mit ihrem Wahlsieg 1990 hatte Ann Richards wider Erwarten einen Erztypen der in Texas tonangebenden »harten Männer«, der *good ol' boys,* geschlagen – den Großrancher Clayton Williams, dessen Haltung zu Frauen öffentlich wurde, als er zum Verhalten bei Regenschauern und Vergewaltigungen riet: »Wenn es unvermeidbar ist, muß man sich einfach entspannen und es genießen.«[56] Ann Richards verband die Sorge für die sozialen Probleme der mexikanischen Einwanderer mit dem Eintreten für die Interessen der Ölindustrie und kam auch gut – von Frau zu Frau – mit der Republikanerin Kay Hutchison aus, die wie sie das Recht auf Abtreibung unterstützte, eine Ausnahme in der Partei von George Bush.

Auf gute Beziehungen baute die Senatssiegerin noch in der Wahlnacht auf. Obwohl einige ihrer Parteifreunde laut buhten, verkündete sie: »Ann Richards und ich werden für die Anliegen von Texas zusammenarbeiten.«[57] Hutchisons Sieg machte ausgerechnet den Rauhbein-Staat zu einer Domäne weiblicher Politiker, denn außer der Gouverneurin und der Senatorin regierten Frauen auch die fünf größten Städte von Texas. Mit ihrem Einzug in Washington verbesserte sie obendrein den Frauenrekord im Senat: Die zähe Dame aus dem Südwesten wurde die glorreiche Siebente in dem Hohen Haus.

Sie gesellte sich zu Nancy Kassebaum, seit 1979 Senatorin des Präriestaates Kansas, der einsamsten Person im Parlament. Obwohl sie von Kindheit an unter Politikern aufwuchs – ihr Vater Alfred M. Landon war von 1933 bis 1937 Gouverneur von Kansas und 1936 sogar republikanischer Präsidentschaftskandidat –, hatte sie gegen die gleichen maskulinen Vorurteile anzukämpfen wie ihre demokratischen Kolleginnen. »Männer an der Spitze des inneren Kreises fühlen sich nicht ganz wohl mit Frauen«, sagte sie. »Es ist schön, daß sie da sind, aber nur als eine Art symbolischer Präsenz – und zwar in beiden Parteien.«[58] Ihr Interesse an Frauenfragen, an Hungersnöten in Afrika und Bildungsnöten in Amerika führte sie indes auch nicht mit den demokratischen Kongreßfrauen zusammen, die sich gelegentlich im Büro der Maryland-Senatorin Barbara Mikulski zum Meinungsaustausch bei Mineralwasser, Diätlimo und Schonkaffee trafen: Die Einzelgängerin, geschieden, Mutter von vier erwachsenen Kindern, wollte weder mit den »Old Boys« der Republikaner noch mit den »Old Girls« der Demokraten viel zu tun haben. Sie galt als

»stille, positive Kraft in der Institution«, so die Zeitschrift *Congressional Quarterly,* als »intelligent« und »konservativ«, aber mehr noch als »pragmatische Unabhängige«. Ihr politisches Motto lautete: »Es ist in der Politik sehr wichtig, sich selbst treu zu bleiben. Man muß nicht aggressiv oder hart sein. Aber man muß wissen, wofür man einsteht und dann dabei bleiben.«[59] Sie stimmte als einzige aus ihrer Partei 1989 gegen Bushs Kandidaten für das Verteidigungsministerium, den als Trinker und Frauenhelden berüchtigten texanischen Senator John Tower; sie kritisierte offen Ronald Reagans Politik in Mittelamerika und Südafrika und votierte wiederholt gegen Mittel für seinen »Krieg der Sterne«, das SDI-Raketenabwehrprogramm; sie trat lange vor Bill Clinton und im Gegensatz zu ihrer Fraktion für Steuererhöhungen zum Abbau des Haushaltsdefizits ein; und sie befürwortete als eine der wenigen in der Grand Old Party die legalisierte Abtreibung.
Mit Beginn der Ära Clinton war Nancy Kassebaum ein Teil der »kritischen Masse«, die Amerikas politische Arithmetik veränderte. Denn entscheidender Wandel beginnt nach Ansicht von Soziologen nicht erst, wenn Frauen klare Mehrheiten in politischen Gremien haben, etwa im Einklang mit ihrem Bevölkerungsanteil (51 Prozent in den USA). Eine Studie des *Center for the American Woman and Politics* ergab, daß kaum noch ein frauen- oder kinderfeindliches Gesetz verabschiedet wird, wenn in einem Parlament mehr als zehn Prozent der Sitze von Politikerinnen ausgefüllt werden. Dies war 1993 sowohl im Senat wie im Repräsentantenhaus erstmals der Fall. Je höher der Anteil über ein Zehntel steigt, so die Studie, desto besser wird das familienfreundliche Bild. »Wenn man erst einmal 20 bis 30 Prozent Frauen in einem Staatsparlament erreicht hat«, betonte Patricia Ireland, Präsidentin der Frau-

enbewegung *National Organization for Women* (NOW), »dann besteht eine viel größere Wahrscheinlichkeit, daß sie bei Themen, die Frauen auf unterschiedlichste Weise berühren, auch über die Parteigrenzen hinweg zusammenarbeiten. Dann besteht ein anderes Bewußtsein als Untergruppe, ein stärkeres Gefühl von Unterstützung und Durchsetzungsvermögen.«[60]

Patricia Ireland und ihr Verband konnten sich rühmen, zu diesem Erfolg der Frauen kraftvoll beigetragen zu haben. Ihr stärkstes Plus war dabei, wie sie selbst sagte, »eine siegreiche Strategie«: Seit zehn Jahren warb NOW auf allen Ebenen für die politische Mitwirkung von Frauen, passiv wie aktiv. Die Organisation, die Anfang der neunziger Jahre eine Viertelmillion Mitglieder zählte, ermunterte Frauen, sich in die Wählerlisten einzutragen und dann auch an Wahlen zu beteiligen. Bei den Wahlen 1992 waren 54 Prozent der stimmberechtigten Frauen registriert, aber nur 46 Prozent der Männer.[61] Wichtiger noch: NOW förderte weibliche Kandidaten, sofern sie die Ziele der Frauenbewegung teilten, was allerdings mehr für Demokratinnen als Republikanerinnen zutraf. Begünstigend wirkte sich für die Frauen zudem die 1982 – wie in jedem Jahrzehnt einmal – vorgenommene Neueinteilung der Wahlkreise in den USA aus. Damit sollen regelmäßig Veränderungen in der Zahl oder Zusammensetzung der Bevölkerung berücksichtigt werden, doch bietet dieses sogenannte *reapportionment* auch immer wieder Gelegenheit zu Manipulationen. 1982 verstanden engagierte Frauen, diesen Prozeß für sich zu nutzen und verbesserten mit den neuen Wahlkreisen ihre Chancen im politischen Wettbewerb. »Mit der letzten Neueinteilung 1982 begannen wir diese Strategie, die Wahlen mit Kandidatinnen zu überfluten«, berichtete Patricia Ireland.[62] Der Erfolg gab ihr recht:

Langsam, aber stetig wuchs die Zahl der weiblichen Mandatsträger, auch wenn an der wichtigsten Stelle, im US-Kongreß, nach recht bescheidenen Erfolgen erst die Wahl von 1992 den Durchbruch brachte: fast eine Verdoppelung der weiblichen Sitze.
Den Anfang der Entwicklung machten Frauen auf der Ebene von Stadt und Bundesstaat. Hatten 1971 nur sieben amerikanische Städte eine Frau an der Spitze, so waren es 20 Jahre später 151, darunter die Bundeshauptstadt Washington, geführt von der schwarzen Demokratin Sharon Pratt Kelly, und die Großstädte Houston, San Diego und Pittsburgh.[63] Prominenteste Bürgermeisterin in dieser Zeit war die sehr tatkräftige Verbraucheranwältin Jane Byrne (Spitzname: »Miss Bossy«), die von 1979 bis 1983 Amerikas drittgrößte Stadt Chicago regierte und als politische Reformerin die Macht der alteingesessenen demokratischen »Parteimaschinerie« brach, obwohl sie selbst unter der Protektion mächtiger Männer aufgestiegen war. Bei den Staatsparlamenten ging es ähnlich schrittweise aufwärts: 4,8 Prozent Frauen 1971; 10,3 Prozent 1979; 15,6 Prozent 1987; zuletzt 20,6 Prozent 1993. In 13 Bundesstaaten stellten Politikerinnen mehr als ein Viertel der Mitglieder in den *state legislatures,* angeführt von Washington (39,5%).[64] Im März 1991 führte eine Wahl zum Staatssenat von Louisiana über einen historischen Meilenstein hinweg: Zum erstenmal waren Frauen in den Parlamenten aller Bundesstaaten vertreten.[65]
Es war kein Zufall, daß viele der besonders frauenfreundlichen Staaten im Nordosten lagen: Hier hatte es schon oft Premieren für Politikerinnen gegeben: Maine hatte mit der Republikanerin Margaret Chase Smith von 1949 bis 1973 die erste Senatorin und Connecticut mit der Demokratin Ella Grasso von 1975 bis 1980 die erste Gouverneu-

rin, die ganz und gar aus eigenem Antrieb politisch Karriere gemacht hatte und nicht nur in die Fußstapfen eines politisch aktiven Ehemanns getreten war. Hier half die Neuengland-Tradition der Bürgerversammlungen *(Town Hall Meetings),* auf denen über Budgets und Gesetzesvorlagen diskutiert und abgestimmt wurde, Frauen stärker in die Politik einzubeziehen. Aus dem Engagement auf lokaler Ebene erwuchsen politische Zufallskarrieren und verfestigten sich, ganz wie es die NOW-Strategie ermutigte. Barbara Kennelly begann als Aktivistin für kommunale Anliegen in ihrer Heimatstadt Hartford. »Ich hatte so oft an die Rathaustür gepocht«, erinnerte sie sich, »daß ich mir schließlich sagte: ›Warum machst du es nicht selbst?‹ Und so fing alles an. Es war überhaupt nicht geplant.« Vorläufiger Höhepunkt der Laufbahn von Barbara Kennelly: Demokratische Abgeordnete im Repräsentantenhaus und Leiterin der Kongreßdelegation ihres Heimatstaats Connecticut.

Den Nutzen der Frauenmobilisierung entdeckten schließlich auch die Republikaner. Zu spät ging Präsident Bushs Wahlmanagern auf, daß Sieg oder Niederlage bei jeder beliebigen Wahl inzwischen vom Votum der Frauen abhingen: 1991 beauftragte das Weiße Haus den parteieigenen Frauenverband *National Federation of Republican Women* (NFRW), über seine 2300 Ortsvereine weibliche Bewerber für den Kongreß zu rekrutieren. Seine Vorsitzende Karen Johnson erkannte darin einen »historischen Schritt«.[66] Im folgenden Sommer beteiligten sich Hunderte von »Republikanerinnen für Abtreibung« an der größten Frauendemonstration in Amerikas Geschichte auf der Washingtoner Mall. Nur reichte all das nicht für einen Präsidenten und eine Partei, die Abtreibung, Gleichstellung per Verfassungsänderung und Mutterschaftsurlaub ablehnten.

Suffragetten gegen die Tyrannei

Die Frauen der neunziger Jahre verlangten mehr von der Politik als einen wohlmeinenden Status quo. Hillary Clinton hatte für die Ziele des *Empowerment,* wie sie erklärte, »seit mehr als 20 Jahren gekämpft«. Im Sommer 1992 betonte sie, es gehe ihr »auch darum, Menschen in die Lage zu versetzen und zu ermächtigen, gute Entscheidungen für sich zu treffen, insbesondere Frauen, die unter den negativen Entwicklungen der achtziger Jahre in unverhältnismäßiger Weise zu leiden hatten. Den größten Anstieg der Armut gab es unter Frauen und ihren Kindern.«[67]

Was mit dem Auftreten von Hillary Clinton im Weißen Haus und einer stattlichen Frauenriege im Kongreß in Schwung kam, läßt sich als die dritte Phase der Frauenemanzipation in den USA bezeichnen. Wie die vorangegangenen beiden – der Kampf um das Wahlrecht bis zu Beginn des 20. Jahrhunderts und die radikalfeministische »Frauenbefreiung« der sechziger Jahre – vollzog sich auch die jüngste Phase nicht über Nacht. »Das Ringen um die Rechte der Frauen«, urteilte die Publizistin Deirdre English, »muß die längste und langsamste Revolution in der Geschichte sein, einmal, weil Frauen nicht die Mittel hatten, ihren politischen Willen auszudrücken, und auch, weil Frauen so oft untereinander zerstritten waren.«[68]

Dabei hat der Funke des Feminismus schon sehr früh in den Vereinigten Staaten gezündet. Als einer der Verfassungsväter, der spätere Präsident John Adams, beim Kontinentalkongreß in Philadelphia an der Unabhängigkeitserklärung mitarbeitete, erhielt er im April 1776 eine Ermahnung von zu Hause. Seine sehr belesene und geschichtsinteressierte Frau Abigail riet ihm in einem Brief: »… Denke an die Damen in den neuen Gesetzbüchern […], und sei großzügiger und gewogener als Deine Vorfahren. Lege nicht solch unbegrenzte Macht in die Hände von Ehemännern. Denke daran, daß alle Männer Tyrannen wären, wenn sie könnten. Wenn den Damen nicht besondere Sorge und Aufmerksamkeit zuteil wird, sind wir entschlossen, eine Rebellion zu entfachen und werden uns nicht durch irgendwelche Gesetze gebunden fühlen, bei denen wir weder Stimme noch Mitwirkung hatten.« John Adams konnte über den durchaus ernst gemeinten Brief, der deutlich Bezug nahm auf die universalen Menschenrechte der Unabhängigkeitserklärung, »nur lachen«. Er erwiderte postwendend: »Verlasse Dich darauf, Wir wissen es besser, als daß Wir unsere maskulinen Systeme aufgäben … Wir haben nur den Namen des Meisters, und statt den aufzugeben, was Uns komplett dem Despotismus des Unterrocks unterwerfen würde, hoffe ich, daß General Washington und all unsere tapferen Helden eher kämpfen würden.«[69]

Wenige Jahre darauf, 1792, verfaßte die Engländerin Mary Wollstonecraft – fast gleichzeitig mit dem Manifest über »die Rechte der Frau und Bürgerin« der französischen Revolutionärin Olympe de Gouges – ihr Werk *A Vindication of the Rights of Women* (deutscher Titel: *Verteidigung der Rechte der Frauen,* Schaffhausen 1976). Beide wurden zu Grundlagen der modernen Frauenrechtsbewegung, indem sie die vollständige politische, rechtliche und gesellschaftliche Gleichstellung aller Frauen mit den Männern als ein »natürliches Recht« einforderten. Es dauerte keine vier Jahre, bevor Wollstonecrafts Buch auch in Amerika verlegt und verschlungen wurde.

An der praktischen Rechtlosigkeit des weiblichen Geschlechts in der ersten verfassungsrechtlichen Demokratie der Geschichte änderte dieser Appell jedoch nichts: Frauen hatten zwar in den harten und gefährlichen Pionierzeiten »ihren Mann zu stehen« und »starke Kinder« zu gebären, blieben aber vor dem Gesetz das »schwache Geschlecht«, vollends vom Willen ihres Ehemanns abhängig. Verheiratete Frauen waren »zivilrechtlich tot«, weder berechtigt, über ihr in die Ehe eingebrachtes Eigentum zu verfügen, noch auch nur eine Urkunde zu unterschreiben. Ließen sie sich scheiden, so verloren sie automatisch das Sorgerecht über ihre Kinder. Das Bildungssystem schloß sie von weiterführenden Schulen aus, und im Berufsleben blieben ihnen nur – meist schlecht bezahlte – Betätigungen offen, an denen Männer nicht interessiert waren. Politisch entmündigte die Männerwelt Amerikas Frauen ebenso: Als einziger Bundesstaat gewährte New Jersey nach der Unabhängigkeit wohlhabenden Frauen das Stimmrecht. 1807 wurde auch das abgeschafft.
Damit verebbte zunächst auch jede Dynamik der Emanzipationsbewegung. Der zögerliche Fortschritt darf nicht erstaunen, denn Frauen mußten ungleich größere Hindernisse überwinden als die meisten anderen sozialen Kräfte. Der Soziologe Steven M. Buechler beschrieb die vielfach bis auf den heutigen Tag bestehenden Probleme so:

> Als gesellschaftliche Gruppe waren Frauen auf eine Weise strukturell isoliert, die eine Mobilisierung zu einer Bewegung besonders erschwerte. 1. Frauen waren auf alle sozialen Klassen sowie auf rassische und ethnische Gruppen, Subkulturen und Religionen verteilt. 2. Die vorherrschende Identifizierung von Frauen vollzieht sich mit diesen anderen Grup-

pen und nicht so sehr mit Frauen als Gruppe. 3. Viele Frauen unterhalten ihre engsten sozialen Bindungen mit einzelnen Männern und Kindern in Ehen und Kernfamilien und nicht mit anderen Frauen. Die Schwierigkeiten, die diese Faktoren dem Entstehen einer Bewegung entgegenstellen, mögen aus dem Vergleich der Situation von Frauen mit der rassischer Minderheiten verständlich werden. Normalerweise haben Minderheiten eine gemeinsame Kultur, einen Gemeinschaftssinn, ein gesteigertes Bewußtsein von Rassenidentität und geographisch konzentrierte Siedlungsformen. Rassischen Minderheiten bieten sogar die Prozesse, die ihre Unterordnung schaffen und erhalten (wie Trennung und Ausschluß), noch erleichternde Voraussetzungen zur Mobilisierung gegen diese Unterdrückung. [...] Die Verteilung der Frauen auf unterschiedliche Klassen- und Rassenstrukturen bedeuten ebenfalls, daß sie verschiedene Interessen und Gründe für den Beitritt zu Frauenbewegungen haben. Frauen, die nach Klasse und Rasse relativ privilegiert sind, sehen die Frauenbewegung eher als ein Mittel, mehr Gleichheit mit den Männern ihrer sozialen Gruppe zu erreichen, während sie ihre Klassen- und Rassenprivilegien durchaus beibehalten wollen. Frauen, die aufgrund ihrer Rasse und Klasse ebenso wie ihres Geschlechts Unterdrückung erfahren, betrachten Frauenbewegungen als nur einen – und nicht unbedingt den wichtigsten – Bestandteil eines umfassenderen Kampfes zur Beseitigung vielfacher Formen der Vorherrschaft. Somit können Unterschiede zwischen Frauen auf der Grundlage ihrer Klasseninteressen und

Rassenidentität weitere Hindernisse zur Mobilisierung einer Frauenbewegung darstellen, die die Lage aller Frauen anzusprechen versucht.[70]

In den Vereinigten Staaten bestanden zu Beginn des 19. Jahrhunderts zwei Formen von Diskriminierung nebeneinander – nach Rasse und nach Geschlecht. So ergaben sich hier, anders als in Europa, neue Impulse für die politische Emanzipation der Frauen aus dem Kampf gegen die Unterdrückung der Afro-Amerikaner. Da viele der als Massenbewegung gegen die Sklaverei entstandenen Abolitionistenvereine keine Frauen aufnahmen und schon gar nicht als öffentliche Redner zuließen, gründeten entschlossene Amerikanerinnen ihre eigenen Organisationen. Als wichtigste trat die *Female Anti-Slavery Society* in Philadelphia hervor, gegründet von der Quäkerin Lucretia Coffin Mott (1793–1880), und zwar mit Billigung ihres Ehemanns James Mott. Beide organisierten »freie Läden«, in denen nur Produkte verkauft wurden, die nicht aus Sklavenarbeit stammten. Andere Frauenvereine folgten, vorwiegend im sklavenfreien Nordosten, so in New York und Boston.
Die Sklavenfrage schärfte das Bewußtsein für die »Frauenfrage« als Menschenrechtsproblem und machte Lucretia Mott zur »Mutter« des amerikanischen Feminismus. 1840 reiste sie zum Weltkongreß gegen die Sklaverei nach London. Zu ihrer Empörung beschloß der Kongreß, Frauen von allen Beratungen auszuschließen. Sie durften nur hinter einem Vorhang zuhören. Ihre junge Freundin Elizabeth Cady, die Braut des Sklavereigegners Henry Stanton, erlebte noch in London die Radikalisierung der Frau aus Philadelphia und ihre eigene Konvertierung zur Frauenrechtlerin: »Es war außerordentlich befriedigend,

all das, was ich in Jahren des Zweifels nur ansatzweise gedacht hatte, so frei ausgesprochen zu hören ... Während Mrs. Mott und ich Arm in Arm nach Hause gingen, beschlossen wir, so bald wie möglich nach unserer Heimkehr einen Konvent zu halten und eine Gesellschaft zu bilden, die die Rechte der Frauen voranbringt.«[71]

Erst acht Jahre später kam der Konvent zustande, geleitet von Elizabeth Cady Stanton, die inzwischen geheiratet hatte. Etwa 300 Frauen und 40 Männer tagten in einer Kirche in Seneca Falls im Bundesstaat New York und verabschiedeten am 20. Juli 1848 eine an der amerikanischen Unabhängigkeitserklärung orientierte »Erklärung der Gefühle«. Deren berühmte Eingangsformel, die im englischen Originaltext nur von *men* spricht, was sowohl *Menschen* wie *Männer* bedeuten kann, formulierten sie einfach um: »Wir halten diese Wahrheiten für selbstverständlich: daß alle Männer *und Frauen* gleich geschaffen sind ...«[72] Deutlich betonten sie: »Die Geschichte der Menschheit ist eine Geschichte wiederholter Erniedrigungen und Anmaßungen von seiten des Mannes gegenüber der Frau in der direkten Absicht, eine absolute Tyrannei über sie zu errichten.« Die Erklärung von Seneca Falls begnügte sich indes nicht mit Klagen, sondern ging den entscheidenden Schritt weiter zu einem politischen Aktionsprogramm für die »absolute Freiheit« der Frau. Die Versammlung beschloß, für folgende konkrete Ziele zu kämpfen: Die vollständige rechtliche Gleichstellung der Geschlechter unter Abschaffung aller Gesetze, die dem »Glück« und »Gewissen« der Frauen widersprachen; den Zugang zur Bildung auf allen Ebenen sowie Rede- und Lehrrecht im öffentlichen Leben wie in Religionsgemeinschaften; die Aufhebung aller diskriminierenden Bräuche und Zwänge in der Gesellschaft; die Anerkennung der Tatsache, »daß

Frauen vom Schöpfer mit denselben Fähigkeiten und demselben Verantwortungsbewußtsein ausgestattet wurden« wie Männer und folglich auch dieselben Möglichkeiten zur Selbstentfaltung in Gesellschaft, Politik, Religion und Wirtschaft haben müßten. Die wichtigste Entschließung aber lautete, »daß es die Pflicht der Frauen dieses Landes ist, für sich selbst ihr heiliges Recht zur Stimmabgabe bei Wahlen zu gewährleisten.«

Damit war für mehr als ein halbes Jahrhundert die Richtung der Frauenbewegung angegeben. Nach ihrem Ziel, dem Wahlrecht (englisch: *suffrage*), wurden sie oft *Suffragetten* genannt. Elizabeth Cady Stanton (1815–1902), eine mitreißende Rednerin, blieb ihre Galionsfigur, in perfekter Teamarbeit unterstützt von der ebenso hervorragenden Organisatorin Susan B. Anthony (1820–1906). Stanton, von Haus aus konservativ erzogen, machte selbst vor dem Tabu der nach ihrer Ansicht herabsetzenden Frauendarstellung in der Bibel nicht halt und gab eine eigene Neuinterpretation der Heiligen Schrift als *The Woman's Bible* heraus, womit sie selbst viele ihrer eigenen Anhängerinnen schockierte. Susan Anthony provozierte bei der Präsidentenwahl 1872 ihre Verhaftung, weil sie mit einer Gruppe von Frauen in einem Wahllokal in Rochester erschien, und verteidigte sich vehement: »Jede Diskriminierung von Frauen in den Verfassungen und Gesetzen einzelner Bundesstaaten heute ist ebenso wie jede derartige Bestimmung gegen Schwarze null und nichtig.«[73] Andere Frauen, die endlosen Anfechtungen der Männerwelt zum Trotz ihre Stimme erhoben und Frauen überall in der jungen Demokratie zu Selbstbewußtsein und zum Handeln ermutigten, waren Lucy Stone (1819–1893), die mit Lucretia Mott eine Änderung der ehelichen Rechte und Pflichten forderte und als Vorbild für alle nachfolgenden »Lucy

Stoners« nach ihrer Heirat ihren Mädchennamen beibehielt, und Sojourner Truth (1797–1883), eine als Sklavin geborene Schwarze, deren festes Auftreten und kompromißlose Ansprachen Männern Furcht einjagte. Berühmt wurde sie durch den Ausspruch: »Wo kommt euer Jesus her? Von Gott und von einer Frau!« Später hinzu kamen Alice Paul (1885–1977), die der Bewegung mit ihrer *Women's Party* neue Formen aggressiver Militanz – Protestparaden, Hungerstreiks und Festnahmeprovokationen – gab und schließlich im Zeitalter der rapiden Industrialisierung und der Massenbeschäftigung von Fabrikarbeiterinnen die kommunistisch inspirierte Gewerkschafterin Elizabeth Gurley Flynn (1890–1964), die das Ringen von berufstätigen Frauen um bessere Löhne und Arbeitsbedingungen als Teil des internationalen Klassenkampfs verfocht.

Erste Erfolge auf dem Weg zum vollen Wahlrecht erzielten Frauen dank unermüdlicher Proteste und Petitionen im Westen, wo bei der entbehrungsreichen Erschließung des weiten Indianerlandes aus geteilten Pflichten und Leiden eine bessere Partnerschaft von Mann und Frau entstand. 1869 ließ das Territorium Wyoming als erstes Teilgebiet der USA Frauen zur Wahl zu und legte dieses Recht auch in seiner Verfassung fest, als es 1890 zum vollwertigen Bundesstaat aufrückte. Am 1. August 1870 gaben Frauen bei einer Parlamentswahl im benachbarten Mormonenterritorium Utah erstmals ihre Stimme ab. 1887 übernahm erstmals eine Frau ein Wahlamt, als Susanna Madora Salter zur Bürgermeisterin der Kleinstadt Argonia in Kansas bestimmt wurde. Das Frauenstimmrecht gewährten ab 1893 Colorado und ab 1896 Idaho. Bis 1917 galt es in insgesamt 13 Bundesstaaten.

In dieser Zeit trug mehr als alle anderen die aus Wisconsin stammende Schulmeisterin Carrie Chapman Catt

(1859–1947) zum Erfolg der Suffragetten bei. Materiell unterstützt von ihrem reichen zweiten Ehemann, dem Ingenieur George Catt, reiste sie ab 1887 durch die USA und warb für die Ziele der von Stanton und Anthony geführten *National American Woman Suffrage Association* (NAWSA), gegründet 1869. Catt übernahm den Vorsitz der NAWSA von 1900 bis 1904 und dann wieder ab 1915, während die Vereinigung bis auf zwei Millionen Mitglieder anwuchs. Dennoch blieb innere Zerstrittenheit ein Fortschrittshemmnis. Als zweite starke Frauenorganisation wuchs seit 1874 die streng konservative *Woman's Christian Temperance Union* unter Frances Willard bis auf Millionenstärke heran. Die WCTU versuchte der Männerwelt beizukommen, indem sie gegen deren Erzübel Alkoholismus mit Wort und Axt anging, aber sie setzte sich auch für das Stimmrecht ein.

Der letzte Akt vollzog sich, langsam wie die vorangegangenen, nachdem Präsident Woodrow Wilson am 9. Januar 1917 zögernd einer Verfassungsänderung zugestimmt hatte. Am nächsten Tag verabschiedete das Repräsentantenhaus den 19. Zusatz zur US-Verfassung mit dem Wortlaut: »Das Wahlrecht der Bürger der Vereinigten Staaten soll durch die Vereinigten Staaten oder irgendeinen Bundesstaat aufgrund des Geschlechts weder verweigert noch eingeschränkt werden.«

Aber der Senat sperrte sich. Erst als das Haus im Mai des folgenden Jahres erneut zustimmte, gab der Senat schließlich am 4. Juni 1919 dem Frauenstimmrecht sein Plazet. Dann mußte der Verfassungszusatz von einer Zweidrittelmehrheit der Bundesstaaten verabschiedet werden, wobei Catts Heimatstaat Wisconsin der erste und schließlich Tennessee der ausschlaggebende 36. (von damals 48) war. Am folgenden Tag, dem 26. August 1920,

unterschrieb Außenminister Bainbridge Colby als ranghöchstes Kabinettsmitglied in Washington die Ratifizierungsurkunde. In einem letzten *Macho*-Affront gegen die siegreichen Suffragetten waren ihre Vertreterinnen von der Unterzeichnungszeremonie ausgeschlossen.
Danach verlief sich die politische Frauenbewegung wieder für Jahrzehnte. Carrie Catt bildete ihre Organisation um in die *League of Women Voters* (Bund der Wählerinnen) und förderte fortan, wo immer möglich, progressive Gesetzgebung. Alice Pauls Frauenpartei ging daran, die Verfassung um einen Gleichberechtigungszusatz zu ergänzen, doch blieb dieses Ziel auch mehr als 70 Jahre später noch unerfüllt.

Macht und Ohnmacht

Die Frauen hatten nun zwar das Wahlrecht, aber in ihrem Abstimmungsverhalten unterschieden sie sich nicht sehr von den Männern. Als Vertreterinnen ihrer eigenen – weiblichen – Interessen fielen sie, unter die Parteien aufgeteilt, bald auseinander. Der Historiker William H. Chafe findet es »nicht überraschend, daß die Frauen ihre gesteckten Ziele nicht erreichten. Parteipolitik war immer noch eine Männerwelt, und die Maßstäbe, an denen Frauen gemessen wurden, waren männliche Maßstäbe.«74 Ihre ersten Vertreterinnen in Wahlämtern standen einsam auf weiter Flur, und wenn sie überhaupt einen Eindruck hinterließen, war es nicht unbedingt der beste.

Die erste Frau im US-Kongreß, Jeannette Rankin, eine Sozialarbeiterin aus Seattle, wurde schon vier Jahre vor der Einführung des Frauenwahlrechts von Montana in das Repräsentantenhaus geschickt. Am 2. April 1917 vereidigt, äußerte sie sich »schockiert über das bestehende Vorurteil gegenüber einer Frau im Kongreß« und begründete ihre Präsenz so: »Es gibt Hunderte von Männern, die sich um die Zölle der Nation und die Außenpolitik und die Bewässerungsprojekte kümmern. Aber es gibt keine einzige Frau, die sich um den größten Reichtum der Nation bemüht – ihre Kinder.«[75] Sie war es, die den Entwurf zur Verfassungsänderung über das Frauenwahlrecht im Haus einbrachte.

Doch Jeannette Rankin (1880–1973) trat besonders als Isolationistin und Pazifistin hervor, die den historisch ent-

scheidenden Eintritt der USA in den Ersten Weltkrieg strikt ablehnte. Als die Entscheidung am 6. April 1917 anstand, erklärte sie mit Tränen in den Augen: »Ich möchte für mein Land einstehen, aber ich kann nicht für Krieg stimmen. Ich stimme mit ›Nein‹.« Die Entscheidung kostete sie im folgenden Jahr die Nominierung ihrer Republikanischen Partei für den Senat. Erst 1941 kehrte sie in das Repräsentantenhaus zurück, just im Jahr des japanischen Angriffs auf Pearl Harbor, durch den Amerika in den Zweiten Weltkrieg hineingerissen wurde. Rankin blieb sich treu und votierte – wiederum als einzige – gegen die Kriegserklärung der USA an Japan und Deutschland. Damit war ihre politische Karriere endgültig erledigt, auch wenn sie noch bis in die sechziger Jahre aktiv blieb – als Gegnerin des Vietnamkrieges.
Frauen hatten anfangs die besten Chancen, in den Kongreß aufzurücken, wenn ein männliches Mitglied – durch Tod, Verzicht oder Absetzung – vor Ablauf seines Mandats ausschied. Auf diese Art gelangten 16 von den ersten 30 Frauen in den Jahren bis 1943 ins Repräsentantenhaus und alle sechs bis 1949 in den Senat. Die meisten von ihnen hatten keine eigenen politischen Ambitionen – von feministischen ganz zu schweigen – und strahlten auf die Frauen des Landes nur wenig Inspiration aus. Männer benutzten Frauen als reine Aushängeschilder; ihre Ernennungen blieben in der Regel leere Gesten.
Beim Senat ging Georgia voran. Sein Gouverneur Thomas Hardwick, der gegen den 19. Verfassungszusatz gestimmt hatte, hoffte seine Wählerinnen wieder zu versöhnen, indem er am 3. Oktober 1922 nach dem Tod eines der beiden Georgia-Senatoren die Politikerwitwe Rebecca Latimer Felton als Nachrückerin ernannte. Die Demokratin saß genau zwei Tage, am 20. und 21. November, im Ho-

hen Haus, hielt eine kurze Rede auf die politischen Fähigkeiten von Frauen und kassierte 287,67 Dollar Aufwandsentschädigung. Dann wurde der bereits am 7. November gewählte Nachfolger vereidigt, natürlich wieder ein Mann. Mrs. Felton, bereits 86 Jahre alt, reiste heim und bewarb sich nie wieder.

Anders verlief es bei der Demokratin Hattie Wyatt Caraway (1878–1950) neun Jahre später. Auch die Senatorin aus Arkansas rückte für einen Mann nach, und zwar ihren eigenen. Den versuchte sie in Wahrung der Interessen ihres Staates stets nachzuahmen: »So abzustimmen wie er war immer gut genug für Arkansas.« Sie wurde 1932 wiedergewählt und 1938 noch einmal, womit sie die erste Amerikanerin war, die über volle Legislaturperioden als Senatorin fungierte. Das schaffte, vier Jahre nach ihrem Ausscheiden, erst wieder die Republikanerin Margaret Chase Smith aus Maine, die von 1948 bis 1973 im Senat war, und, von 1961 bis 1967, die Demokratin Maurine Neuberger aus Oregon. Dennoch gab es eine Periode von 1973 bis 1979, in der keine einzige Frau, gewählt oder ernannt, im Senat vertreten war. Erst seit der Wahl von Nancy Kassebaum im November 1978, genauer gesagt ihrem Mandatsbeginn im Januar 1979, ist eine weibliche Kontinuität in der Kammer gewährleistet. Was die politische Wirkung der meisten dieser Frauen betraf, so galt, was scharfe Zungen in Washington über die erste Senatorin Hattie Caraway sagten: »Auffallend unauffällig.«[76]

Weibliche Gouverneure traten vor Ella Grasso nur zweimal auf die politische Bühne, beide im gleichen Jahr. Am 9. November 1924 wurde in Texas Miriam Ferguson (1875–1961) gewählt und in Wyoming Nellie Tayloe Ross (1880–1977). Der Witwe des Gouverneurs von Wyoming kam die Ehre zu, als erste im Amt zu sein. Ihre Vereidigung erfolgte am 5. Januar 1925, die von »Ma« Ferguson erst 15 Tage später. Dennoch blieb die Texanerin die schillerndere Figur. Sie war keine Witwe, und ihre gesamte Karriere drehte sich um ihren Ehemann. James Edward Ferguson war 1917 nach nur zwei Jahren als Gouverneur des damals größten Bundesstaats wegen finanzieller Missetaten abgesetzt und verurteilt worden. Nun zog er wieder in den Gouverneurspalast in Austin ein, als Berater seiner Frau und später Beauftragter für den Fernstraßenbau. Er hatte einen Schreibtisch gleich neben ihrem, ganz das Team, das beide im Wahlkampf – sechs Jahrzehnte vor Bill und Hillary Clinton – versprochen hatten: *Two Governors for the price of one.* Sie gewährte ihrem Ehemann eine Sonderamnestie, die allerdings vom texanischen Verfassungsgericht widerrufen wurde. Ansonsten waren ihre beiden Amtszeiten – »Ma« wurde nach zwei Wahlniederlagen 1932 wiedergewählt – gekennzeichnet von einer instinktsicheren Identifizierung mit dem kleinen Mann von der Straße in Zeiten schwerer Wirtschaftskrisen – und dem ständigen Ruch von Korruption.

Zur Frauenbewegung und ihren weitergehenden Zielen trugen die neuen Politikerinnen kaum etwas bei. Sie gingen in die Parteien – Wyomings Gouverneurin Nellie Ross war sogar von 1928 bis 1934 stellvertretende Parteivorsitzende der Demokraten – und spielten die Parteipolitik mit wie die Männer. Soziale Probleme beim Aufbau einer modernen Industriegesellschaft und die Verwicklung in ferne Kriege beherrschten die politische Auseinandersetzung in Amerika; für die »Frauenfrage« blieb nicht viel übrig, auch wenn sie noch so schwelte. »So tief das Rassenvorurteil gegen amerikanische Neger auch greift«, urteilte die Schriftstellerin Pearl S. Buck 1940, »ist es in der Praxis nicht so weitreichend wie das Vorurteil gegen Frauen. In

Wahrheit erleiden Frauen alle Nachteile einer Minderheit.«[77] Jene Frauen, die mit ihrem Kampf um die bürgerrechtliche Gleichstellung der Frau wahrhaft die Geschichte gewendet hatten, konnten, so Historiker Chafe, »die fundamentalen Fragen der weiblichen Identität, von denen sie ständig heimgesucht wurden, nicht lösen«. Dennoch bildeten diese Fragen weiterhin »den Rahmen der Debatte über Freiheit und Gleichheit in den folgenden Jahrzehnten«.[78]

Als die Büstenhalter brannten

Eine neue Generation nahm die Fackel des politisch engagierten Feminismus in den sechziger Jahren wieder auf. Die Lebensbedingungen hatten sich seit dem Ende des Zweiten Weltkriegs in allen Bereichen entscheidend verbessert, doch immer noch waren Frauen gegenüber den Männern benachteiligt: Frauen konnten wählen, aber hatten keine politische Macht. Frauen hatten mehr denn je zuvor Zugang zur Bildung, nur fehlten die entsprechenden Karrierechancen im Arbeitsleben. Zwar waren 40 Prozent aller Frauen berufstätig, doch die männlich geprägte Gesellschaft wollte in ihnen weiterhin nur Ehefrauen, Hausfrauen und Mütter sehen. Doch die Geburtenkontrolle, einfach und sicher wie nie durch die Pille, hatte die Welt für immer verändert: Frauen konnten nun selbst über ihr Schicksal bestimmen. Präsident John F. Kennedy richtete 1961 auf Drängen seiner Vizearbeitsministerin Esther Peterson zum erstenmal eine Frauenenquetekommission ein – geleitet von der hochangesehenen einstigen First Lady Eleanor Roosevelt. Sie bestätigte weitverbreitete Ungleichheiten und Unzufriedenheiten.

In diese Situation platzte die Autorin Betty Friedan 1963 mit ihrem Bestseller *The Feminine Mystique (Der Weiblichkeitswahn),* dem Buch, das laut Zukunftsforscher Alvin Toffler »den Abzugshahn der Geschichte auslöste«. Schon mit den ersten Worten brachte sie die Sache so glasklar auf den Punkt, daß Millionen von Amerikanerinnen, die

Frauen aus der breiten Mittelschicht, sich unmittelbar angesprochen fühlten:

> Viele Jahre lang lag das Problem den amerikanischen Frauen unausgesprochen im Sinn. Es war eine seltsame Erregtheit, eine Sehnsucht, worunter die Frauen in den Vereinigten Staaten um die Mitte des 20. Jahrhunderts litten. Jede der in den Vororten lebenden Ehefrauen kämpfte für sich allein dagegen an. Wenn sie Betten machte, einkaufen ging, Stoff für neue Schonbezüge ausmaß, mit ihren Kindern Erdnußbutterbrote aß oder sie mit dem Auto zu ihren Pfadfindergruppen brachte, wenn sie nachts neben ihrem Ehemann im Bett lag – immer scheute sie sich, die leise Frage zu stellen: »Ist das alles?«[79]

In einer Zeit, da geringere Kinderzahl, verbesserte Haushaltstechnik und größere Arbeitsmarktnachfragen den Frauen neue Möglichkeiten der Selbstverwirklichung jenseits der Domestikenrolle eröffneten, war Betty Friedans Ansatz zunächst eher sozial als politisch. Doch konnte die neue Sprengkraft des Geschlechterkonflikts, die sie mit der Energie der Atombombe verglich, kaum aus der Arena der Macht ferngehalten werden.
Ein ganz anders beabsichtigter Ulk auf Kosten der Frauen setzte die zweite Welle der Frauenbewegung in Gang. Der Ort des Geschehens war das Repräsentantenhaus in Washington, der Zeitpunkt Anfang Februar 1964, der Anlaß die massiv angewachsene Bürgerrechtsbewegung der schwarzen Amerikaner. Das Haus beriet über das von den Reformpräsidenten Kennedy und Lyndon Johnson vorgelegte Gesetz zur Gleichstellung der Schwarzen, hundert

Jahre nach dem Bürgerkrieg, der die Sklaverei abschaffte. Einige rassistische Mitglieder aus den Südstaaten hatten etwas Besonderes ausgeheckt, um den *Civil Rights Act of 1964* zu Fall zu bringen.

Unter dem Lachen und Johlen seiner Kollegen beantragte der 81jährige Abgeordnete Howard W. Smith aus Virginia, jenen Passus, der eine Diskriminierung im Beruf aufgrund von »Rasse, Hautfarbe, Religion oder nationaler Herkunft« verbot, um das Wort »Geschlecht« zu ergänzen. Mit gespielter Ernsthaftigkeit betonte Smith, er wolle mit diesem Zusatz »die Diskriminierung einer anderen Minderheitsgruppe verhindern – der Frauen«. Dabei kam ihm nicht einmal in den Sinn, daß im Gegensatz zu den Schwarzen Amerikas Frauen keine Minderheit mehr waren: Laut Volkszählung von 1960 gab es in den USA genau 88 331 494 Männer und 90 991 681 Frauen. Verärgert urteilte die Kongreßfrau und Frauenrechtlerin Martha Wright Griffiths aus Michigan: »Ich nehme an, falls noch irgendeine Notwendigkeit bestanden hätte zu belegen, daß Frauen ein Geschlecht zweiter Klasse sind, so hat es das Gelächter bewiesen.«[80]

Das Gesetz wurde zwei Tage später, am 10. Februar 1964, bei 168 Ja- und 133 Nein-Stimmen mit Smiths Geschlechterklausel im Abschnitt VII vom Repräsentantenhaus angenommen. Der Senat folgte am 19. Juni, und Präsident Johnsons Unterschrift setzte es am 2. Juli in Kraft. »So schuf ein bizarres Bündnis von phantasielosen Südstaaten-Gentlemen und Frauenrechtsvorkämpferinnen ein Bundesgesetz, das seiner Zeit auf seltsame Weise voraus war«, kommentierte die Juristin Elizabeth Roth das Ereignis.[81] Statt die Bürgerrechtsreform zu ruinieren, entstand hierdurch noch 1964 ein Gremium, vor dem Frauen, schwarze wie weiße, ihre Rechte im Arbeitsleben einklagen konnten: die Kommission für gleiche Beschäftigungschancen (EEOC), die später einmal von Clarence Thomas geleitet werden sollte. Zunächst jedoch erfüllte sie ihre Aufgabe nicht, denn in bester Chauvinistentradition hielt ihr Direktor Herman Edlesberg den Geschlechterzusatz im Bürgerrechtspassus VII für »eine Luftblase«.[82]

Fast gleichzeitig hatte der Kongreß, als Reaktion auf Kennedys Frauenkommission, Gesetze verabschiedet, wonach die Bundesbehörden Bewerber »ohne Rücksicht auf ihr Geschlecht« einstellen sollten und wonach gleicher Lohn für gleiche Arbeit gezahlt werden mußte. Die Fortschritte blieben indes zur Enttäuschung engagierter Frauen nur auf dem Papier stehen. An der Realität änderte sich wenig, weil Frauen keine politische Schlagkraft besaßen. Bewundernd blickten sie auf die schwarze Bürgerrechtsbewegung, die gerade um diese Zeit unter Martin Luther King den Durchbruch in ihrem jahrhundertelangen Ringen um Gleichberechtigung erzielte. Sie hatte eine Massenbasis und, was besonders half, eine straffe disziplinierte Organisation, die *National Association for the Advancement of Colored People* (NAACP).

Nach ihrem Vorbild gründete Betty Friedan am 29. Oktober 1966 in New York die *National Organization for Women* (bewußt als »Organisation für Frauen«, nicht nur »von«) zusammen mit etwa 300 Gleichgesinnten. Ihr Ziel lautete von Anfang an, Einfluß auf das politische System zu gewinnen, um »echte Gleichheit für alle Frauen in Amerika« zu erreichen. Mehr noch: Sie forderten »sofortige volle Einbeziehung in den Mittelpunkt der amerikanischen Gesellschaft unter Ausübung aller daraus entstehenden Vorteile und Pflichten in einer wirklich gleichrangigen Partnerschaft mit den Männern«. Die Mitwirkung der Frauen in der Männerwelt bedeutete für NOW zugleich mehr

Teilhabe der Männer an der »Frauenwelt«, indem sie »gleichermaßen die Verpflichtungen von Haushalt und Kindererziehung teilen« und deren »wirtschaftlichen und sozialen Wert« gebührend anerkennen.[83] All diese Idealforderungen wurden mit großem Nachdruck vorgebracht: ausgesprochen bedeutet NOW auch »jetzt«. Das Bemühen der gemäßigt-liberalen Mitgliedschaft von NOW, vorwiegend weiße Frauen aus dem Mittelstand, genügte der jüngeren Generation nicht, selbst wenn einige ihrer Aktionen damals schockierten: Büstenhalter wurden als Symbol der Einengung öffentlich verbrannt, *Playboy-Clubs* als Hochburgen des *male chauvinism* gestürmt und »Miss-Amerika«-Schönheitswettbewerbe als frauenverachtende »Fleischbeschau« attackiert.

Unruhe und Aufbegehren kennzeichneten die sechziger Jahre, die Zeit der Proteste gegen den Vietnam-Krieg, gegen den Rassismus, gegen die etablierten Mächte, gegen Kapitalismus, Imperialismus und andere »Ismen«. Junge Amerikanerinnen aus der »Neuen Linken« fügten dem ihre eigene Feindbildideologie an: Sexismus. Partnerschaft mit Männern kam für sie nicht in Frage; die Befreiungsbewegung der Frauen, unter dem Kürzel *Women's Lib* bekanntgeworden, setzte auf Antagonismus. Eine der neuen Emanzen war die aus Louisiana stammende Kunststudentin Ti-Grace Atkinson, Sprecherin der New Yorker Radikalengruppe *The Feminists,* die sich von NOW abgewandt hatte und nach einer bitteren Eheerfahrung – mit 17 verheiratet, mit 22 geschieden – der weiblichen Existenz andere Ziele geben wollte als Sex und Liebe. »Ich habe fast kein Privatleben mehr«, sagte sie mit 31. »Die meisten Frauen sind noch nicht bereit, das aufzugeben … Eine Frau, die Männer als Feinde bezeichnet, während sie neben ihrem Freund sitzt, ist sowohl demütigend als auch tragisch.«[84] Mit Männerhaß, Systemkritik und Bilderstürmerei führte *Women's Lib* schließlich ins Abseits: Die Bewegung verebbte, weil sie im Grunde unpolitisch war und den Realitäten im Frauenalltag nicht gerecht wurde. »Die meisten liebten die apokalyptische Überzeugung«, schrieb die Publizistin Helen Dudar, »daß eine Gesellschaft, die die Plackerei der Kindererziehung übernimmt, die Frauen befreien würde. Befreien wofür? Für die Jobs, die Millionen Männer jetzt haben und hassen?«[85]

Hillary Clinton, damals noch Hillary Diane Rodham, erlebte die aufregende Zeit der neuen Frauenbewegung als Studentin an den Elitehochschulen Wellesley und Yale. »Sie war begeistert davon, wie diese Bewegung Fortschritt ins Land trug, auch wenn sie sich keiner Gruppe anschloß«, sagte ihre Mitschülerin Kris Rogers.[86] Alle Freundinnen beschrieben Hillary als kämpferisch und aktiv und wenn es nur darum ging, einen Tampax-Automaten in die Damentoilette zu bekommen. An der Yale-Rechtsfakultät, wo nur15 Prozent der Studentenschaft weiblich war, diskutierte sie mit ihren Kommilitoninnen, wie die feministischen Gedanken mit konkreten Interessen an Männern vereinbar waren. Eine von ihnen, Susan Bucknell, erinnerte sich: »Als Frauen, die sich mit der Frauenbewegung auseinandersetzten, und als junge Frauen, die auf eine professionelle Karriere vorbereitet wurden, suchten wir Männer, die unser Potential unterstützen und respektieren würden.«[87] Hillary fand ihn offenbar in Bill Clinton, und Sue Bucknell in dessen Zimmergenossen Donald Pogue.

Von der »Befreiung der Frau« ging es wieder zurück zum »Recht der Frau«: Was von der radikalen und der sozialistischen Frauenbewegung übrigblieb, fand sich schließlich in NOW wieder, sowohl in Form von Mitgliedern als auch von Ideen. Denn Themen der *Women's Liberation* – Kritik an Ehe, Kleinfamilie, Diskriminierung von Patientinnen und Homosexuellen, Gewalt gegen Frauen – gingen in ihre Lobbyistentätigkeiten ein und bestimmen zum Teil heute noch die Programmatik der Emanzipationsbewegung. Nur besaß NOW den Vorteil, Dinge dank zielgerichteter Organisation und Aktion vorantreiben zu können. Je mehr die sozialistischen Elemente der Frauenbewegung zurücktraten, desto mehr wurde NOW zur Hauptorganisation der amerikanischen Frauen. Ihr Ziel blieb das gleiche wie das der wackeren Ladies von Seneca Falls: völlige gleichberechtigte Mitwirkung der Frau in allen Lebensbereichen – als Individuum wie als Partner des Mannes.

Ausgenommen blieben schwarze Frauen, die in der NAACP oder anderen schwarzen Organisationen mitmachten, einmal aus Solidarität und zum anderen aufgrund unterschiedlicher Überzeugungen. Beispielsweise galt die von den weißen Feministinnen als »Versklavung« kritisierte Institution der Familie schwarzen Frauen von jeher als Zufluchtsort vor dem Rassenhaß der Gesellschaft und als erstrebenswerte Überwindung der familienfeindlichen Sexualgewohnheiten aus den Zeiten der Sklaverei. Familie in modernen Zeiten bedeutete ein gewisses Maß an Stabilität und Sicherheit in einer Umwelt voller Armut, Zerrissenheit und Gewalt, von der die meisten weißen Hausfrauen nur aus der Zeitung wußten.

Der NAACP-Aktivistin Shirely Chisholm aus Brooklyn, die 1968 als erste schwarze Frau ins Repräsentantenhaus gewählt wurde, warfen ihre eigenen Anhänger zuweilen vor, daß sie sich für die »Befreiung« weißer Frauen einsetze, denen es unvergleichlich besser ging als selbst der Mehrheit der schwarzen Männer im Lande. Sie entgegnete ihnen: »Als Frau habe ich schlimmere Diskriminierung erlitten denn als Schwarze.«[88] Die Feministin machte 1972 Schlagzeilen, als sie sich für die Präsidentschaftsnominierung der Demokratischen Partei bewarb. Ihr achtmonatiger Wahlkampf beflügelte die Frauenbewegung, auch wenn sie am Ende nur 152 Delegierte für sich gewinnen konnte und natürlich nicht aufgestellt wurde. Doch um das höchste Amt in den USA hatte sich vor ihr nur eine Frau beworben, die republikanische Senatorin Margaret Chase Smith 1964, ebenso vergeblich.

Betty Friedan, die 1969 den NOW-Vorsitz abgab, kritisierte später die Fixierung ihres Verbands auf isolierte weibliche Selbstentfaltung und regte, insbesondere in ihrem 1981 erschienenen Buch *The second step (Die zweite Stufe)*, eine Rückbesinnung auf die Partnerschaft zwischen Mann und Frau und traditionelle Wertvorstellungen von familiärem Zusammenleben an. Immer mehr konzentrierte sich die Gruppe, nachdem sie 1970 Zehntausende von Frauen zum 50jährigen Bestehen des Frauenwahlrechts auf die Straßen von New York, Detroit, New Orleans und Los Angeles bekommen hatte, darauf, in die Parlamente und Regierungen der Einzelstaaten einzuwirken und durch Musterprozesse gegen diskriminierende Arbeitgeber, öffentliche wie privatwirtschaftliche, die Gleichheit im Arbeitsleben voranzutreiben. Ab 1972 half der Frauenbewegung ein kräftiges Sprachrohr, die erste Feministinnenzeitschrift *Ms.*, gegründet und über 15 Jahre geleitet von der Journalistin Gloria Steinem, aufgrund ihres rhetorischen Talents und ihres geschickten Auftretens selbst eine publikumswirksame Verfechterin der Sache in zahlreichen Fernseh- und Rednerauftritten.

Langsam, aber stetig nahm die Zahl der von NOW unterstützten weiblichen Abgeordneten zu, insbesondere auf lokaler und einzelstaatlicher Ebene, 1972 allein um 28,2 Prozent. Die anfangs verlachte Frauenorganisation ließ ihre Muskeln spielen. Sie warnte alle politischen Kandidaten, sie würden nach ihrer Einstellung zu Kernanliegen der Frauen beurteilt und dementsprechend gefördert oder bekämpft: gleicher Lohn für gleiche Arbeit, gleiche Bildungs- und Berufschancen, Mutterschaftsurlaub, Kreditwürdigkeit für unabhängige Frauen, Sozialversicherungsschutz für Hausfrauen und Mütter, mehr öffentliche Kindergärten und Tagesstätten zur Entlastung berufstätiger Frauen, Ende der diskriminierenden Darstellung von Frauen in Literatur und Medien, Sexualkundeunterricht an allen Schulen – vor allem aber totale rechtliche Gleichstellung und uneingeschränkte Freigabe der Abtreibung. Diese Forderungen stellten sie im November 1977 auf der 1. Nationalen Frauenkonferenz in Houston auf, dem wichtigsten Treffen der »Schwesternschaft« seit Seneca Falls, an dem gleich drei First Ladies mitwirkten: Rosalynn Carter, die amtierende, und ihre Vorgängerinnen Betty Ford und »Lady Bird« Johnson.

Für Gleichheit, Gerechtigkeit und Geraldine

Ein Satz fesselte die Energien von unzähligen Amerikanerinnen in den Jahren der zweiten Emanzipationsphase. Er lautete:

> Die Gleichheit der Rechte unter dem Gesetz soll durch die Vereinigten Staaten oder irgendeinen Bundesstaat aufgrund des Geschlechts weder verweigert noch eingeschränkt werden.

Er sollte als 27. Zusatz in die Verfassung der Vereinigten Staaten eingehen. Dieses sogenannte *Equal Rights Amendment,* kurz: ERA, hatte 1923 erstmals die *National Woman's Party* unter Alice Paul propagiert. 47 Jahre lang hing der Entwurf im nur mit Männern besetzten Rechtsausschuß des Senats fest. Nun nahm er dank unermüdlicher Anstrengungen der demokratischen Abgeordneten Martha Griffiths aus Michigan und breiter Zustimmung in der amerikanischen Öffentlichkeit – einschließlich des Präsidenten Richard Nixon – die erste Hürde, den Kongreß, relativ leicht: Das Repräsentantenhaus verabschiedete den Zusatz am 12. Oktober 1971 mit der erforderlichen Zweidrittel-Mehrheit (354 : 23), gefolgt am 22. März 1972 vom Senat (84 : 8). Zur Ratifizierung benötigte das Amendment eine Mehrheit in den Parlamenten von 38 Bundesstaaten. Nach anfänglichen Erfolgen – 22 Zustimmungen bis zum Jahresende 1972 – prallte die ERA-Bewegung gegen eine Wand des Widerstands reaktionä-

rer Frauen, republikanischer Politiker und erzkonservativer Evangelisten.
Eine Frau von der Rechten machte den Frauenrechtlern am meisten zu schaffen: Phyllis Schlafly, Vorsitzende der Aktionsgruppe *Stop ERA* und ehemalige Vizepräsidentin des Nationalverbands Republikanischer Frauen. Sie warnte die Einzelstaaten, die Bundesregierung werde ihnen die gesamte Familiengesetzgebung aus der Hand nehmen, die Männer davor, daß sie durch Quoten in Bildung und Beruf benachteiligt, und Frauen, daß sie alle nach dem Gleichheitsgrundsatz unter einer allgemeinen Wehrpflicht zum Militär einberufen würden. Schlaflys Kampfruf lautete: »Mutter Natur läßt sich nicht betrügen.«[89]
Ab 1977 stagnierte der Ratifizierungsprozeß, und die ERA-Befürworterinnen schwankten zwischen Hoffnung und Zorn. »Ich suche Gerechtigkeit«, sagte Martha Griffiths, »nicht in einer fernen Zukunft, nicht in einer Studienkommission, sondern jetzt, während ich lebe.« Die feministische Schriftstellerin Liz Carpenter polterte hingegen: »Jeder, der gegen die Frauen, gegen das ERA ist, sollte nie wieder in ein öffentliches Amt gewählt werden.«[90]
Obwohl die Annahmefrist ausnahmsweise bis Mitte 1982 verlängert wurde, fehlten am Ende noch drei Staaten. Das *Equal Rights Amendment* war nach einem Jahrzehnt intensiver Bemühungen gescheitert; die Frauenbewegung erging sich in Wut und Tränen. »Ärgert euch nicht!« lautete ein Aufruf im Moment der Niederlage. »Rächt euch!«
Die Gelegenheit dazu kam im Präsidentschaftswahljahr 1984, als es um die Wiederwahl des reaktionären Republikaners Ronald Reagan und seines Vize George Bush ging, beide Republikaner, die überall den Rückschlag gegen den Feminismus nach Kräften unterstützt hatten. Was wäre besser, als ihnen eine Frau entgegenzustellen? Ge-

wiß war die Zeit noch nicht reif für eine Präsidentschaftskandidatin, aber eine Bewerberin für das Amt des Vizepräsidenten erschien bei den Demokraten erreichbar. NOW setzte alles daran – und erreichte ihr Ziel.

Die Frauenorganisation hatte seit den siebziger Jahren ihren Einfluß in der Demokratischen Partei stetig ausgeweitet. Zuerst kämpfte sie 1974 um eine Satzungsänderung zugunsten der Chancengleichheit in der Partei, eine 50:50-Quote für Parteitagsdelegierte. Abgeschlagen, unternahm NOW 1976 einen weiteren Anlauf, der erfolgreich endete. »Die Demokraten haben auf ihren Parteitagen nur aus dem einzigen Grund die gleiche Anzahl von männlichen und weiblichen Delegierten, weil NOW darum gekämpft hat«, betonte die ehemalige Vorsitzende Eleanor Smeal, die zweimal, von 1977 bis 1983 und von 1985 bis 1987, die Organisation leitete. »NOW hat einen Höllenerfolg gehabt. Frauen innerhalb der Partei haben uns geholfen, aber sie hatten eine Menge zu verlieren. Wir waren widerlich und aufdringlich, denn wir hatten nichts zu verlieren.«[91] NOW ermutigte Frauen, sich als Delegierte zu bewerben, und veränderte mit ihrer Hilfe das Parteiprogramm, so 1980 durch klare Bekenntnisse zum *Equal Rights Amendment* und zur Abtreibung, obwohl letzteres von Präsident Jimmy Carter, einem Südstaaten-Baptisten aus Georgia, aus religiösen Gründen abgelehnt wurde.

Schließlich stand 1984 der Parteikonvent in San Francisco bevor, um den demokratischen Spitzenkandidaten, Carters Vizepräsidenten Walter Mondale aus Minnesota, zu küren. Smeal erinnerte sich: »Wir hatten von den Kämpfen mit den Demokraten eine Menge gelernt. Wir hatten gelernt, daß wir Programmdebatten gewinnen konnten. Wir hatten die Stimmen! Wir hatten gelernt, daß wir eine Frau in das Führungsduo kriegen konnten.«[92]

Die historische Entscheidung, die am 12. Juli 1984, unmittelbar vor dem Parteikonvent, in Mondales Heimatort St. Paul bekanntgegeben wurde, fiel auf die Rechtsanwältin Geraldine Ferraro aus New York, Jahrgang 1935, Italo-Amerikanerin, Katholikin, Mutter von drei Kindern und gemäßigte Feministin. Die zweimal wiedergewählte Kongreßabgeordnete hatte sich in das einflußreiche Haushaltskomitee des Repräsentantenhauses sowie in den Programmausschuß der Demokratischen Partei emporgearbeitet und bei Männern wie Frauen Respekt für ihr Durchsetzungsvermögen eingeheimst. »Einige Abgeordnete würden sagen, sie ist eine ehrgeizige penetrante Tucke«, sagte der Parlamentsvorsitzende »Tip« O'Neill, »aber man muß wohl stark sein, um Erfolg zu haben.« Betty Friedan lobte sie: »Sie ist keine Sahnetante; sie ist eine zähe Dame.«[93] Gerry Ferraro galt überdies als Urbild einer Pragmatikerin: Obwohl sie als Katholikin die Abtreibung ablehnte, befürwortete sie in ihrer Eigenschaft als Frauenrechtlerin die freie Entscheidung der Frau.
An solchen Zweideutigkeiten scheiterte sie letztlich... Presseveröffentlichungen über undurchsichtige Finanzgeschäfte ihres Ehemanns John Zaccaro in der gemeinsam betriebenen Immobilienfirma nagten trotz aller Dementis an ihrer ursprünglichen Popularität (Zaccaro wurde 1985 wegen Betrugs verurteilt). Nur einmal trumpfte die grauhaarige Frau aus Queens auf. Beim Fernsehduell mit ihrem direkten Rivalen Bush, der sie über »den Unterschied zwischen Iran und [...] Libanon« aufklären wollte, sagte sie barsch: »Lassen Sie mich zunächst einmal sagen, Vizepräsident Bush, daß ich Ihre herablassende Art, daß Sie mich über Außenpolitik belehren müßten, beinahe widerlich finde.« Bush bekam einen roten Kopf, doch während der Debatte sammelte er wieder Pluspunkte, um sie da-

nach endgültig zu vergeben. In einer seltenen Zurschaustellung seines »Sexismus« erklärte er am nächsten Tag vor Stahlarbeitern in Elizabeth, New Jersey, in kumpelhaftem Ton: »Wir haben gestern abend versucht, in einen kleinen Arsch zu treten.«[94] Die Fernsehmikrophone nahmen es auf; Bush versuchte, den Fauxpas als »alten texanischen Football-Ausdruck« wegzudrücken.

Am Wahlabend erwies sich das Team Mondale/Ferraro als Fehlzündung. Reagan und Bush legten 1984 bei allen Wählerschichten gegenüber dem Ergebnis von 1980 noch zu – sogar bei den Frauen. Geraldine Ferraros politische Karriere war so gut wie beendet, auch wenn sie weiterhin bei Auftritten als erste Vizepräsidentschaftskandidatin in der US-Geschichte höflich beklatscht wurde. Bei der Senatsvorwahl 1992 im Bundesstaat New York neutralisierte sie eine erfolgversprechendere Kandidatin, Liz Holtzman, und verhalf somit einem männlichen Bewerber zum Sieg, der im Hauptwahlkampf gegen den republikanischen Senator Alphonse D'Amato verlor. Weder bei der Präsidentschaftswahl von 1988 noch bei der von 1992 kamen Frauen ernsthaft in Betracht.

Wieder einmal mußten Frauenorganisationen wie NOW, *League of Women Voters, National Women's Political Caucus und Fund for the Feminist Majority* einen Pyrrhussieg verkraften. Sie kehrten zurück zum langwierigen Marsch durch die Institutionen des politischen Systems, zur Taktik des langen Atems, die sich erst 1992 richtig auszahlte. NOW versuchte auch, sich aus der zu engen Umarmung mit den Demokraten zu lösen. Die Präsidentin Judy Goldsmith mußte gehen, weil sie zu offen mit Mondale paktiert hatte: Sie hatte ihm Ferraro als Mitbewerberin vorgeschlagen. Im Gegenzug kamen Vorwürfe, die Organisation sei zu sehr mit Lesbierinnen belastet. Sie stellen angeblich 30 bis 40 Prozent der Mitgliedschaft.[95] Ihre Leiterin Patricia Ireland, eine ehemalige Pan-Am-Stewardeß, lebte, obwohl seit 27 Jahren im heimatlichen Florida verheiratet, an ihrem Dienstort Washington mit einer Frau zusammen. Sie verwarf solche Angriffe als gegnerische Ablenkungsmanöver: »Die Bequemlichkeit anderer Leute ist nicht mehr meine Aufgabe«, erklärte sie. »Ich bin keine Flugbegleiterin mehr.« Sie setzte darauf, durch Erfolg die Skeptiker zu überzeugen, etwa durch die Frauendemonstration in Washington am 5. April 1992, zu der 200 000 Menschen kamen. Sie sah den Kampf um gleiche Rechte für die Frau noch lange nicht als gewonnen an und beharrte auf der Vorhutrolle von NOW: »Wir führen die öffentliche Meinung an; wir folgen ihr nicht ... Mein letztgültiges Ziel ist Fortschritt für Frauen.«[96]

Auf diesem Weg hatten liberale Frauen noch ihren schwersten Machtkampf auszufechten, eine Auseinandersetzung, die von der Presse einem »neuen amerikanischen Bürgerkrieg« gleichgestellt wurde, weniger blutig, aber ebenso verbissen. Es ging um die elementarste Form von Selbstverwirklichung und *Empowerment* – das Recht, über den eigenen Körper zu bestimmen.

Ein Bürgerkrieg um die Abtreibung

Irgendwann, so fürchteten die Befürworter der Abtreibung, mußte es so weit kommen. Irgendwo, so ahnten sie, würde ein Fanatiker von seiten der Abtreibungsgegner durchdrehen und genau das tun, was sie zu verhindern vorgaben: Menschenleben vernichten. Es geschah am 10. März 1993 in Pensacola, einer verschlafenen Küstenstadt am Golf von Mexiko mit 60 000 Einwohnern, gleich an der Grenze zwischen Florida und Alabama. An diesem Mittwochmorgen fuhr Dr. David Gunn seinen weißen Buick Skylark auf den Parkplatz hinter dem kleinen Einkaufszentrum, in dem sich auch eine kleine Frauenpraxis befand, die von ihm regelmäßig zu Schwangerschaftsabbrüchen genutzt wurde. Er bevorzugte den Hintereingang, denn vorn demonstrierten schon in der Frühe etwa ein Dutzend Abtreibungsgegner der Gruppe *Rescue America* gegen den 47jährigen Arzt. Unbemerkt von Gunn hatte sich der eben von der Nachtschicht gekommene Chemiearbeiter Michael Griffin mit einem gezückten 38er-Revolver an ihn herangeschlichen. Griffin schrie: »Töte keine Babys mehr!« Dann feuerte er, noch ehe Gunn sich umdrehen konnte, drei Schüsse in seinen Rücken. Danach ging der 31 Jahre alte Mann ruhig zu einem Polizeibeamten bei der Demonstration und sagte: »Ich habe eben Dr. Gunn erschossen. Er liegt hinter dem Gebäude.« Widerstandslos ließ sich Griffin festnehmen. Dr. Gunn starb zwei Stunden später im Krankenhaus von Pensacola. Don Treshman, der Direktor von *Rescue America,* einer extremen christlichen Gruppierung, hatte kein Mitleid mit ihm, wie er vor Reportern zugab: »Obwohl ich finde, daß Gunns Tod unglücklich ist, bleibt die Tatsache, daß sonst einige Mütter heute von ihm in Gefahr gebracht und mehr als ein Dutzend Babys in seinen Händen gestorben wären.«[97] Vor einer anderen Abtreibungsklinik in Melbourne, Florida, begrüßten Abtreibungsgegner die Nachricht vom Mord mit dem Ruf: »Preist Gott! Preist Gott! Einer der Babykiller ist tot!«[98]

Gunns Bild hatte schon seit dem vorangegangenen Sommer auf einem Suchplakat der Abtreibungsgegner gestanden, verbunden mit dem Aufruf: »Wir brauchen Ihre Hilfe, um Dr. David Gunn zu stoppen.« Seine Privatnummer in Eufaula, Alabama, war oft zu anonymen Haßtiraden mißbraucht worden. Gunn war im weiten Umkreis der einzige Gynäkologe, der überhaupt noch Abtreibungen vorzunehmen wagte. Auf einer 1000-Meilen-Route bediente er jede Woche sieben Praxen in Alabama, Florida und Georgia. Er ließ sich auch von Dauerdemonstranten nicht beirren, obwohl er wußte, daß sie durchaus zur Gewalt neigten: 1984 waren in Pensacola zwei Männer und zwei Frauen wegen Bombenattentaten auf zwei Arztpraxen und eine Abtreibungsklinik verurteilt worden, und erst vor kurzem waren drei Kliniken in Florida mit Buttersäure angegriffen worden.

Seine Tätigkeit machte Dr. Gunn für seine Feinde zu einem Monster, das »schon Tausende um Tausende von Babys ermordet hat«, so Griffins Freund und Mentor John Burt, der Regionaldirektor von *Rescue America.* Am Sonntag vor dem Mord hatte Griffin, der wegen Mißhandlung seiner Frau und seiner beiden Töchter bereits gerichtsnotorisch war, bei einem Gottesdienst vor Gleichgesinnten den Arzt erwähnt. »Er bat die Gemeinde zu beten und mit ihm darin übereinzustimmen, daß Dr. Gunn sein Leben für Jesus hergeben würde«, berichtete Burt. »Er wollte, daß er nichts mehr tat, was von der Bibel als falsch angesehen wird.« Niemand hinterfragte den Fanatiker. Nach seiner Festnahme bat er nur um eine Bibel und kündigte an, er werde sich selbst verteidigen. *Rescue America* betonte, er habe allein gehandelt.

Dem widersprach die liberale Organisation *Planned Parenthood,* deren Kliniken überall in den USA Aufklärung und Abtreibung anbieten, in einer ganzseitigen Anzeige in der *New York Times:* »Der Mord war das vorhersehbare Ergebnis einer zunehmenden Kampagne von Terror und Gewalt gegen amerikanische Frauen und ihr Recht auf Schwangerschaftsabbruch.«[99] In 15 Jahren waren 86 Morddrohungen gegen »Abtreiber« eingegangen, mehr als 50 Kliniken mit Chemikalien und Bomben attackiert und unzählige aggressive Demonstrationen organisiert worden. Solange Abtreibungsgegner Bush im Weißen Haus amtiert hatte, blieben die Behörden relativ gleichgültig gegenüber den Ausschreitungen. Laut *Planned Parenthood* hatte die Bundeskriminalpolizei FBI in zwei Jahren bei 28 Brandstiftungen und Bombenanschlägen auf Abtreibungslokale nur einen einzigen Verdächtigen festgenommen. Die größte Anti-Abtreibungsorganisation *Operation Rescue,* 1987 von dem 28jährigen Laienprediger Randall Terry gegründet und binnen kurzem auf über 40 000 Mitglieder in 200 Städten der USA angeschwollen, durfte meist ungestraft ihre Konfrontationstaktiken gegen Kliniken und Einzelpersonen anwenden. Sogar minderjährigen Kindern von Ärzten oder Krankenschwestern drohten religiöse Eiferer mit dem Höllenfeuer. Terry erachtete diese Methoden nicht als anstößig, sondern nur als erfolgreich: »Wir haben das schwache Glied in der Kette gefunden, und es sind die Ärzte.«

So verbittert standen sich die Fronten im Disput um die Abtreibung gegenüber: Was für die eine Seite die freie Gewissensentscheidung der Frau war, in der politischen Diskussion der USA umrissen mit den Schlagwörtern *Pro-Choice* und *Reproductive Freedom,* bedeutete für die andere Kindermord, gar *Abortion Holocaust,* und Gotteslästerung, denen sie ihren Schlachtruf »Für das Leben« *(Pro-Life)* entgegenstellte. Für Politiker aller Schattierungen wurde die Frage Pro oder Contra zum Lackmustest. Ein Mittelweg schien undenkbar, obgleich die meisten Amerikaner mit dem geltenden Abtreibungsrecht einverstanden waren: In einer Umfrage 1992 lehnten 54 Prozent verschärfte gesetzliche Bestimmungen ab, nur 33 Prozent forderten sie.[100] Im Kern der Polarisierung in den Parlamenten und vor den Praxen stand eine Entscheidung des Obersten Gerichtshofs in Washington aus dem Jahre 1973, bekanntgeworden unter dem Aktenvermerk *Roe versus Wade.*

»Jane Roe« hieß in Wirklichkeit Norma McCorvey. Als die Kellnerin aus Dallas, geschiedene Mutter einer kleinen Tochter, 1969 wieder schwanger wurde (angeblich durch Vergewaltigung, aber das bestritt sie später), bemühte sie sich vergeblich um eine behördliche Genehmigung zum Schwangerschaftsabbruch. Zwei junge Anwältinnen, Linda Coffee und Sarah Weddington, nahmen ihren Fall auf. Beide waren angetan von der neuen Frauenbewegung der sechziger Jahre. Coffee nannte sich stolz »die einzige feministische Anwältin in Dallas«.[101] Beide Juristinnen waren Mitglied der Regionalorganisationen von NOW, Weddington überdies von *Planned Parenthood.* Abtreibung bedeutete für sie ein elementares Recht der Frau nach dem Grundsatz »Mein Bauch gehört mir«. Sie hatten schon lange nach einer Chance Ausschau gehalten, das seit 1857 in Texas geltende Abtreibungsverbot in einem Musterverfahren herauszufordern, möglichst durch alle Instanzen bis hinauf zum Obersten Gerichtshof, um eine neue Rechtsgrundlage für das gesamte Land zu bekommen. Was ihnen für die gewaltige Aufgabe an Erfahrung fehlte, machten die beiden durch Enthusiasmus wett. »Wenn man jung ist, setzt man sich hohe Ansprüche«, erklärte Linda Coffee später. »Man tut einfach, was getan werden muß.«

McCorvey half der am 3. März 1970 eingeleitete Prozeß nicht konkret. Sie mußte die Schwangerschaft durchmachen, gab jedoch ihr Kind unmittelbar nach der Geburt zur Adoption frei. Aber ihr Pseudonym »Jane Roe«, auf dem sie bestanden hatte, wurde weltbekannt. Ihr Fall, der über Jahre lief und tatsächlich vor dem *Supreme Court* in Washington endete, veränderte Amerika.

Dabei praktizierten Amerikanerinnen Abtreibung seit Beginn der Republik. Zunächst war sie nicht verboten. Connecticut machte damit 1821 den Anfang, indem es den Abbruch einer Schwangerschaft von dem Moment an verbot, da die Mutter Bewegungen des Fötus wahrnimmt. Der 1847 gegründete Ärzteverband *American Medical Society* setzte sich bald für ein Abtreibungsverbot in allen Phasen der Schwangerschaft ein, offenbar auch, um unliebsame Konkurrenten in Form von Abtreibern ohne Doktorwürden auszuschalten. Obwohl um 1860 etwa 85 Prozent der US-Bevölkerung in Staaten mit Abtreibungsverboten lebten, schätzten Medizinhistoriker, daß ein Abort auf je vier Lebendgeburten kam, was etwa der Rate um die Mitte des 20. Jahrhunderts entsprach. Abtreibung blieb mit mindestens einer Million Fällen pro Jahr die wohl am häufigsten praktizierte Methode der Geburten-

kontrolle, auch wenn das Verbot viele Frauen in die Hände von Pfuschern trieb, durch die jährlich schätzungsweise 5000 bis 10 000 von ihnen ihr Leben verloren.[102]
Die Pioniere der Geburtenkontrolle in Amerika, die anarchistische Hebamme Emma Goldman (1869–1940) und die sozialistische Aufklärerin Margaret Sanger (1879–1966), sahen die Abtreibung stets als letztes Mittel. Aus einem feministischen Ansatz heraus propagierten sie, Sanger insbesondere, bis dahin unbekannte Verhütungsmethoden und brachten das Thema Geburtenkontrolle aus dem Bereich des Anrüchigen schrittweise in die gesellschaftspolitische Debatte. Sangers 1921 gegründete *American Birth Control League* entwickelte sich 1942 zu *Planned Parenthood.* Trotz ihres – stets umstrittenen – Eintretens für das Selbstbestimmungsrecht der Frau blieb Sexualität für viele puritanisch oder baptistisch geprägte Amerikaner ein Tabu. Von sexueller Befreiung begannen Frauen erst in den sechziger Jahren offen zu sprechen, als die empfängnisverhütende Hormonpille dieses Ziel erstmals realisierbar machte und Women's Lib gesellschaftliche Konventionen über Bord warf. Die Entwicklung der »Pille« ist indes ebenso dem Drängen und der Beihilfe Margaret Sangers zu verdanken.
Bis zu dem Zeitpunkt, da der Oberste Gerichtshof über Roe vs. Wade beratschlagte, hatte die Abtreibungsdiskussion einen neuen Stand erreicht: Frauen forderten die freie Entscheidung über Geburt oder Abort als ihr natürliches Recht, und Sozialreformer verwarfen die Ungerechtigkeit des Verbots, unter dem stets arme Frauen am meisten zu leiden hatten. Hinzu kam, daß auch die Ärzteschaft ihre Haltung zum Thema seit den Kampagnen der frühen AMA grundlegend geändert hatte. In einer Befragung sprachen sich 87 Prozent der amerikanischen Mediziner

im Jahre 1967 für eine Liberalisierung der Abtreibung aus.[103]

Am 22. Januar 1973, nur zwei Tage nach der Vereidigung von Präsident Richard Nixon zur zweiten Amtszeit, verkündete der Oberste Gerichtshof seine Jahrhundertentscheidung. Der liberale Richter Harry Blackmun, von Nixon ernannt, trug den Spruch vor, der im wesentlichen seine Handschrift trug und von weiteren sechs der neun Verfassungsrichter mitgetragen wurde: »Die persönliche Entscheidungsfreiheit in Fragen der Ehe und des Familienlebens ist eine der Freiheiten, die durch die Rechtmäßigkeitsklausel des 14. Verfassungszusatzes geschützt sind ... Dieses Recht beinhaltet notwendigerweise das Recht einer Frau zu entscheiden, ob sie ihre Schwangerschaft abbrechen will oder nicht.«[104] Das Gericht gab dem Persönlichkeitsrecht der Frau den Vorrang vor den Interessen des Staates, jedoch nicht uneingeschränkt. Es entschied, daß Abtreibung in den ersten drei Monaten der Schwangerschaft »nun relativ sicher, wenn auch nicht ohne Risiken, ist, [so daß] jegliches Interesse des Staates am Schutz der Frau vor einer immanent gefährlichen Prozedur ... weitgehend verschwunden ist«. Im zweiten Trimester billigte der Gerichtshof dem Staat »bedeutende und legitime Interessen an Erhaltung und Schutz der Gesundheit der Schwangeren« zu und mehr noch in der letzten Periode vor der Niederkunft, wo der Staat »so weit gehen kann, Abtreibung zu verbieten ... außer, wenn sie zur Erhaltung von Leben und Gesundheit der Mutter notwendig ist«.[105] Mit diesen Festlegungen umging Blackmun die heikelste Frage von allen: Wann beginnt das schützenswerte Leben im Mutterleib?

Was die Abtreibungsbefürworter bejubelten, löste sofort den schärfsten Protest im konservativen Lager aus, angeführt von der römisch-katholischen Kirche. Der New Yorker Erzbischof Terence Kardinal Cooke beklagte *Roe vs. Wade* als »entsetzlich« und rief Amerika auf, »diese Ungerechtigkeit gegen die Rechte des ungeborenen Kindes rückgängig zu machen«. Eine ganze Kette vorwiegend religiös motivierter konservativer Gruppierungen schloß sich dem Widerstand gegen das neue Abtreibungsrecht an.

Doch mit der Entscheidung hatte das Gericht die Abtreibung als Verfassungsrecht bestätigt und alle Einzelstaatsgesetze bis auf die liberalen Bestimmungen von New York ungültig gemacht. In den folgenden Jahren und Jahrzehnten gab es unzählige Versuche, die freie Entscheidung der Frau durch Zusatzklauseln oder durch Verweigerung öffentlicher Mittel einzuschränken – und damit unzählige Anlässe für die Frauenbewegung, Amerikanerinnen für ihre unmittelbaren Interessen zu mobilisieren. Noch 1973 schränkte das Gericht die Örtlichkeiten für Abtreibungen auf medizinische Einrichtungen ein, wonach zahlreiche Abtreibungskliniken entstanden. 1977 und 1980 entschied es, daß der Staat nicht unbedingt für Abtreibungen bei mittellosen Frauen aufkommen muß. 1979 und 1990 räumte es die Möglichkeit ein, bei minderjährigen Schwangeren die Zustimmung der Eltern durch die eines Richters zu ersetzen. 1983 und 1986 verwarf es Einschränkungen wie die Belehrung, das »ungeborene Kind ist menschliches Leben vom Moment der Empfängnis an«.[106]

Aber als der Gerichtshof am 3. Juli 1989 im Fall *Webster versus Reproductive Health Services* ein Gesetz des Bundesstaats Missouri bestätigte, unter dem in öffentlichen Krankenhäusern und Kliniken nicht mehr abgetrieben werden durfte, deutete sich an, daß eine zunehmend konservative

Mehrheit in der Neunerkammer an dem »fundamentalen« Verfassungsrecht nagte. Beide republikanischen Präsidenten, Reagan wie Bush, waren Abtreibungsgegner, nur blieb unter dem amerikanischen System der Gewaltenteilung ihre einzige Einflußmöglichkeit, weitere *Pro-Life*-Advokaten für den Gerichtshof zu ernennen. Da alle Verfassungsrichter auf Lebenszeit ernannt sind, gab es dazu nur wenige Möglichkeiten, und ironischerweise stärkten gerade die Neulinge das Recht auf Abtreibung wieder.

Das galt mehr als bei allen Männern in der Kammer für die erste Frau, die in Amerikas Areopag Sitz und Stimme erhielt. Reagan hatte die konservative Berufungsrichterin Sandra Day O'Connor aus Phoenix am 7. Juli 1981 ernannt, nachdem die Mutter von drei Söhnen ihm versichert hatte, sie finde Abtreibung »widerwärtig«. Seit dem 25. September amtierte sie unter den »Brüdern«. Die 1930 in El Paso geborene, aber auf einer Ranch in Arizona aufgewachsene Juristin hielt sich meist zurück, aber sie wirkte mit Fleiß und Freundlichkeit, Disziplin und Ausdauer als Vermittlerin in vielen Streitsachen, wobei ihre politische Vergangenheit als republikanische Fraktionsführerin im Staatsenat von Arizona ihr sehr zustatten kam. Feministinnen hatten stets mehr von ihr erwartet, hatte sie doch ebenso Diskriminierung erlebt, etwa als eine Washingtoner Anwaltskanzlei ihr 1952, als sie als Klassenbeste ihre Juraprüfung an der kalifornischen Stanford-Universität bestanden hatte, einen Posten als Sekretärin anbot. Aber Sandra Day O'Connor war eben keine Feministin.

Je mehr sich das Gericht nach rechts bewegte desto mehr rückte O'Connor in die Mitte. Anfangs schien es so, als sei sie dabei, dem Grundsatzurteil *Roe vs. Wade* den Garaus zu machen, aufgehängt an der Frage der Lebensfähigkeit des Fötus angesichts rascher gynäkologischer Fortschritte. »Der Rechtsrahmen von *Roe* ist deutlich auf Kollisionskurs mit sich selbst«, schrieb sie. Ab Ende der achtziger Jahre dachte und argumentierte sie anders und wurde nach Ansicht von *Planned Parenthood* »recht gut in Frauenfragen«. In einem oft vier zu vier gespaltenen Männerkollegium gab die Frau immer häufiger den Ausschlag zugunsten liberaler Urteile, so als sie entschied, daß Quoten beim Einstellen von Frauen und Minderheiten zulässig sind, um deren Benachteiligung im Berufsleben auszugleichen. Ihr Votum zählte ganz besonders, als es um eine Klage von *Planned Parenthood* gegen das restriktive Abtreibungsgesetz des Bundesstaats Pennsylvania mit elterlicher Genehmigung und 24-Stunden-Wartefrist ging. Mit einer Entscheidung fünf zu vier gewährte das Gericht zwar solche Zusätze, betonte aber zur Freude der *Pro-Choice*-Fraktion, daß ein totales Abtreibungsverbot verfassungswidrig wäre. Und entsprechend scheiterte ein solches Verbotsgesetz im September 1992 im Südstaat Louisiana. Im Gerichtshof bildete sich neben dem Altliberalen Blackmun eine neue gemäßigte Mehrheit heran, bestehend aus John Paul Stevens, Anthony Kennedy, David Souter – und Sandra Day O'Connor.

Viele Abtreibungsgegner sahen bereits ihre Felle davonschwimmen. Ihre Blockadeaktionen gegen Abtreibungskliniken erwiesen sich als wirkungslos und sogar destruktiv. Im Sommer 1991 sorgte *Operation Rescue* (OR) in Wichita im Bundesstaat Kansas für tagtägliche Krawalle und Zusammenstöße mit Feministinnen. In sechs Wochen nahm die Polizei über 2600 OR-Anhänger fest, weil sie unzulässigerweise den Zugang zu Kliniken verwehrt hatten. Eine ähnlich großangelegte Aktion in Buffalo im folgenden Sommer lockte nur noch etwa 500 Protestierer an, die von ebenso vielen Frauenrechtlerinnen in Schach gehalten wurden. Ekel lösten überdies Fernsehbilder und Fotos von dem Geistlichen und Aktivisten Robert Schenck aus, wie er *Pro-Choice*-Demonstranten einen toten Fötus entgegenstreckte. Angeblich handelte es sich um ein »Abtreibungsopfer«, doch der Gerichtsmediziner des Bezirks Erie gab bekannt, es handele sich um eine Totgeburt.

Zunehmende Gewaltaktionen schreckten die Öffentlichkeit ab: Allein 1992 zählte der Verband *National Abortion Federation* 116 Fälle von Vandalismus in Abtreibungszentren, zwölf vollendete und neun versuchte Brandstiftungen, fünf Einbrüche und ein Bombenattentat.[107] Der Tiefpunkt für die Gegner der Abtreibung kam mit dem Mord an Dr. Gunn. »Durch legale Abtreibungen wurden fast 30 Millionen Babys[108] ermordet und sind 330 Frauen gestorben«, schimpfte Joseph Scheidler, ein führendes Mitglied von *Operation Rescue,* »aber jetzt hat die andere Seite einen Märtyrer.«[109]

Die Aktionen hatten überdies nur einen geringen Einfluß auf die Zahl der Abtreibungen in den USA. Nach Angaben des *Center for Disease Control,* einer Bundesgesundheitsbehörde in Atlanta, wurden 1990 fast 1,4 Millionen legale Abtreibungen vorgenommen, eine Zunahme von 2,4 Prozent gegenüber dem Vorjahr. 1989 kamen 344 Abtreibungen auf je 1000 Lebendgeburten, was den niedrigsten Anteil seit 1977 ausmachte.[110] Im Grunde aber hatten weder restriktivere Gesetze noch der zunehmende Mangel an Ärzten und Kliniken den breiten Zugang zum legalen Schwangerschaftsabbruch verhindert.

Was der jahrelange Streit über die Abtreibung verdeckte, war die bittere Tatsache, daß weite Teile der US-Bevölkerung, die ärmsten vor allem, keinen ausreichenden Schutz vor Schwangerschaft und ebensowenig vor Geschlechtskrankheiten und AIDS genossen, weil immer noch hartnäckige Tabus herrschten. In einem Interview erklärte Faye Wattleton, von 1978 bis 1993 Vorsitzende von *Planned Parenthood,* dazu: »Ich fände es viel interessanter, darüber zu reden, wie wir neue Formen der Geburtenkontrolle entwickeln können, wie wir neue Curricula für den Sexualkundeunterricht ausarbeiten, wie wir dafür sorgen, daß Eltern ihre Kinder besser über Sexualität aufklären. Das sind Themen, die weitaus wichtiger sind als das politische Gezänk, [denn] hier muß man im Zuge der Arbeit in der Gesellschaft das Umfeld und das Denken verändern.«[111]

Dennoch blieb die Frage, wie das Abtreibungsproblem rechtlich zu lösen war, im Mittelpunkt aller Auseinandersetzungen. Die Abtreibungsexpertin Marian Faux, die eine gründliche Studie zu *Roe vs. Wade* veröffentlicht hat, gab darauf eine Antwort:

> Zwanzig Jahre nach der Entscheidung – und manche würden sagen, trotzdem – bleibt die Abtreibung das große ungelöste Thema der amerikanischen Gesellschaft. Es ist ein Thema, für das es keine beiderseits befriedigende Lösung gibt. Abtreibungsbefürworter betonen vehementer denn je den Schutz des Abtreibungsrechts und Abtreibungsgegner ebenso vehement seine Aufhebung, wobei einige Gruppen darauf beharren, daß sie nichts weniger akzeptieren würden als das volle Persönlichkeitsrecht des Fötus … Aber die Gesellschaft würde dann immer noch einen Ausgleich zwischen dem Recht des Fötus und dem der Frau benötigen, und die meisten Gerichte haben entschieden, daß das Leben der Frau einem potentiel-

len Leben vorgeht, zumindest unter einigen Umständen. Und selbst wenn die Abtreibung wieder illegal würde, hätte sich die Gesellschaft immer noch dem Problem der illegalen Abtreibung zu stellen. Millionen Frauen würden, wenn sie gegen ihren Willen schwanger würden, abtreiben lassen, ob es legal wäre oder nicht. ... Wenn die Abtreibungsfrage nicht gelöst werden kann, kann sie dann wenigstens beigelegt werden? Sie kann, und das ist bereits geschehen. Auch wenn jeder es nur langsam erkennt, hat die Roe-Entscheidung die Abtreibungsfrage so weit beigelegt, wie es nur möglich ist. Sie hat die individuelle Entscheidung gestattet, den einzig möglichen Kurs.[112]

»Legal, aber selten«

Mit Bill und Hillary Clinton im Weißen Haus verbesserten sich ab 1993 schlagartig die Aussichten, daß *Roe vs. Wade* nicht mehr umgestoßen würde. Hillary befürwortete nicht nur den Schwangerschaftsabbruch, sie lehnte Versuche ab, die freie Entscheidung der Betroffenen einzuschränken. So vertrat sie die Ansicht, junge Mädchen sollten ihre Eltern nicht um Erlaubnis bitten müssen, denn in den meisten Fällen sei der ungewollten Schwangerschaft ohnehin ein »irreparabler Zusammenbruch der Familie« vorausgegangen, so daß »die Eltern weder helfend noch unterstützend einwirken würden«.[113] Zum erstenmal überhaupt trat in der Person von Bill Clinton ein US-Präsident an, der sich klar zum Recht auf legale Abtreibung bekannte: »Ich glaube seit 20 Jahren an die Regelung von *Roe vs. Wade,* seit ich sie [als Professor in Fayetteville] in der Juristischen Fakultät durchgenommen habe.«[114] Auch wenn Gegner Clinton vorwarfen, er habe das während seiner Zeit als Gouverneur im bibeltreu-konservativen Arkansas nur selten so deutlich vertreten, ließ er als Präsident keinen Zweifel aufkommen. Clintons erste Maßnahmen im Oval Office bezogen sich auf die Abtreibung.
Mit einem Federstrich beseitigte er den seit fünf Jahren geltenden »Knebelerlaß«, unter dem Reagan und Bush Ärzten an allen mit Bundesmitteln bezuschußten Krankenhäusern verboten hatten, mit Schwangeren einen Abort auch nur ansatzweise zu erörtern. Ebenso hob er am 22. Januar 1993 das Abtreibungsverbot an Militärkranken-

häusern sowie das Einfuhrverbot gegen die französische Abtreibungspille *Mifepristine* – bekannter als *RU-486* – auf und machte erneut öffentliche Mittel zur medizinischen Erforschung von Fetalgewebetransplantationen frei. Schließlich erlaubte er auch wieder, daß sich die USA an internationalen Programmen zur Geburtenkontrolle beteiligten. Clinton betonte dabei, daß seine Regierung eine neue Politik einleite, die *Roe vs. Wade* respektiere, aber gleichzeitig junge Frauen vor dem Risiko unerwünschter Schwangerschaften bewahrt: »Unser Ziel als Nation sollte es sein, die individuelle Freiheit zu schützen, während wir gleichzeitig verantwortungsbewußte Entscheidungen fördern, ein Ansatz, der versucht, sowohl das Entscheidungsrecht zu bewahren als auch die Zahl der Abtreibungen zu verringern. Unsere Vision sollte ein Amerika sein, in dem Abtreibung sicher und legal, aber selten ist.«[115] Später sorgte Hillary Clinton trotz der Gefahr politischer Grabenkämpfe dafür, daß Schwangerschaftsabbruch unter ihrem neuen Krankenversicherungssystem bei Bedarf erstattet wurde. Im Frühjahr gelangte überdies nach jahrelangem vergeblichen Bemühen ein Gesetzentwurf über die Hürden des Repräsentantenhauses, der die meisten abtreibungshindernden Gesetze der Einzelstaaten verbieten würde. Und es bestand die Aussicht, daß RU-486 die Problematik entschärfte, sobald das Medikament von der amerikanischen Nahrungs- und Arzneimittelbehörde FDA für den US-Verbrauchermarkt zugelassen würde. Damit wurde ab Sommer 1994 gerechnet. Vor allem aber gab das Ausscheiden des 76jährigen Byron White aus dem Obersten Gerichtshof Präsident Clinton die Chance, jemanden für seine Nachfolge zu bestimmen, bei dem das Recht auf die freie Entscheidung der Frauen gut aufgehoben war.

Am 14. Juni 1993 ernannte er die Bundesrichterin Ruth Bader Ginsberg vom Appellationsgerichtshof in Washington zur erst zweiten *Mrs. Justice.* Die 60jährige Jüdin galt als Befürworterin der Abtreibung und der Anti-Diskriminierungsgesetze. Als junge Juraabsolventin der Columbia-Universität hatte sie bei keiner Anwaltskanzlei ihrer Heimatstadt New York eine Anstellung gefunden – ähnlich wie Sandra Day O'Connor. Bei ihrer Vorstellung durch Präsident Clinton äußerte sich Richterin Ginsberg froh, nun eine Zeit erleben zu dürfen, »in der Töchter ebenso geschätzt werden wie Söhne«.

Die neuen Aussichten beglückten niemanden so sehr wie die Colorado-Abgeordnete Pat Schroeder. Sie hatte in ihren 20 Jahren im Kongreß immer wieder, oft auf einsamem Posten, für das Selbstbestimmungsrecht der amerikanischen Frau gekämpft, häufig vergebens. So wie sie in ihrem Frauenausschuß die First Lady als neue Advokatin der Frauen begrüßte, so beglückwünschte sie den klaren Kurs des Präsidenten zum Schwangerschaftsabbruch. »Er kapiert es nicht nur, er scheint auch danach zu handeln«, sagte sie. »Es ist wundervoll. Ich wache mitten in der Nacht auf und sage mir: ›Passiert das wirklich?‹«[116]

Die Grenzen der Gleichheit

Zwei Weltverbesserer in Arkansas

Hillarys Weg nach Washington begann damit, daß sie Washington aufgab. Er führte über Arkansas. Es war Ende August 1974, und Hillary Rodham saß neben ihrer Freundin Sara Ehrman in deren 68er Buick, eingezwängt zwischen 20 Umzugskisten und einem Zehn-Gang-Fahrrad. Die Fahrt führte weg von den weißen Tempeln der Demokratie am Potomac nach Westen, drei Tage lang nach Westen. Fayetteville, eine kleine Universitätsstadt in den Ozark-Bergen von Arkansas, hieß das Ziel. Dort lebte ihr Kommilitone Bill Clinton, der Mann, den sie liebte. Sara Ehrman, mit der sie in Washington eine Wohnung teilte, hatte sich zwar bereit erklärt, Hillary durch halb Amerika zu fahren, aber sie versuchte immer wieder, ihr die ganze Sache auszureden. »Du bist verrückt!« sagte sie. »Du hast die Welt zu deinen Füßen. Warum wirfst du dein Leben weg für diesen Kerl?«[1]

Im Sommer 1974 stand Hillary Rodham in der Tat eine große Karriere in der Hauptstadt offen. Sie war zwar erst 26, doch besaß sie nicht nur einen Dr. jur. der angesehenen Yale-Universität, sondern auch eine beneidenswerte Erfahrung im Zentrum der politischen Macht. Auf Empfehlung des Dekans der Yale Law School, Burke Marshall, war sie im Januar vom Rechtsausschuß des Repräsentantenhauses angestellt worden, um bei den Untersuchungen gegen Präsident Richard Nixon mitzuhelfen. Nichts beherrschte damals die Schlagzeilen Amerikas so sehr wie die Watergate-Affäre, der vom Weißen Haus befohlene

Einbruch in die Wahlkampfzentrale der Demokraten am 17. Juni 1972 und der anschließende Versuch, den fehlgeschlagenen Lauschangriff durch Vertuschung und Lüge wegzudrücken. Hillary Clinton hatte lange Tage und Nächte in einem Team von nur 35 jungen Anwälten gearbeitet, das Argumente und Beweise für das geplante Verfahren zur Amtsenthebung Nixons zusammentrug. Endlose Stunden hatte sie die Tonbänder abgehört, deren Herausgabe der Oberste Gerichtshof vom Weißen Haus erzwungen hatte. Darunter war eines, das sie »das Band der Bänder« nannte: Nixon nahm Stellung zu den schwersten Vorwürfen der Watergate-Ankläger, interpretierte die bereits öffentlich bekannten Tonbandprotokolle und nahm sich dabei selbst auf. »Stunde um Stunde rief er Leute zu sich, Haig, Kissinger, sogar seinen philippinischen Kammerdiener, und sagte: ›Nun, hier habe ich das so und so gemeint‹«, erinnerte sie sich später. »Ich ging da heraus und staunte, wie diese Regierung überhaupt funktionierte.«[2]

Nixon entzog sich der Anklage am 9. August 1974 durch Rücktritt. Hillarys »surreale« Erfahrung im Rechtsausschuß endete damit. Sie war nicht enttäuscht. Immerhin hatte das demokratische System sich in dieser Verfassungskrise bewährt – und sie war Teil davon gewesen. Ihre gradlinige, sachliche, ernsthafte Art brachte ihr das Lob ihrer Vorgesetzten und Kollegen ein. Sie hätte sofort bei einer der größten Anwaltskanzleien Washingtons, Williams & Connolly, anfangen können, wo sie mit einem Vorstellungsgespräch schon Monate zuvor Eindruck gemacht hatte. Statt dessen verblüffte sie ihre Verwandten und Freunde mit der Entscheidung, nach Arkansas zu gehen. Ihre Mutter fragte sich, »ob Arkansas so großartig für Hillary sein würde«, aber sie mischte sich nicht ein: »Ich

mußte mich auf Hillarys Urteil verlassen – und es hatte nie einen Grund gegeben, das nicht zu tun.«[3]
Bill Clinton war zu diesem Zeitpunkt der wichtigste Faktor in Hillary Rodhams Leben. Sie hatte ihn vier Jahre zuvor an der Yale-Universität kennengelernt, wo beide Jura studierten. Beide waren kleine Berühmtheiten: Bill hatte eben ein Rhodes-Stipendium an der altehrwürdigen britischen Universität Oxford absolviert, was nur besonders talentierten jungen Amerikanern ermöglicht wird, und Hillary hatte bei der Fernsehquizserie *College Bowl* den ersten Preis gewonnen, was nur besonders intelligenten jungen Amerikanern gelingt. Er fiel ihr zum erstenmal auf, als sie ihn in der Studentenmensa zu Kommilitonen sagen hörte: »... und nicht nur das, bei uns wachsen auch die größten Wassermelonen der Welt!« Sie fragte eine Freundin: »Wer ist das?« Die Antwort: »Das ist Bill Clinton aus Arkansas, und das ist das einzige, wovon er redet.«[4] Sie war ihm schon aufgefallen, aber es fehlte ihm der Mut, sie anzusprechen, bis sie eines Tages in der Bibliothek die Initiative ergriff. Bill Clinton schilderte das später so: »Sie warf am anderen Ende des Lesesaals ein Buch hin und kam dann quer durch den Raum stolziert und sagte: ›Hör mal, wenn du mich weiter dauernd anstarrst und ich weiter dauernd zurückstarre, sollten wir uns einander wenigstens vorstellen. Mein Name ist Hillary Rodham. Wie ist deiner?‹ In dem Moment fiel mir mein Name nicht ein.«[5]
Glaubt man der Clinton-Legende, so war es Liebe auf den ersten Blick. Die Beziehung festigte sich in nächtelangen Diskussionen und gemeinsamen Projekten. Bill Clinton nannte sie einmal »das tollste Ding auf zwei Beinen«, aber er war auch intellektuell von ihr fasziniert. »Es war nie langweilig«, sagte Bill Clinton über seine Beziehung zu Hillary, und sie gab das Kompliment zurück: »Er ist ein

attraktiver Mann ... er war mit niemandem vergleichbar, den ich vorher getroffen hatte – und er ist es immer noch. Er verbindet ein absolut außerordentliches Gedächtnis mit einem großen Herzen.«[6]

Es war wirklich Liebe auf den ersten Blick. Zugleich leitete ihre Begegnung eine politische Teamarbeit ein, denn, so erinnerte sich die ehemalige Yale-Studentin Susan Bucknell, »beide setzten sich für das gleiche Ziel ein: Sie waren entschlossen, die Welt zu verbessern.« Ihre Anlagen ergaben eine gute Kombination. »Er hatte ein unglaubliches Geschick im Umgang mit Menschen; sie ist schon immer sehr klug, sehr intensiv, sehr konzentriert gewesen und durchaus nicht frostig«, sagte Sue Bucknell. »Ihre Beziehung ist eine echte Partnerschaft.« Ab Herbst 1971 zogen die beiden zusammen in ein Holzhaus in New Haven, 21 Edgewood Avenue, wo sie das Obergeschoß mieteten. Mit allem Idealismus unterstützten Bill und Hillary im Jahre 1972 den liberalen Demokraten George McGovern, einen der vehementesten Gegner des Vietnam-Kriegs, während des Vorwahlkampfs in Texas. McGovern verlor, doch die beiden Yale-Studenten waren noch fester zusammengewachsen.

Weihnachten 1972 stellte Hillary ihren Bill den Eltern in Chicago vor, im folgenden Frühjahr führte er sie in Arkansas ein, was er gleich mit einer Rundfahrt zu den Naturschönheiten seines Heimatstaats verband. Hillarys Mutter war beeindruckt, wie klar Bill Clinton sein Ziel kannte: Nach dem Abschluß in Yale wollte er unbedingt zurück nach Arkansas, »um dem Staat zu helfen«. Er begann seine Karriere, indem er in Fayetteville Jura unterrichtete. Hillary entsann sich des wichtigsten Moments: »Und dann, 1974, hielt Bill um meine Hand an, und er sagte: ›Ich weiß, das ist wirklich eine schwere Entscheidung, denn ich fühle mich verpflichtet, in Arkansas zu leben.‹ Und ich sagte: ›Ja, es ist wirklich eine schwere Entscheidung.‹« Hillary zögerte ein halbes Jahr lang, dann kam sie zu ihrem Entschluß: »Wenn man jemanden liebt, muß man auch zu ihm gehen und sehen, wie es wird.«[7]

Das sah schließlich auch Sara Ehrman ein, mit der Hillary Rodham nach 30 Stunden Autofahrt in Fayetteville eintraf, während Football-Fans den wie Schweinsgequieke klingenden Schlachtruf ihres Teams, der *Arkansas Razorbacks,* durch die Straßen grölten. »Hillary, du bist verrückt«, sagte Sara noch einmal. Aber sie wußte, daß es für ihre Freundin kein Zurück mehr gab, und sie wußte auch, daß die entlegene Kleinstadt in dem rückständigen Agrarstaat ihre Karriere nicht aufhalten würde: »Sie war auf der Schnellspur zum großen juristischen Star.«

In Fayetteville nahm Hillary Rodham eine Lehrtätigkeit an der Universität von Arkansas auf, gleich ihrem Freund Bill Clinton. Sie knüpfte schnell neue Kontakte, gründete ein Rechtshilfeprogramm für Minderbemittelte und machte ihren Studenten und ihrem Dekan Freude. Ihre Dynamik sprengte bald den engen Rahmen. Sie wollte alles haben: die Lehrtätigkeit, eine Anwaltskarriere, den Mann, den Dienst an der Gemeinschaft – und vor allem die Chance, Dinge konkret zu bewegen und zu verändern. Bill Clinton sorgte dafür, daß ihr nicht langweilig wurde. Als Hillary in Fayetteville eintraf, war er schon mitten in einem Wahlkampf um ein Mandat im Repräsentantenhaus. Es war sein erster Anlauf in die Politik – und er scheiterte.

Auf eines war Hillary Rodham nicht so scharf: das große Geld. Denn dazu hätte sie in Washington bleiben müssen oder nach New York oder heim nach Chicago ziehen. Sie hatte jedoch den Willen und das Talent, aus jeder Situation das Beste zu machen. Denn das war stets ihr Leitmotiv: »Ich versuche, ein Leben zu führen, das so erfüllt ist, wie ich es mir nur vorstellen kann.«[8] Erfüllen ließ es sich wirklich nur mit jenem Idealismus, der beinahe ansteckend von Bill ausging. Hillarys Mutter erinnerte sich an die Diskussionen, die sie auch an ihrem Tisch führten. »Endlos!« sagte Dorothy Rodham einem Interviewer. »Immer dieselben Themen: Arkansas! Die amerikanische Gesellschaft! Sie hörten nie auf, darüber nachzudenken. Sie waren leidenschaftlich. Wir konnten ihnen stundenlang zuhören, wie sie aus vollem Herzen sprachen, wenn es um die Menschen ging. Sie hatten eine sehr humanistische Vision von Amerika.«[9]

Hillarys Hauptaugenmerk galt dabei den Kindern Amerikas. In Fayetteville gab sie neben ihren beiden Hauptlehrfächern Straf- und Verfahrensrecht auch ein Seminar über die – damals noch weitgehend negierten – Rechte der Kinder. Dabei hielt sie das Los der jungen Generation stets für den Brennpunkt aller sozialen Probleme, und so diente ihr das Thema als Ansatz, um konkrete Menschlichkeit mit ihren Zielen in der Rechtsprechung und der Politik zu verknüpfen: Wer sich um die Kinder kümmerte, sprach die Mütter an, aktivierte die Frauen und bezog vielleicht sogar viele der Männer ein. Alle Bereiche der Politik, in denen Hillary Clinton aktiv wurde, sah sie aus dieser Gesamtperspektive: Kinderfürsorge, Bildungswesen, Schwangerschaftsabbruch, Gesundheitsreform, Frauenrechte.

Wie Hillary geprägt wurde

Hillary Rodhams Interesse an Kindern in Not läßt sich bis auf ihre Schulzeit in Chicago zurückverfolgen. Sie wuchs in der behüteten und wohlgeordneten Welt des Vororts Park Ridge auf, wo Ehefrauen zu Hause blieben, um ihre Kinder aufzuziehen, während die Männer in der Stadt arbeiteten. Hillarys Mutter Dorothy Rodham, die nie studiert hatte, war solch eine Hausfrau und Mutter von drei Kindern, neben Hillary noch deren jüngere Brüder Hugh und Tony. Ihr Vater Hugh Rodham betrieb einen kleinen Textilbetrieb, in dem er mit nur einem Mitarbeiter Gardinen, Wandbehänge und Stores für Restaurants, Hotels und Fluggesellschaften fertigte. Die Familie war streng konservativ, Mitglieder der Methodistenkirche und Anhänger der Republikanischen Partei zu den Zeiten des »Liberalenfressers« Barry Goldwater.

Es war die heile Welt der amerikanischen Suburbia, nur gestört durch das Donnern der Düsenjets, die pausenlos vom nahegelegenen Riesenflughafen Chicago O'Hare aufstiegen: intakte Familien, sichere Straßen, feste Ordnungen. »Wir wuchsen mit traditionellen Wertvorstellungen des Mittelwestens auf«, berichtete Hugh Rodham Junior, heute Strafverteidiger in Miami. »Familie, Kirche am Sonntag, Respekt vor Älteren, gute Schulleistungen, Teilnahme am Sport. Wir fühlten uns alle sehr geborgen.«[10]

In einem Punkt unterrschied sich die Mutter von ihrer Umgebung. Sie ermutigte Hillary, alles zu tun, was sie für richtig hielt: »Nur weil sie ein Mädchen war, sollte sie nicht eingeschränkt werden.«[11] Ihre Tochter spielte mit Mädchen und Jungen und begann schon früh, die Nachbarschaft zu mildtätigen Spenden aufzufordern, ein freundliches kleines Mädchen mit einer sozialen Ader und sehr viel Ernsthaftigkeit. In der Schule war Hillary immer die Beste, der Liebling aller Lehrer. »Alles schien ihr so leichtzufallen«, sagte ihr Bruder Hugh, »aber nur, wenn man nicht wußte, wie hart sie daran arbeitete.«

Ihr erster Mentor wurde ein junger Priester namens Donald Jones, der eben vom theologischen Seminar kam und die Jugendarbeit in der Gemeinde der *United Methodist Church* übernahm. Donnerstag abends veranstaltete er für die sorglosen Kinder von Park Ridge die »Universität des Lebens«: Er führte sie an die große Welt heran, die moderne Kunst von Pablo Picassos Gemälde *Guernica* bis zu François Truffauts Film *Die 800 Schläge*, die heilsuchende Philosophie von Sören Kierkegaard und die heilbringende Praxis von Albert Schweitzer. Er zeigte ihnen gar nicht so weit weg von dem beschaulichen Vorortidyll die Schattenseiten der amerikanischen Gesellschaft: Er brachte sie mit jungen schwarzen Gangmitgliedern auf Chicagos berüchtigter South Side zum Gespräch zusammen und lud Kinder lateinamerikanischer Einwanderer ins Jugendzentrum ein. Jones war erfüllt von der modernen protestantischen Ethik der tätigen Nächstenliebe, die dem Leben erst Sinn gibt, und er gab sie an die Kinder weiter.

1962 nahm er seine Gruppe mit zu einem Vortrag des Führers der schwarzen Bürgerrechtsbewegung, Martin Luther King, in Chicago und stellte sie ihm hinter der Bühne einzeln vor. Für Hillary war das ein unvergeßliches Erlebnis – ebenso unvergeßlich wie die Lehren des Pastors Jones. »Ja, ich habe es immer gespürt«, gestand sie einem Reporter, der sie nach ihrem »brennenden Wunsch«, die

Welt zu verbessern, befragte. »Ich habe nicht immer gewußt, was es bedeutete, aber ich habe es immer gespürt.«[12]

Ihr zweiter Mentor zeigte ihr den Weg. Er hieß Alan Schechter und war ein liberaler Politikprofessor am Wellesley College, einer Internatsschule für höhere Töchter unweit von Boston, für die sich die erstklassige Oberschülerin Hillary Rodham 1965 entschied. »Sie kam hier an als ein *Goldwater Girl*«, erinnerte sich Schechter. »Irgendwann im ersten Jahr, zur Zeit der Vietnam-Proteste und des wilden Liberalismus, wurde sie aufgezehrt von Problemen wie Rassendiskriminierung, Armut, der Frauenfrage und dem liberalen Appell: Unsere Gesellschaft bedarf der Verbesserung.«[13] An der »sehr intelligenten, ungewöhnlich fähigen« Studentin fiel ihm gleich auf, daß sie sich nicht mit naiv-idealistischen Lösungsversuchen zufriedengab: »Sie nahm sich ein liberales Thema vor und kam mit einer pragmatischen Schlußfolgerung heraus. Eine pragmatische Liberale – das ist sie seither immer gewesen.« Ein Ereignis in dieser Zeit, das sie »zutiefst aufwühlte«, so Schechter, war die Ermordung ihres Idols Martin Luther King in Memphis am 4. April 1968. Sie neigte bald zu der Auffassung, daß der Staat mehr tun muß, um den Benachteiligten – Schwarzen, Armen, Kindern und Frauen – zu helfen.

Hillary bemühte sich trotz ihres Idealismus stets um einen gangbaren Weg, um Übereinstimmung, vor allem, wenn in studentischen Diskussionen die Gemüter überkochten. »Ich war viel radikaler als sie«, unterstrich ihre Kommilitonin Kris Rogers, »Hillary Rodham war eine Schlichterin und Vermittlerin. Das war ihr Markenzeichen.«[14] So verwunderte es Schechter nicht, daß die aktive Studentenvertreterin sich für ein Rechtsstudium interessierte. Denn sie sah, ganz wie ihr Professor, »Recht als Instrument zur Veränderung der Gesellschaft« an. Schechter vermittelte sie an die ruhmreiche Yale-Universität, die nach seiner Meinung »mehr soziales Bewußtsein entfaltet« als die vielleicht berühmtere Harvard Law School, »wo alles aufs Geldmachen ausgerichtet ist«.

Vorher machte das Mädchen aus Park Ridge noch Schlagzeilen. Als Klassenbeste hatte sie die Ehre, zur Abschlußfeier am 31. Mai 1969 zu sprechen. Sie machte die Ansprache zu einer Anklage gegen das politische Establishment, das beim Festakt vertreten wurde durch den republikanischen Senator Edward Brooke, einen konservativen Schwarzen. Er hielt, wie Hillary später urteilte, »eine sehr traditionelle, konventionelle Rede«, die Nixons Kriegspolitik entschuldigte und »die Sorgen der Menschen überhaupt nicht richtig ansprach«.[15] Hillary konterte, indem sie die Institutionen in Frage stellte, die Unternehmen, die Universitäten, die Kirchen und die Regierung: »[Das] ist nicht das richtige Leben für uns. Wir suchen etwas wie eine unmittelbarere, ekstatischere und erfüllendere Lebensweise ... Es gibt eine sehr seltsame konservative Strömung, die durch große Teile der Neuen Linken und der Studentenproteste geht, die ich sehr aufregend finde, denn sie geht zu vielen der alten Werte zurück, zur Erfüllung grundsätzlicher Ideen. Und es ist auch eine ganz einzigartige amerikanische Erfahrung. Wenn das Experiment des menschlichen Lebens in diesem Land, in diesem Zeitalter nicht gelingt, dann wird es nirgendwo gelingen.« Die Rede wurde sogar auszugsweise in Hillarys Lieblingszeitschrift *Life* nachgedruckt.[16]

Fast ein Vierteljahrhundert später verwies Hillary Clinton, nunmehr First Lady der USA, bei einer Abschlußfeier an der Universität von Michigan in Ann Arbor auf ihre

Rede in Wellesley und bekannte sich erneut zu ihrem Kern:

> Wenn ich das jetzt nachlese, sehe ich den Idealismus, die Begeisterung, und ich weiß, daß ich mit 21 vielleicht unfähig war, die politischen und gesellschaftlichen Hemmnisse zu begreifen, auf die man in der Welt stößt. Aber ich bin froh, daß ich mit 21 so empfunden habe, und ich habe immer versucht, diese Gefühle zu bewahren. Ich will idealistisch sein. Ich will mich um die Welt kümmern. Ich will mit anderen Menschen verbunden sein.[17]

Der dritte und wichtigste Mentor im Leben der Hillary Rodham Clinton aber war eine Frau. Die liberale schwarze Bürgerrechtskämpferin Marian Wright Edelman hatte 1969 im Gedenken an Martin Luther King den zusammen mit ihm konzipierten Marsch der Armen auf Washington organisiert. Es war kein großer Erfolg, weil Armut, insbesondere schwarze Armut, wenig Sympathien weckte, und so änderte die Aktivistin ihre Strategie: Fortan warb sie für Kinder in Not. »Die Arbeitskräfte des Jahres 2000 sind unsere Vorschulkinder«, faßte sie die Problematik zusammen. »Eines von vier ist arm, bei schwarzen Kindern jedes zweite. Eines von sechs ist nicht krankenversichert. Jedes zweite hat eine arbeitende Mutter und erhält keine anständige Betreuung. Jedes fünfte wird schon als Teenager eine Elternrolle übernehmen müssen. Jedes siebte bricht vorzeitig die Schule ab. Das ist ein Rezept für eine nationale Katastrophe.«[18]

Hillary las über sie in *Time*, und als sie im Frühjahr zu einem Vortrag nach Yale kam, war der Studentin »sofort klar, daß ich für sie arbeiten würde«. Obwohl Marian

Wright Edelman wegen ihrer knappen Mittel sehr zurückhaltend war, verschaffte sich ihre neue Anhängerin bei ihr einen Sommerjob zum Betreuen von Einwandererfamilien in Washington. Die entstehende Kinderhilfsorganisation, 1973 offiziell als *Children's Defense Fund* (CDF) gegründet, ist eines der wichtigsten Förderanliegen Hillary Rodham Clintons geblieben. Hier entstand ein Kraftfeld, in dem sie ihre Ideen von tätiger Nächstenliebe in einer Verbindung zwischen Recht und Politik verwirklichen konnte. »Ich kam zurück an die Rechtsfakultät mit einem wachsenden Engagement für Kinder, insbesondere arme Kinder«, betonte Hillary. Die Begegnung mit Edelman, die ebenfalls in Yale Jura studiert hatte, war ihr »persönlicher Wendepunkt«[19] – noch ehe sie Bill Clinton kennenlernte.

In Yale kniete sie sich in Recherchen über die rechtliche Stellung von Kindern, arbeitete am Kinderstudienzentrum der Universität und bereitete ihre erste wissenschaftliche Arbeit zum Thema vor. Sie erschien im November 1973 mit dem Titel »Kinder unter dem Gesetz« im angesehenen *Harvard Educational Review* und wurde von dem Yale-Kinderpsychiater Jay Katz als »Pionierarbeit« angesehen. Darin forderte sie erstmals einen umfassenderen gesetzlichen Schutz für Kinder: Der Staat habe eine Pflicht, die höher als das Elternrecht rangiere, nämlich »in Fällen von schwerer emotionaler Vernachlässigung oder psychischer Verletzung einzuschreiten, wenn die Entwicklung des Kindes durch sein Verbleiben in der Familie erheblich geschädigt wird«.[20]

Wann immer Hillary Zeit hatte, arbeitete sie als Kinderanwältin für den CDF, nach ihrer Promovierung zum *Juris Doctor* sogar ganztägig in Edelmans neuem Büro im Bostoner Universitätsvorort Cambridge. Ihr Kreuzzug für die Kinder Amerikas, die zu den ärmsten Bürgern des

Landes zählen, blieb eng verbunden mit Edelmans Organisation, der sie von 1976 bis 1992 als Vorstandsmitglied, zuletzt als Vorsitzende, angehörte. Hillary ließ sich nicht dadurch beirren, daß der *Children's Defense Fund* von Konservativen als eine übermächtige und ultraliberale Wohlfahrtslobby – mit einem Jahresbudget von neun Millionen Dollar und 120 Mitarbeitern – gegeißelt wurde und selbst ihr Mann Bill Clinton später die Edelmansche Kernthese, daß sich das Armutsproblem auf Kinderfürsorge reduzieren lasse, nie politisch übernahm.[21] Edelmans Leitmotiv verinnerlichte Hillary: »Dienst am Nächsten ist die Miete, die wir für das Leben bezahlen.«

Als Hillary Anfang 1974 den Ruf zum Untersuchungsausschuß nach Washington bekam, war ihre innere Entwicklung so gut wie abgeschlossen. Sie hatte ihre Lebensanschauung und ihre Lebensaufgabe gefunden. Aus dem konservativen *Goldwater Girl* war eine liberale Reformerin geworden, die auf das Rechtssystem baute, um pragmatisch und realistisch »Dienst am Nächsten« zu tun. Während der Studienzeit in Wellesley, fand ihre Bekannte Kris Rogers, hatte Hillary »sich politisch um 180 Grad gedreht – aber seither ist sie sich auf bemerkenswerte Weise treu geblieben«.[22]

Das Billary-Team auf dem Prüfstand

Im Herbst 1974 in Fayetteville galt es für Hillary Diane Rodham zuerst einmal, mit der Enge der kleinen Universitätsstadt in den Ozark-Bergen von Arkansas fertig zu werden, wo sie in Läden als die »Frau Professor von der Rechtsfakultät« erkannt wurde und wo Studenten anonym ihre dicke Brille und ihre schlampigen Strickjacken kritisierten. »Die Leute sahen sie als Hippie an«, meinte ihre Vertraute Linda Bloodworth-Thomason. Die junge Frau aus den liberalen Universitätsstädten des Ostens hatte sich um modische Konventionen immer wenig geschert: Jeans und Pulli genügten, Make-up und Designer Fashion waren in Yale einfach kein Thema, während Vietnam brannte und NOW protestierte. Wie gewöhnlich machte Hillary das Beste daraus: »Es war ein Schock für mich, weil ich noch nie im Süden und noch nie in so einem kleinen Ort gelebt hatte. Es gab mir eine andere Sicht des Lebens und half mir zu verstehen, wie es für die meisten Menschen sein mußte ...«[23]

Aber es dauerte eine Weile, bis die Liberale von außerhalb in Arkansas akzeptiert wurde. Es half auch keineswegs, daß sie ihren Mädchennamen beibehielt, nachdem Bill sie am 11. Oktober 1975 in ihrem ersten Eigenheim, einem kleinen billigen Bungalow in Fayetteville, geheiratet hatte. Die Entscheidung, sich nicht, wie in England und den USA gebräuchlich, mit dem vollen Namen ihres Mannes zu bezeichnen, also »Mrs. William Jefferson Clinton«, sondern nach feministischer Art »Ms. Hillary Rodham«, eckte

in dem gläubig-traditionellen Südstaat an und schadete sogar Bill Clintons Karriere.
Der stets als »junger Mann in Eile« angesehene Rechtsprofessor nutzte die nächste Gelegenheit, sich nach oben wählen zu lassen: Der Urnengang war 1976, der Posten als Justizminister *(Attorney General)* war in Arkansas wie in vielen anderen US-Bundesstaaten ein Wahlamt. Im Januar 1977 wurde er für eine zweijährige Amtszeit vereidigt. Mit Hillary zog er nun in die Hauptstadt Little Rock, eine träge Kleinstadt am Arkansas River. Mehr als alles andere blieb Justizminister Clinton den Wählern in Erinnerung, weil er sich klar für das *Equal Rights Amendment,* das Frauen gleiche Rechte in der US-Verfassung einräumen sollte, aussprach, was nicht zuletzt auf Hillarys Einfluß zurückging. Der Einsatz kostete ihn, wie er selbst ausrechnete, bei der nächsten Wahl zehn bis 15 Prozent der Stimmen. Er gewann sie dennoch und wurde am 2. November 1978 mit 63,4 Prozent zum Gouverneur des Bundesstaats Arkansas gewählt. Er war erst 32 Jahre alt, der zweitjüngste Gouverneur in der Geschichte der USA. In seiner Antrittsrede betonte er am 9. Januar 1979: »So lange ich denken kann, habe ich leidenschaftlich an die Sache der Chancengleichheit geglaubt, und ich werde tun, was ich tun kann, um sie zu voranzubringen.«[24]
Hillarys Laufbahn war der Umzug nach Little Rock im Januar 1977 sehr entgegengekommen. Sie nahm ein Angebot an, für die Anwaltskanzlei Rose, die größte im weiten Umkreis, zu arbeiten. Ein Freund von Bill hatte ihr in die traditionsreiche *Law Firm,* 1820 gegründet, hineingeholfen. Zunächst unterrichtete sie nebenbei noch Jura an der Universität der Hauptstadt und reiste zu Vorstandssitzungen des *Children's Defense Fund* und der *Legal Service Corporation,* einer Rechtshilfeorganisation der Regierung

Carter, regelmäßig auch nach Washington. So wie sie an ihrem Mädchennamen Rodham festhielt, unter dem sie inzwischen einige vielbeachtete Rechtsaufsätze veröffentlicht hatte, so beharrte sie auch auf ihrer eigenen Karriere, selbst wenn sie den Pflichten einer First Lady von Arkansas nachzukommen hatte: »Ich muß meine Interessen und Verpflichtungen beibehalten. Ich brauche auch meine eigene Identität.«[25]

Bill Clinton widersetzte sich dem nicht. »Sie hat eine Menge dafür geopfert, daß ich im öffentlichen Leben wirken kann«,[26] gab er einmal zu. Beider Freundin Diane Blair lobte das Arrangement der Gleichwertigkeit: »Früher hatten wir den Hochleistungsmann und die Frau, die ihre Intelligenz und ihre Ambitionen auf seine Karriere einstellte. Das gehört endlich der Vergangenheit an. Was wir bei den Clintons sehen, ist die Welle der Zukunft.«[27] Immerhin brachte Hillary in die Familienkasse von Anfang an mehr ein als Bill: Der Gouverneur von Arkansas verdiente 1978 ein Jahresgehalt von 23 000 Dollar (später wurden es 35 000) – Hillary fing bei Rose mit über 100 000 Dollar an. Schon 1979 machte die Anwaltsfirma sie zur vollwertigen Partnerin, was vorher keiner Frau gelungen war, und ihr Einkommen verdoppelte sich bald.

Wie in der Schule und an der Universität überzeugte Hillary durch Leistung – Spitzenleistung. Anfangs gab es viele Animositäten, weil sie die erste Frau in einer solchen Funktion war und die Frau des Gouverneurs obendrein. Einmal trat sie vor der rein männlichen Anwaltskammer des Staates, der *Arkansas Bar Association,* auf, um für ein Rechtshilfebüro in Fayetteville Spenden zu sammeln. »Als sie hineinging, waren 90 Prozent gegen sie«, berichtete der Verteidiger Bill Wilson. »Als sie hinausging, waren 90 Prozent für sie.«[28] Bei Rose übernahm sie vor allem die

Hillary als 21jährige 1969, im Abschlußjahr ihres Studiums am Wellesley College, Massachusetts.

Ein junges Paar: Hillary Rodham und Bill Clinton, die beide in Yale Jura studierten, machen 1970 einen Besuch in Wellesley.

Mai 1969: Als erste Studentin spricht Hillary auf ihrer eigenen Abschlußfeier am Wellesley College.

Die Verfechterin der Rechte der Kinder im Februar 1992
in Boston.

Auf dem Höhepunkt des Wahlkampfes im September 1992
in Providence.

Im Hotel am Abend eines langen Wahlkampftages im
Januar 1992.

Das Billary-Team. Januar 1992 in Manchester/New Hampshire.

Die bessere Rednerin. Hillary im Februar 1992 im Vorwahlkampf in New Hampshire.

Das Bad in der Menge: Hillary im Wahlkampf, Herbst 1992 in Rhode Island.

So könnte die nächste Präsidentin der Vereinigten Staaten aussehen.

Hillary zusammen mit Edward Kennedy, dem demokratischen Senator von Massachusetts in Boston im März 1993.

März 1993: Hillary und Ted Kennedy bei einer Konferenz mit mittelständischen Unternehmern.

Rechtsvertretung großer Unternehmen, wobei sie sich auf Urheberrecht und Lizenzvergaben spezialisierte. Aber sie vertrat vor Gericht auch Klienten bei Prozessen über Schadensersatz, Arbeitsrechtsprobleme, Ehescheidungen, Sorgerecht und Sexualverbrechen. Zu ihrem Kundenstamm gehörten die wichtigsten Firmen, die Arkansas' Wirtschaft dominierten: der Geflügelgroßzüchter Don Tyson, auch »Welthühnerkönig« genannt, der Supermarkt-Supermann Sam Walton, reichster Unternehmer der USA, die Investmentbanker Jack und Witt Stephens, Herren über »das Machtzentrum von Arkansas«, sowie der Joghurthersteller TCBY Enterprises.

Gleichzeitig trat sie als Vorkämpferin in Sachen Kinderrechte hervor und entwickelte sich nach dem Urteil des Fachjournalisten Garry Wills zu »einer der wichtigeren Theoretikerinnen und Aktivistinnen der letzten zwei Jahrzehnte«: »Ihr akademischer Aufstieg war kometenhaft [...] aber was sie von anderen erfolgreichen und emsigen Anwälten abhebt, war ihr Versuch, praktische Aktivität mit juristischer Theorie zu untermauern.« Ihre erstmals in ihrer Dissertation 1973 aufgestellte These, daß Kinder vor dem Gesetz mehr Rechte genießen müßten, baute sie 1979 in dem Aufsatz »Kinderrechte: Eine juristische Perspektive« weiter aus: »Das erste, was getan werden muß, ist die Unmündigkeitsvermutung umzukehren und statt dessen anzunehmen, daß alle Individuen bis zum Beweis des Gegenteils rechtsmündig sind.«[29] Kinder könnten sich nicht darauf verlassen, daß Eltern ihre Interessen immer wahrnähmen. Stets betonte sie, daß in den meisten intakten Familien keinerlei Eingriff des Staates erforderlich ist: »In allen außer den extremsten Fällen sollten solche Streitfragen von den Familien gelöst werden, nicht von den Gerichten.«[30] Dennoch nutzten politische Gegner Hillarys

Thesen immer wieder zu abgedroschenen Vorwürfen wie denen des republikanischen Parteichefs Richard Bond, sie wolle Minderjährige »ermächtigen, ihre Eltern zu verklagen, statt daß sie die ihnen aufgetragenen Pflichten erfüllen«.[31] Besonders empört reagierten die Traditionalisten auf eine Passage, mit der die Juristin Systeme des Rechtsentzugs verglich, wozu sie »die Ehe, die Sklaverei und das System der Indianerreservate« zählte.

Ihr beruflicher Aufstieg hinderte Hillary Rodham Clinton nicht daran, auch in der Staatsregierung ihres Mannes eifrig mitzumischen. Bill Clinton hatte ein junges tatendurstiges Team gesammelt, meist Leute von außerhalb des Staates, um eine ganze Serie von Reformen in Arkansas in die Wege zu leiten: mehr Geld für das Bildungssystem, dem schlechtesten in Amerika, neue Wege zur Berufsausbildung, Ausbau der Fernstraßen, bessere Krankenfürsorge auf dem flachen Land, verschärfte Umweltvorschriften für die mächtige private Forstwirtschaft. Seine Frau ernannte er bald nach seinem Amtsantritt zur Vorsitzenden eines 44köpfigen Beratungsausschusses für ländliche Gesundheitspolitik. Es entsprach dem Muster, nach dem er später im Weißen Haus anfangen sollte – und es führte zu chaotischen Zuständen.

Clinton mußte Steuern, vor allem Kraftfahrzeuggebühren, mehr erhöhen als dem Wähler lieb war. Seine besserwisserische Außenseiter-Mannschaft eckte bei den Platzhirschen im Parlament von Little Rock ständig an.

Hillary aber war von Anfang an seine erste Beraterin, beste Organisatorin und fleißigste Vordenkerin. Wenn den Leuten in Arkansas nicht klar war, wem sie die jeweils neuesten politischen Initiativen zu verdanken hatten, Bill oder Hillary, verschmolzen sie das Duo zu »Billary«. Aber immer noch galt die Gattin des Gouverneurs als radikale

Emanze, wobei der Eindruck nach der Geburt des ersten – und einzigen – Clinton-Kindes Chelsea Victoria am 27. Februar 1980 noch durch die Form der Anzeige des frohen Ereignisses verstärkt wurde: »Gouverneur Bill Clinton und Hillary Rodham haben eine Tochter bekommen.«
Gegen Ende seiner ersten Amtszeit zwang Präsident Jimmy Carter seinen Parteifreund Clinton überdies, Tausende von kubanischen Flüchtlingen in einem Lager in Fort Chaffee zu internieren, die dann mit einem Massenausbruch und einer tagelangen Meuterei Angst und Schrecken in Arkansas verbreiteten, ehe die Nationalgarde die Dinge wieder unter Kontrolle brachte. Die Quittung bekam Clinton am Wahlabend, dem 4. November 1980: Er verlor gegen den Republikaner Frank White und war nach nur zwei Jahren der jüngste Ex-Gouverneur der USA.
Die Niederlage traf beide Clintons schwer. Doch während er in Tränen und Grübelei versank, stellte Hillary sich kurz nach der Wahl einem Symposium an der Universität von Arkansas, wo sie zusammen mit dem Sieger White die Ergebnisse analysierte, ihre eigenen Fehler eingeschlossen. Ihre Gefühle indes zeigte sie nur vor Freunden. »Hillary fühlte sich in gewisser Weise verantwortlich«, verriet eine gute Bekannte, die Maklerin Patty Criner aus Little Rock. »Sie zermarterte sich deswegen. Es war verheerend.«[32] Aber als stets nach vorn schauende Realistin zog sie ihre Konsequenzen. Sie veränderte ihren »radikalen« Stil, indem sie ihre Haare aufhellen ließ, die Brille gegen Kontaktlinsen eintauschte, modischere Kleidung trug – und sich fortan »Mrs. Hillary Clinton« nannte. Dennoch dauerte es Monate, bis Bill Clinton, der vorübergehend bei der Anwaltskanzlei Wright, Lindsey & Jennings in Little Rock unterkam, seine Depression überwand. In die-

ser Zeit mehrten sich Gerüchte über eheliche Untreue. Die persönliche und politische Krise war erst überwunden, als Bill Clinton sich dazu durchgerungen hatte, im Jahre 1982 erneut für den Gouverneursposten zu kandidieren. Nach einem scharfen und schmutzigen Wahlkampf siegte er wieder. Seine Frau half, wie die Regionalzeitung *Arkansas Democrat Gazette* vermerkte, als »gute händeschüttelnde Wahlkämpferin im traditionellen Arkansas-Stil«.[33] Von da an blieben die Clintons im Gouverneurspalast von Little Rock, bis sie zehn Jahre später ins Weiße Haus umzogen.
Beide hatten aus der bitteren Niederlage die Lehre gezogen, daß man Wähler nicht überfordern darf, weder mit zu viel Liberalität noch zu vielen neuen Programmen, vor allem aber nicht mit zu vielen Steuern und Abgaben. »Realismus« hieß das neue Leitmotiv. »Er hat gelernt, sich so hinzubiegen, daß er weniger liberal erscheint«, urteilte der Bildungspolitiker Sidney Johnson, »sonst hätte er nicht überlebt. Man kann hier nicht gewählt werden, wenn man zu progressiv wirkt. Aber in Wahrheit ist Bill Clinton sehr progressiv, sehr liberal. Und sie genauso. Aber sie verstehen beide zu manövrieren. Sie wissen, wie man sich auf die politischen Winde einzustellen hat.«[34]
Bill Clinton hatte keineswegs sein Ziel aufgegeben, das rückständige und ungenügende Bildungssystem von Arkansas den Erfordernissen der modernen Zeit anzupassen. Er schickte seine Frau in die schwerste Schlacht: Im März 1983 ernannte er Hillary zur Vorsitzenden des neugebildeten Staatskomitees für Bildungsrichtlinien. Das Komitee, bestehend aus 15 Pädagogen und Verwaltungsfachleuten, sollte eine Bestandsaufnahme des gesamten Erziehungswesens in Arkansas machen und dann die notwendigen Reformen ausarbeiten. Hillary war zwar keine

Pädagogin, aber »sie wußte so viel über Bildung, daß sie die beste Kraft war, die wir hatten«, unterstrich Clintons Staatskanzleichefin Betsy Wright.[35]

Die Staatssenatorin Charlie Cole Chaffin lobte überdies Hillarys »Methodik« und »Fleiß«: »Sie bewies als Vorsitzende Führungsqualitäten, die selbst Bills Fähigkeiten haushoch überragen. Sie ist wirklich gut darin, Fakten zusammeln und Leute in eine bestimmte Richtung zu lenken. Und sie liebt Sitzungen geradezu.«[36] Davon bekam sie 1983 und 1984 genug: Zunächst organisierte sie Anhörungen in allen 75 Schulbezirken, dann sagte sie wiederholt vor den Ausschüssen des Staatsparlaments aus. Sie verdiente sich mit ihrer klaren Art und ihrer Sachkenntnis den Respekt der Abgeordneten. »Niemand sagte mehr, daß sie eine wilde verrückte Liberale sei«, betonte Staatssenator David Matthews, ein Freund der Clintons. »Sie kam zu jedem und behandelte jeden als ebenbürtig ... und aus dem Gespräch wurde jedem klar, wie ernsthaft ihr daran lag, die Dinge zu verbessern.«

Das Komitee schlug unter anderem vor, die Unterrichtszeit zu verlängern, Klassenstärken zu reduzieren, allgemeingültige Mindestanforderungen für die Schüler festzulegen und die Lehrergehälter erheblich zu steigern. Hillary selbst verfocht die brisanteste Idee: Alle 27 000 Lehrer des Staates Arkansas, egal wie lange im Dienst, sollten durch eine Prüfung ihre Qualifikation unter Beweis stellen. Die Lehrer rannten Sturm gegen diesen Vorschlag. Wo immer Hillary hinkam, wurde sie übel behandelt: Bei einer Pädagogentagung wandten sich alle Teilnehmer demonstrativ ab, als sie den Raum betrat. Ein andermal, berichtete Diane Blair, wurde sie bei einer Schulvisite ausgepfiffen. Doch sie schüttelte nur den Kopf und sagte: »So ergeht es mir überall im Staat. Es bricht einem das Herz. Es ist hart. Aber eines Tages werden sie es verstehen. Ich weiß nur nicht, ob wir dann noch da sind.«[37]

Hillary Clinton setzte ihre Bildungsreform durch. Das Staatsparlament bewilligte die Mittel einschließlich einer Steuererhöhung – und die Lehrertests. Sie begannen am 23. März 1985. 94 Prozent aller Lehrer bestanden die Prüfung, wenn auch oft erst im zweiten Anlauf, aber 1600 fielen durch oder verweigerten sich. Sie wurden aus dem Schuldienst entfernt. Noch heute gilt die Bildungsreform in Arkansas als die größte Einzelleistung der Regierung von Gouverneur Clinton; er selbst nannte sie 1988 »den schwersten Kampf, den ich je ausgefochten habe«. Der Erfolg zeigte sich nur langsam durch verbesserte schulische Leistungen, weniger vorzeitige Abgänge und große Fortschritte bei schwarzen Schülern. 1985 setzte Hillary überdies ein Vorschulprogramm in Gang, das Eltern in die Früherziehung ihrer Kinder einbezog. Sie nannte es mit einem Sinn für Ironie HIPPY (das Kürzel stand für *Home Instruction Program for Preschool Youngsters* – »Häusliches Unterweisungsprogramm für Vorschulkinder«).

Für Bill Clinton zeigte sich der Erfolg der Bildungspolitik in einem 64-Prozent-Wahlsieg im Spätherbst 1986, als der Gouverneur erstmals für eine Amtszeit von vier Jahren bestimmt wurde.

Hillary blieb seine engste Vertraute in allen Angelegenheiten. Die First Lady von Arkansas hatte den Ruf, es unerschrocken mit jedem Gegner aufzunehmen. Obwohl sie selten Klienten vor Gericht vertrat – amerikanische Anwälte bevorzugen den Deal hinter den Kulissen, ehe es zu einem teuren Verfahren kommt – , beeindruckte sie immer, wenn sie es tat. Ihr wurde der sichere Instinkt eines *Killer-Lawyers* nachgesagt: diszipliniert, entschlossen, ergebnisorientiert, zupackend. John Robert Starr, Kolumnist der *Arkansas Democrat-Gazette* und ein ewiger Gegner ihres Mannes, fand es »am besten, wenn wir das Land von Hillary regieren lassen, [denn] sie hat noch nie versagt«.[38] Auch wenn viele sie derart im direkten oder indirekten Vergleich zu ihrem Ehemann hochlobten, verhielt sie sich stets absolut loyal. »Das habe ich schon so oft gehört«, winkte sie dann ab. »Billary« ließ sich nicht so leicht auseinanderdividieren.

Hillary Clinton ging in Arkansas den Weg, der für viele berufstätige Frauen in den siebziger und achtziger Jahren typisch war: langsamer Aufstieg dank überdurchschnittlicher Leistungen, Kampf und Anpassung, vom Spießrutenlauf zur Lobpreisung. In der Männerwelt setzte sie sich durch, aber der höchste Erfolg blieb ihr verwehrt. Den Zugang zu den Spitzenposten versperrte immer noch die sprichwörtliche »Glasdecke«. Für ihre Arbeit bei der Rose Law Firm wurde Hillary Rodham Clinton zweimal, 1988 und 1991, von der Fachzeitschrift *National Law Journal* zu den 100 einflußreichsten Anwälten der USA gezählt. In der Laudatio 1991 wurde hervorgehoben, daß sie »eine führende Expertin für die sich wandelnde Rolle der Frauen« sei und der Frauenkommission der *American Bar Association* vorstehe.[39]

Nicht erwähnt wurde, daß sie, wie viele andere Frauen ihrer Generation im Beruf, immer noch im Verhältnis zur Stellung ihres Mannes gemessen wurde. Vor allem im Präsidentschaftswahlkampf 1992 kam die Frage auf, ob sie bei Rose nicht deshalb so erfolgreich Kunden anwarb oder vertrat, weil sie mit dem Gouverneur verheiratet war. Firmenvertreter betonten stets, daß Hillary sich ganz bewußt aus allen Angelegenheiten heraushielt, wenn die Klienten in irgendeiner Form mit der Staatsregierung zu tun hatten, und dafür sogar finanzielle Nachteile hingenommen hat. Dennoch trat sie im Mai 1992 von ihren hochdotierten Direktorenposten in den Aufsichtsräten der Firmen Wal-Mart, TCBY und Lafarge Corporation zurück. »Dieses Gebiet ist noch nicht vermessen«, sagte Hillary Clinton dazu. »Wie man den Anschein eines Interessenkonflikts vermeidet und dennoch als Ehefrau seine Lebensarbeit fortsetzt, das wird ein großes Thema werden. Es gehört zum Generationswechsel...«[40] Ruth Harkin, Frau des Iowa-Senators und gescheiterten Präsidentschaftskandidaten Tom Harkin, ebenfalls Rechtsanwältin, war solchen Wahlkampfattacken entgangen. »So etwas aufzubringen«, meinte sie, »scheint beinahe sexistisch.«

Der Bruch durch die Glasdecke

Ellen Hancock erlebte etwas Seltenes in der Welt des amerikanischen Big Business: Ihre Firma förderte ihren steilen Weg nach oben. Mit 23 Jahren trat die Diplom-Mathematikerin 1966 in die Dienste des größten Computerherstellers der Welt, International Business Machines (IBM). Sie lernte in der Firmenzentrale in Armonk im Bundesstaat New York programmieren und beschäftigte sich ein Jahrzehnt lang mit rein technischen Aufgaben. Lange Zeit war sie einfach nicht bereit, Führungsaufgaben zu übernehmen. Doch 1977 bekam sie die Leitung eines Außenbüros übertragen, und von da ab kletterte sie stetig Stufe für Stufe die Karriereleiter hinauf. »Seit Jahren hat IBM dafür gesorgt, daß Frauen im Geschäft aufsteigen können, und hat sie auch ermutigt. In meiner Laufbahn gab es Zeiten, wo ich selbst zum nächsten Schritt bereit war, und andere, wo die Firma sagte: ›Warum treiben wir sie nicht ein bißchen an?‹«[41] 1985 wurde Ellen Hancock eine der Vizepräsidenten des Unternehmens, 1988 Leitende Managerin für Kommunikationssysteme, 1992 *Senior Vice President* von IBM – und immer war sie in ihrer Stellung die erste Frau.

Als Leiterin des seit 1991 im Londoner Vorort Staines angesiedelten Kommunikationszweigs, der nunmehr *Networking Systems* (Vernetzungssysteme) genannt wird, erwirtschaftete sie 1992, während es mit dem Gesamtunternehmen abwärts ging, 5,3 Milliarden Dollar. In der Fachwelt werden ihre Qualitäten hoch gelobt. Michael Killen,

Autor eines Buches über IBM, pries sie als »eine technische Gigantin in einer immer noch hochtechnischen Männerwelt«. Sie selbst gab Ambitionen auf den höchsten Job bei IBM offen zu, wenngleich mit der einschränkenden Frage, »ob das wohl auch eine realistische Ambition ist«. Als 1993 der IBM-Vorstandsvorsitzende John Akers in den Ruhestand trat, ging der Posten an einen Mann, der nie bei IBM oder überhaupt in der Computerindustrie gearbeitet hatte. Der Name Hancock war noch nicht einmal in der Diskussion.

Für Millionen amerikanischer Frauen in Büros, Fabriken und Geschäften blieb Diskriminierung zu Beginn der neunziger Jahre eine alltägliche Erfahrung. Sicherlich hatten sie gewaltige Barrieren des Sexismus eingerissen, seit weibliche Beschäftigte nach dem Zweiten Weltkrieg in Massen aus dem Haushalt an den Arbeitsplatz geströmt waren, doch die Früchte dieser Anstrengungen blieben immer noch im Vergleich zu den prallen Obstkörben der Männer knapp bemessen. Arbeiterinnen wie Managerinnen verdienten weniger als ihre männlichen Kollegen, besser ausgebildete Frauen wurden bei Stellenvergabe und Beförderung übergangen, und ganz oben, an der Spitze von Unternehmen – und selbst Gewerkschaftsorganisationen – blieben weibliche Führungskräfte wie Ellen Hancock die einsame Ausnahme.

Dabei hat sich die Rolle der Frau in der amerikanischen Industriegesellschaft, die zunehmend eine Dienstleistungsgesellschaft wird, im vergangenen Vierteljahrhundert dramatisch verändert. Mehr Frauen als je zuvor gingen einer geregelten Arbeit außerhalb des Haushalts nach. 1950 war ein Drittel aller Amerikanerinnen im Alter von über 16 Jahren berufstätig (33,9 Prozent). Bis 1970 stieg der Anteil auf 43,3 Prozent, und 1990 waren es 57,5 Prozent oder fast 57 Millionen Personen. Für das Jahr 2000 schätzte die US-Regierung die weibliche Beteiligung am Arbeitsmarkt auf 62,6 Prozent, etwa gleich hoch für weiße wie schwarze Frauen. Gleichzeitig sank die Zahl der berufstätigen Männer von 86,4 Prozent der männlichen Erwachsenen im Jahre 1950 auf 76,1 Prozent 1990.[42] 1990 stellten Frauen fast 45 Prozent der Beschäftigten in der US-Zivilwirtschaft (bei einem Bevölkerungsanteil von 51,5 Prozent),[43] doch vom verfügbaren Arbeitskräftepotential der Zukunft würden sie bis zum Jahre 2000 beinahe zwei Drittel ausmachen. *Time* nannte diese Entwicklung, die den Beschäftigungsmarkt des 21. Jahrhunderts umkrempeln wird, »die Revolution am Arbeitsplatz«. Unternehmer, die Statistiken zu lesen verstanden, begriffen diesen Wandel und versuchten, Frauen einzubeziehen und zu fördern – wie IBM – und sich auf die besonderen Bedürfnisse weiblicher Arbeitskräfte einzustellen. »Frauenfragen«, hob die oberste Frau des Nahrungsmittelkonzerns Kraft-General Foods, Vizepräsidentin Irene Rosenfeld, hervor, »werden rasch zu Arbeitsmarktfragen, und die Firmen, die sie am besten ansprechen, werden auf dem Wettbewerbsmarkt gewinnen.«[44] Geregelte Freizeit und Kindertagesstätten im Betrieb wurden wichtig, denn 1991 waren zwei Drittel aller Mütter mit Kindern unter 18 Jahren und sogar fast 60 Prozent der Mütter mit nicht schulpflichtigen Kleinkindern berufstätig.[45] Die Bosse schufen solche Regelungen eher wegen des Wettbewerbs um die knapper werdende Reserve an gut gebildeten Beschäftigten denn aus reiner Menschlichkeit. Sie erkannten die neue Macht des einstmals »schwachen Geschlechts« in der Gesellschaft: In den neunziger Jahren stellten die Frauen der feministischen Generation die meisten Collegestudenten und Hochschulabsolventen (außer bei Doktoranden). Im Fach Business/Management zum Beispiel, wo vor 20 Jahren Frauen weniger als zehn Prozent der Studentenschaft ausmachten, waren es nun über 50 Prozent. 1989 erreichten 20 Prozent aller Collegestudentinnen ein Betriebswirtschaftsdiplom.[46] Der weibliche Nachwuchs an den Universitäten mußte beeindrucken, denn er holte sich auch in den traditionell männlichen Fächern die besten Abschlußzeugnisse. Im Berufsleben machten Frauen die Hälfte aller Buchhalter, ein Drittel aller Computerprogrammierer, ein Fünftel aller Rechtsanwälte, ein Sechstel aller Ärzte und ein Zehntel aller Richter der USA aus.

Obwohl solche Fortschritte auf der Karriereleiter noch vor 30 Jahren undenkbar gewesen wären, galten sie nicht überall im Berufsleben. In vielen Bereichen schnitten Frauen immer noch viel schlechter ab als Männer: Fast die Hälfte von ihnen (46 Prozent) arbeitete in geringer bezahlten Dienstleistungsjobs, sogenannten typischen Frauenberufen wie Sekretärin (98 Prozent weiblich), Krankenschwester (94 Prozent), Kellnerin (75 Prozent), Kassiererin und Verkäuferin.[47] In der Industrie beherrschten Frauen die Textilarbeiterschaft (89 Prozent), aber kamen selten in die bestbezahlten Stellen im Ingenieurwesen (acht Prozent) oder im Baugewerbe (1,9 Prozent). Vor allem Frauen aus Minderheiten litten häufiger unter Arbeitslosigkeit (1990: über zehn Prozent) als weiße Frauen und Männer (unter fünf Prozent).[48] Beim Durchschnittseinkommen hatten Frauen zwar aufgeholt, blieben aber immer noch weit hinter den Männern zurück: 1967 verdienten weibliche Lohnempfänger im Durchschnitt 42 Prozent weniger, 1991 waren es 26 Prozent.

Zwar hilft Arbeit vielen Amerikanerinnen, der bohrenden Langeweile und Einsamkeit des Hausfrauendaseins zu entkommen; für die meisten indes ist die Berufstätigkeit keine Frage von Lebensstil, Selbstentfaltung oder Ehrgeiz, sondern eine unerläßliche Notwendigkeit. Dazu die Politologin Celinda C. Lake: »Viele Frauen arbeiten nur, um bei ihrem Familieneinkommen die Inflation wettzumachen, derweil die Löhne der Männer real zurückgehen. Und da die Zahl der von Frauen geleiteten Familien stetig zugenommen hat, arbeiten mehr und mehr Frauen aus der grundsätzlichen Notwendigkeit heraus, sich selbst und ihre Kinder zu versorgen. Mütter von jungen Kindern stehen in Rekordmengen und -anteilen im Arbeitsleben, und die Indizien gehen dahin, daß sie mit ihrer Arbeit vor allem dazu beitragen müssen, daß ihre Familien finanziell überleben. So stellen beispielsweise ein Drittel aller Arbeiterinnen mit Kindern vor dem Schulalter die einzige Einkommensquelle ihrer Familien dar oder haben Ehemänner, die weniger als 15 000 Dollar [im Jahr] verdienen.«[49] Umfragen belegten, daß nur 13 Prozent der berufstätigen Frauen auch wirklich arbeiten wollten. Am schlimmsten erwies sich die Situation bei den Schwarzen, wo alleinerziehende Mütter, der Regelfall für mehr als die Hälfte aller Familien, zu den Ärmsten der Armen gehörten: 32,2 Prozent dieser Familien erreichten noch nicht einmal das offiziell festgelegte Mindesteinkommen.[50]

Selbst für den Mittelstand galt der Zwang zum Doppelverdienst, um den Lebensstandard zu halten, das College für die Kinder und die Hypothek für das eigene Haus finanzieren zu können und um für Alter und Krankheit finanziell gewappnet zu sein. Während die reichsten Amerikaner unter Reagan und Bush ungeahnte Einkommenszuwächse erlebten, stagnierte das durchschnittliche Familieneinkommen: 1991 lag es mit 35 939 Dollar etwa so hoch wie 1980 – und nur um 6174 Dollar über dem von

1967, was einer Zuwachsrate von 20 Prozent in 34 Jahren entspricht.[51]

Und dann war da eben die »Glasdecke«. Frauen prallten bei ihrem beruflichen Aufstieg unweigerlich daran ab, wenn sie in die Sphären vordringen wollten, wo das große Geld gemacht und die großen Entscheidungen getroffen wurden. Die Vorstände der wichtigsten US-Firmen, die zu den *Fortune 500* zählten, blieben das Reservat – meist alter – weißer Männer. Unter den 200 bestbesoldeten Spitzenmanagern der USA, die das Wirtschaftsmagazin *Fortune* im Juni 1993 auflistete, befand sich nicht eine einzige Frau.[52] Nur 175 von 6 502 *Top Executives* waren 1991 weiblich, fast ebenso wenige wie zehn Jahre zuvor.[53] »Ich glaube, im amerikanischen Unternehmertum sind Frauen noch eine Generation vom wahren Erfolg entfernt«, erklärte die 44jährige Carol Bartz, die die kalifornische Computerfirma Autodesk leitet. *Fortune* ermittelte in einer Umfrage bei 201 Topmanagern, daß nur 16 Prozent davon ausgingen, eine Frau würde ihnen auf den Chefsessel folgen.

Die Vizepräsidentin der Büromaschinenfabrik Avery Dennison in Los Angeles, Diane Dixon, 40 Jahre alt, wollte das indes gelassen abwarten: »Was ich sehe, sind all diese Männer in ihren Fünfzigern, die in den nächsten Jahren in den Ruhestand treten. Wenn das geschieht, werden Frauen wie von einer Flutwelle in diese Positionen hineingetragen. Wir stehen alle bereit ...«[54] Im mittleren Management besetzten Frauen im Alter unter 35 Jahren bereits mehr als die Hälfte aller Stellen.

Vorstandsveteranin Hazel O'Leary hatte gute Ratschläge für sie: »Was immer einem aufgetragen wird, muß man besser ausführen als der männliche Kollege nebenan.« Und: »Verliere nie deinen Humor und sammle dir die besten Mitarbeiter, die du bekommen kannst.«[55] Um in der Männerwelt auch dabeisein zu können, wenn die Herren ungestört Geschäfte machen wollen, lernte sie sogar Golf zu spielen: »Ich hatte mich mein ganzes Leben dagegen gewehrt«, erklärte die 56jährige, »aber ich mußte einsehen, daß mir dadurch etwas entging.« Im Grunde bestätigte sie damit den Leitsatz, der für Amerikas Karrierefrauen schon immer galt: *Dress like a woman. Act like a man. Work like a dog* (Kleide dich wie eine Frau. Handele wie ein Mann. Schufte wie ein Hund). Hazel O'Leary schaffte es so in den Sessel eines Vizepräsidenten bei Northern States Power, einem Konzern aus der Energiewirtschaft in Minneapolis – und in das Amt des Energieministers der USA. Die ohnehin schwachen amerikanischen Gewerkschaften konnten gegen die schwache Frauenpräsenz in den Chefetagen kaum glaubwürdig protestieren, denn in ihren Organisationen sah es für Frauen nicht viel günstiger aus. Einer im Februar 1993 veröffentlichten Untersuchung zufolge waren 20 Prozent der Ortsvorsitzenden Frauen, acht Prozent der nationalen Vorstände und nur zwei von 86 Vorsitzenden der Mitgliedsorganisationen des Dachverbands AFL/CIO.[56]

Als selbständige Unternehmerinnen machten Frauen ebenfalls nur langsam Fortschritte. Etwa 4,1 Millionen Firmen in den USA gehörten ganz oder teilweise Frauen, aber lediglich 32 000 davon erzielten Jahresumsätze von mehr als einer Million Dollar. Zu den 50 erfolgreichsten Unternehmerinnen zählte die Zeitschrift *Working Woman* 1993 die Präsidentin von JM Family Enterprises in Florida, Patricia Moran, die einen Automobilgroßhandel von ihrem Vater geerbt hatte (Jahresumsatz: 2,4 Milliarden Dollar); Marian Ilitch von Little Caesar Enterprises, die 1959 mit einer Pizzeria in Detroit angefangen hatte (2,16 Milli-

arden Dollar); Jenny Craig, die Teilhaberin des gleichnamigen Schlankheitsdiätunternehmens in Kalifornien (461 Millionen Dollar) und die Fernseh-Talkshow-Produzentin Oprah Winfrey (100 Millionen), die einzige Schwarze in diesem Kreis. Geschäfte von Frauen wuchsen um 20 Prozent pro Jahr an, Produkte von und für Frauen hatten Konjunktur, wie niemand besser bewies als die rasch expandierende New Yorker Modekönigin Donna Karan (275 Millionen Dollar Umsatz, 14 Filialen, 899 Beschäftigte), deren schlicht-elegante Kleider mit dem DKNY-Etikett auch First Lady Hillary Clinton gern trug.
Aus der zunehmenden Bedeutung der Frauen in der Wirtschaft ergab sich beinahe zwangsläufig ein größeres Interesse an Politik. Bill und Hillary Clinton waren diesem Trend schon lange gefolgt. Schon als Gouverneur hatte Clinton überdurchschnittlich viele Frauen in seine Regierung einbezogen, angefangen von seinem *Chief of Staff* Betsy Wright. Vor allem aber wußten die beiden Politstrategen aus Arkansas, daß über das Thema »Wirtschaft« Frauen eher noch als Männer zu mobilisieren waren. Außenpolitik bewegte sie wenig, doch die Rezession, unter denen ihre Familien zu leiden hatten, brachte sie an die Wahlurnen. Vieles, was Clinton als Präsident in die Wege leitete, fand bei Frauen breitere Unterstützung als bei Männern. Celinda Lake fand heraus: »Frauen sorgen sich mehr um soziale Probleme als Männer und verlangen eine größere Einflußnahme der Regierung, um diese Probleme zu lösen. Sie tendieren zu einer aktiven Rolle des Staates, um den Armen, den Alten und den Arbeitslosen zu helfen. Da sie sich wirtschaftlich unsicherer fühlen als Männer, machen sie sich auch mehr Sorgen als Männer über die Kosten solcher Dienste wie Gesundheitsvorsorge, Dauerpflege von alten Menschen und Tagesstätten für

Kleinkinder.«[57] Für diese soziale Hilfestellung des Staates, betonte die Politologin, seien Frauen auch eher bereit, höhere Steuern zu zahlen.
Eine Umfrage der Zeitschrift Life bestätigte die unterschiedlichen Auffassungen zwischen den Geschlechtern. Zwei Drittel aller befragten Frauen bezeichneten ungleiche Bezahlung für die gleiche Arbeit als »sehr ernstes Problem«, aber nur die Hälfte der Männer. Fast 50 Prozent der Frauen verurteilten die Diskriminierung bei Beförderungen; nur ein Drittel der Männer betrachtete das als ernsthaftes Problem.
Die Benachteiligung geht sogar so weit, daß Frauen regelmäßig bei den alltäglichsten Geschäften übers Ohr gehauen werden. Die Reporterin Frances Cerra Whittlesey ermittelte, daß Männer in den USA für dieselben Produkte oder Dienstleistungen wie Frauen weniger bezahlen, weil Amerikanerinnen immer noch zu unsicher in Gelddingen auftreten. In ihrem Buch *Why Women Pay More* (Warum Frauen mehr bezahlen) nannte sie als Beispiele den Autokauf, wo Frauen im Schnitt 150 Dollar drauflegen, ein Hemd in der Reinigung, was 27 Prozent mehr kostet, ein vergleichbarer Haarschnitt in New York, wo ein Mann 16 Dollar hinlegt und eine Frau 20 Dollar oder Arztbesuche mit ähnlichen Beschwerden, bei denen Frauen für mehr Tests, Medikamente und Visiten aufkommen müssen als Männer. Bei Kleidung machten die Frauen es Preistreibern zu leicht, betonte die Autorin, denn »Frauen sind so besessen von ihrem Aussehen und ihrer Mode«.[58]
Solche Praktiken schadeten der US-Wirtschaft am Ende mehr als die daraus erschlichenen Profite wert waren. Kaum jemand konnte zu Beginn der neunziger Jahre noch die Bedeutung der Frauen für die Zukunft des Landes herunterspielen. Im Spätherbst 1992 beschloß eine Konfe-

renz amerikanischer Geschäftsfrauen in Arlington Hill im Bundesstaat Vermont eine Resolution, die von den Clintons hätte stammen können:

»Wir glauben, daß Amerika nur vorankommen kann, wenn Frauen als Führende und Mitwirkende voll in die Wirtschaft integriert sind. Wir glauben ferner, daß Amerikas Wettbewerbsfähigkeit in der Welt davon abhängt, wie vollständig wir unser Arbeitskräftepotential nutzen – und zwar ohne Rücksicht auf das Geschlecht.«[59]

Familie, Sex und Ignoranz

Im September 1989 lud Präsident George Bush die Gouverneure aller 50 Bundesstaaten zu einem »Bildungsgipfel« nach Charlottesville in Virginia ein. Bush wollte bei dieser Gelegenheit verbindliche Bildungsrichtlinien für alle Schüler in den USA festlegen, um damit all jenen Kritikern, die ihm vorwarfen, er kümmere sich mehr um Probleme in Moskau als in Milwaukee, seine innenpolitischen Prioritäten zu beweisen. Der Gouverneur, der Bush in Charlottesville am meisten unterstützte, war kein republikanischer Parteifreund, sondern der Demokrat Bill Clinton aus Arkansas.

Doch der war mit seiner Frau angereist. Hillary Clinton begnügte sich natürlich nicht, wie die Frauen der meisten übrigen Gouverneure, mit Tee, Plätzchen und Geselligkeit. Sie wollte die Gelegenheit nutzen, mit dem Präsidenten der USA Klartext über ihr Herzensanliegen zu reden: das Wohl der Kinder Amerikas.

Die Chance kam, als Hillary bei einem Bankett direkt neben Bush am Tisch plaziert wurde. Geradewegs stieß sie ihn auf ein Kernproblem: »Wissen Sie, Mr. President, je nachdem, welche Statistik man sich anschaut, sind wir weltweit an 17. oder 19. Stelle in der Kindersterblichkeit.« Bush ereiferte sich: »Na, Hillary, wovon reden Sie denn? Unser Gesundheitssystem wird von aller Welt beneidet.« »Nun, nicht, wenn Sie Ihr Kind bis zu seinem ersten Geburtstag am Leben halten wollen«, gab sie zurück, um dann zu betonen, daß die USA nicht genug gegen diesen

Mißstand, vor allem bei den Kindern der farbigen Minderheiten, unternähmen. Sie bot sogar an, ihre Vorwürfe mit statistischen Daten zu belegen. Bush wies das Angebot ab: »Ich besorge mir meine eigenen Statistiken.«

»Nun gut«, sagte Hillary. »Ich wünschte, Sie täten es.«

Bush hielt sein Wort, und er war aufrichtig genug, seine Unkenntnis in Sachen Kindersterblichkeit zuzugeben. Nach Statistiken der Vereinten Nationen lag die Quote der USA – neun Todesfälle bei je 1000 Lebendgeburten – höher als die in 18 anderen Industrieländern. Bei der Arbeitssitzung der Gouverneure am nächsten Tag schob er Bill Clinton einen Zettel zu, auf dem stand: »Sagen Sie Hillary, daß sie recht hat.«[60]

Ahnungslosigkeit über die Zustände im eigenen Land kennzeichnete die Bush-Administration. Der Präsident fand seine wahre Berufung in der Außenpolitik: Er amtierte, während die Berliner Mauer fiel und das sowjetische Imperium in Osteuropa zusammenbrach, und bescherte den USA den Status der »einzigen verbleibenden Supermacht«. Seine Streitkräfte befreiten Kuwait von der irakischen Aggression. In Innen- und Sozialpolitik ließ er die Zügel schleifen. Die wirtschaftliche Not vieler Amerikaner während der Rezession Anfang der neunziger Jahre, Drogenkriminalität oder Kinderarmut bewegten ihn kaum, und auch der Bildungsgipfel von Charlottesville brachte keine greifbaren Fortschritte in Amerikas Schulen. Als der Präsident beim Besuch einer Handelsmesse in Florida über die Preisablesegeräte an einer Supermarktkasse staunte, als hätte er so etwas noch nie gesehen, erkannten viele Amerikaner bestürzt, wie weit der Mann im Weißen Haus von ihren alltäglichen Erfahrungen und Sorgen abgehoben hatte.

Wirklich tief ins Fettnäpfchen trat hingegen Vizepräsident

J. Danforth Quayle. Im Bemühen um die Erhaltung konservativ geprägter »Wertvorstellungen von der Familie« attackierte der Republikaner in einer Rede in San Francisco am 19. Mai 1992 eine geschiedene Frau, die sich entschlossen hatte, ihr Kind auch ohne Vater zur Welt zu bringen. Ihr Name: Murphy Brown. Ihr Beruf: Fernsehjournalistin. Ihr Status: »eine moderne intelligente hochbezahlte berufstätige Frau«. Quayle erregte sich darüber, daß sie »die Bedeutung von Vätern verhöhnt, indem sie ihr Kind allein austrägt und das nur eine weitere ›Entscheidung über ihren Lebensstil‹ nennt«.[61] Über solche Kritik ließe sich durchaus streiten, hätte Quayles Angriff nicht einen dicken Schönheitsfehler gehabt: Es gab keine Murphy Brown. Sie war vielmehr die Hauptperson einer gleichnamigen Fernsehunterhaltungsserie, gespielt von Candice Bergen, eine rein fiktive Figur.

Mußte die Bush-Quayle-Administration ausgerechnet dieses unwirkliche Beispiel nehmen, statt auf die Nöte von Millionen alleinerziehender Mütter einzugehen, für die jeder Tag eine neue materielle Herausforderung war, weit entfernt von frivolen »Lebensstil-Entscheidungen«? Die Produzentin der Serie, Diane English, konterte: »Wenn der Vizepräsident glaubt, daß es für eine unverheiratete Frau unehrenhaft ist, ein Kind zu bekommen, und daß eine Frau ein Kind ohne Vater nicht anständig aufziehen kann, dann sollte er besser dafür sorgen, daß die Abtreibung sicher und legal bleibt.«

Empörte Anrufe beim Weißen Haus folgten. Nur bewogen sie Bush und seine Mannschaft nicht, aus der Welt ignorierter Statistiken und fiktiver Fernsehgestalten in die Wirklichkeit amerikanischer Familien herabzusteigen. Regierungssprecher Marlin Fitzwater unterstützte Quayle und schalt die von 38 Millionen Zuschauern verfolgte

Murphy-Brown-Episode über die Geburt ihres Sohnes als »Verherrlichung eines Lebens als unverheiratete Mutter«. Hillary Clinton hätten solche Patzer nicht passieren können. Sie wußte jederzeit aus unzähligen persönlichen Begegnungen und Erlebnissen, wovon sie sprach, wenn sie über die Not der Familien, über Diskriminierung im Berufs- und Privatleben, über Bildungsmisere oder Obdachlosigkeit in den USA referierte. Als Gouverneursgattin in Arkansas beteiligte sie sich aktiv an den von Feministen überall vorangetriebenen Bemühungen, Frauen ihre Rechte zu verschaffen. So gab sie 1977 einen Ratgeber unter dem Titel *Handbook on Legal Rights for Arkansas Women* heraus, der 1980 und 1987 aktualisiert wurde, gründete die Organisation »Anwälte für Kinder und Familien« und übernahm im Rechtsanwaltsverband ABA den Vorsitz der Kommission für »Frauen im Rechtsberuf«. Über Amerikas Frauen, die so vielfach gefordert waren – in Arbeit und Beruf, Familie und Haushalt, Kindererziehung und Altenfürsorge –, sagte sie in einer Rede 1992: »Keine dieser Frauen braucht Belehrungen aus Washington über Werte. Sie wollen nichts über eine idealisierte Welt hören, die nie so rechtschaffen und sorgenfrei war, wie einige uns glauben lassen wollen. Sie brauchen nur eine helfende Hand.«[62]

Und Hillary kannte auch die Statistiken, die ihrem Appell Nachdruck verliehen: Die Scheidungsrate stieg von 9,2 pro 1000 Eheschließungen im Jahre 1960 auf 21,2 im Jahre 1986 (verglichen mit 8,3 in der Bundesrepublik Deutschland). Fast die Hälfte aller Mitte der siebziger Jahre geschlossenen Ehen scheiterte. 1990 lebten nur noch 73 Prozent aller Kinder mit einem Vater und einer Mutter zusammen, allerdings nicht unbedingt mit zwei leiblichen Eltern. 15,9 Millionen junge Amerikaner lebten mit nur einem Elternteil zusammen, meistens der Mutter, die bei jedem dritten unverheiratet war. Noch 1970 bildeten verheiratete Paare mit Kindern den Regelfall; sie stellten zwei von fünf Haushalten. 1990 galt dieses Muster nur noch in 26,3 Prozent aller 93 Millionen Haushalte, während Eheleute ohne Kinder 29,8 Prozent ausmachten und alleinlebende Frauen und Männer 24,6 Prozent. Bei Schwarzen ging der Anteil der Familien mit zwei Elternteilen innerhalb von 20 Jahren von 64,3 Prozent auf 39,4 Prozent zurück.[63] Und jedes Jahr werden 1,3 Millionen Kinder auf kriminelle Weise mißhandelt oder sträflich vernachlässigt. Rascher denn je zerbrechen in den USA Ehen und Familien, platzen menschliche Bindungen, Vertrauen und Geborgenheit, bleiben seelisch verletzte und ratlose Kinder zurück. Die Gesellschaft gerät in ihrem Kern aus dem Gleichgewicht. Hieraus erklären sich Hillary Clintons Sorgen um Familien, Frauen und Kinder. »Ich will meinen Beitrag zu dem leisten, was mein Mann vorhat«, sagte sie, »nämlich den Schaden rückgängig zu machen, der diesem Land in den vergangenen Jahren zugefügt wurde. Ich möchte mithelfen, daß es wieder auf eine gesündere soziale, kulturelle und finanzielle Grundlage kommt.«[64]

Die Reform des Sozial- und Wohlfahrtssystems steht auf der Liste von Hillarys Prioritäten nach der Verabschiedung des Gesundheitsprogramms ganz obenan. Für sie wie für ihren Mann, die hyperaktiv und selbständig ihr Leben gemeistert haben, obwohl sie nicht privilegiert waren, gilt die Mentalität des Almosennehmens, die Abhängigkeit der Sozialhilfeempfänger als Teil des Problems: Der Ausweg aus der Armut muß im Kopf beginnen. Hillarys Kernanliegen dabei ist es, persönliches Verantwortungsbewußtsein wiederherzustellen. Sie sieht es nicht allein durch soziale Notlagen zerstört, sondern ebenso durch soziokulturelle Entwicklungen wie die ausufernde sexuelle Freizügigkeit, die jede Minute zu einer Teenager-Schwangerschaft führt, den Kult von Drogen und Gewalt in den schwarzen Ghettos, der zu einem Teenager-Mord alle drei Stunden beiträgt, das schlechte Vorbild korrupter und lügender Führungspersönlichkeiten in Politik, Wirtschaft und Sport, das Klima einer Ellbogengesellschaft, in der nur Selbstbereicherung zählt – und auch Film und Fernsehen, wo das »niedrigste Niveau« die Programmqualität bestimmt.

»Wenn man den Zerfall der Familie und den Mangel an positiven Beziehungen zwischen Kindern und Erwachsenen mit einer Kultur verknüpft, die Gewalt und hemmungslose Sexualität zu ermutigen scheint, ergibt sich eine gefährliche Kombination«, unterstrich sie in einer Familienzeitschrift. »Es gibt andere Länder, wo Pornographie auf den Straßen leicht erhältlich ist, wo aber die Familienstruktur so stark ist, daß dies nicht diese schrecklichen Auswirkungen auf Kinder hat, die wir hier sehen.« Hier beginne die Verantwortung der Eltern, »die Wurzel jeder Art von gesellschaftlicher Struktur«. Beispiel: »Leute, die sehen, wie ihre Umgebung an Drogenhändler fällt, die 14jährige Mörder erleben, müssen auch Verantwortung übernehmen.« Selbst mit den richtigen Programmen könne ein Präsident wie Bill Clinton die gefährlichen sozialen Trends nicht umkehren, solange nicht jeder einzelne Verantwortung übernehme: »Wenn wir unser Verhalten nicht, angefangen bei jedem, von innen heraus, ändern, können wir als großes Land nicht überleben.«[65] Ein erster Schritt zu einer neuen Familienpolitik war Präsident Clintons Unterschrift unter die einst von Bush durch Veto blockierte *Family Leave Bill*. Dieses Gesetz erlaubt Eltern, sich nach der Geburt oder bei Krankheit eines

Kindes, auch zur Pflege leidender Großeltern, unbezahlt von der Arbeit freistellen zu lassen, ohne fürchten zu müssen, deshalb – wie bisher üblich – entlassen zu werden.

Der Zwang zum Doppelverdienst führt sogar bei den finanziell bessergestellten Familien oft zu unglücklichen Situationen für die Kinder. »Wir haben eine Krise in der Kinderbetreuung«, erkannte Vizepräsident Al Gore, nachdem gleich zwei Kandidatinnen für das Amt des Justizministers wegen zweifelhafter Anstellungsverhältnisse für ihre Babysitter durchgefallen waren. Eine Untersuchung Ende 1987 ergab, daß 20 Millionen Schulkinder und neun Millionen im Alter unter sechs Jahren in Familien lebten, wo beide Eltern oder die alleinerziehende Mutter arbeiteten. 36 Prozent wurden von Verwandten oder Fremden in deren Wohnung betreut, 30 Prozent im eigenen Heim, 9 Prozent am Arbeitsplatz der Mutter – und nur 24 Prozent in Tagesstätten, Kindergärten oder Vorschulprogrammen.[66]

Die Mütter waren nicht nur finanziell belastet – im Schnitt gaben sie sieben Prozent ihres Haushaltseinkommens für die Kinderbetreuung aus –, sondern mehr noch emotional: ständige Hektik, nagende Sorge und schlechtes Gewissen. »Vielen Eltern kommt es zu schrecklich vor, um überhaupt daran zu denken«, sagte die Familienberaterin Meryl Frank, »aber wir müssen realistisch sein und einsehen, daß gute Tagesstätten gut sind für Kinder – und schlechte eben schlecht.«[67]

Nach einer Studienreise durch Frankreich Anfang 1990 betonte Hillary Clinton in einem Beitrag für die *New York Times,* die USA hätten »viel zu lernen«. Die unzureichende Kinderbetreuung in ihrem Land, wo Regierung und Wirtschaft die »Bedürfnisse amerikanischer Kinder und ihrer Eltern« ignorierten, stellte sie »einem koordinierten umfassenden System« gegenüber, »das von allen politischen Parteien unterstützt wird, in dem Tagesstätten, Vorschulerziehung und Gesundheitsvorsorge miteinander verknüpft sind – und das fast jedem Kind zur Verfügung steht«. Hillary gelangte zu dem Fazit: »Kinder sind nicht nur Sache der Familien. Um unseren Kindern und unserem Land gerecht zu werden, sollten wir im ganzen Land Übereinstimmung darüber erzielen, wie wir unsere Kinder pflegen und durch diese Pflege die persönlichen und sozialen Kosten vermeiden, die wir alle zahlen müssen, wenn die Bedürfnisse von Kindern unbefriedigt bleiben … Wir sollten anfangen, unsere Kinder zu schätzen, so wie die Franzosen.«[68]

In den USA wächst eine Generation heran, die seit dem frühesten Kindesalter die Kindergärtnerin oder das Kindermädchen mehr gesehen hat als die Eltern, mehr von ihnen gelernt hat – und sie manchmal auch lieber mag. »Es vergeht kein Tag«, sagte Carol Browner, die Umweltbeauftragte der Regierung Clinton, über ihren fünfjährigen Sohn Zachary, »an dem ich mich nicht gräme, daß er mich nicht genug zu sehen bekommt.« Da hilft nicht, daß Feministinnen schon seit langem fordern, die Männer »gleichberechtigt« in Kindererziehung und Haushalt einzubeziehen, nicht zuletzt zum Wohle des eigenen Nachwuchses. NOW-Präsidentin Patricia Ireland verlangte: »Wir müssen dieses Verhaltensmuster aufgeben, wonach nur die Frauen für die Familie verantwortlich sein sollen und diese doppelte Belastung ertragen müssen.«[69]

In der Praxis scheitern solche Anläufe immer wieder an hartnäckig festsitzendem Rollenverhalten. Selbst die neuen Ministerinnen und Senatorinnen klagten in einem Beitrag der *New York Times* darüber, daß sie nach einem

Zwölf-Stunden-Arbeitstag noch »Frauenarbeit« zu erledigen haben: Einkaufen, Kochen, Putzen, Waschen. Erstaunten Bekannten, die sie im *Safeway*-Supermarkt traf, erklärte Clintons Budgetdirektorin Alice Rivlin: »Wie soll ich denn sonst an Lebensmittel kommen?« Und Kaliforniens neue Senatorin Dianne Feinstein klagte über ihren Ehemann, den Bankier Richard Blum, mit dem sie seit 14 Jahren verheiratet ist: »Ich habe ihm nicht beibringen können, das Badehandtuch aufzuheben. Statt zu meckern, gebe ich nichts mehr darum. Ich hebe es einfach auf.«[70]

An männlichem Widerstand scheiterte in den achtziger Jahren eine Bewegung radikaler Frauen, sich die Hausarbeit bezahlen zu lassen, wenn sie ihr schon durch den Beruf nicht entgehen können. Ihr Motto lautete: »Die Sklaverei am Fließband ist keine Befreiung von der Sklaverei an der Küchenspüle.«[71] Es könnte noch heute gelten.

Doch es gibt in den USA, wie in den meisten Ländern der Welt, noch weitaus schlimmere Rückstände des männlichen Chauvinismus, Verhaltensweisen aus der Urzeit der Zivilisation, deren sinnlose Brutalität beim weiblichen Teil der Bevölkerung entsprechende Urängste wachhält: Gewalt gegen Frauen. Wie der Rechtsausschuß des Senats 1990 ermittelte, wird in den USA alle sechs Minuten eine Frau vergewaltigt, viermal so oft wie in Deutschland, zwanzigmal so oft wie in Japan. Alle 18 Sekunden wird eine Frau verprügelt, insgesamt drei bis vier Millionen pro Jahr. Drei von vier Frauen müssen damit rechnen, im Laufe ihres Lebens Opfer eines Gewaltverbrechens zu werden.[72] Nach Angaben der Bundeskriminalpolizei FBI wurden 1990 etwa 102 000 Vergewaltigungen angezeigt; nach Ansicht des Senatsausschusses sind das nur 16 Prozent aller tatsächlichen Fälle. Frauen melden Gewalttaten oft nicht, weil sie sich schämen oder ihnen nahestehende

Missetäter verschonen, aber auch, weil sie bei der Polizei zu häufig auf Unglauben und Verachtung stoßen.

Das frauenfeindliche Verhalten des US-Justizsystems belegte der Senatsausschuß 1993 mit schockierenden Zahlen: So werden die Angreifer in 98 Prozent aller Vergewaltigungsfälle weder gefaßt noch verurteilt. 54 Prozent aller Prozesse gegen Frauenschänder enden mit Einstellung des Verfahrens oder Freispruch. Nur bei jeder zehnten *angezeigten* Vergewaltigung wird der Täter zu einer Haftstrafe verurteilt, aber nur die Hälfte von ihnen sitzt mehr als ein Jahr hinter Gittern.[73] Spektakuläre Prozesse wie der gegen den Kennedy-Neffen William Smith zeigen, wie so etwas möglich ist: Smith war angeklagt, Ostern 1991 nach einem Barbesuch eine Zufallsbekannte in Palm Beach vergewaltigt zu haben, und seine Verteidiger taten nach geläufigem Muster alles, um die Glaubwürdigkeit des Opfers auszuhöhlen. Der Angeklagte wurde freigesprochen – und überall in den USA gingen die Vergewaltigungsanzeigen zurück. Dabei zeigen wissenschaftliche Untersuchungen, daß anklagende Frauen, die peinlichste Befragungen in Kauf nehmen, in der Regel glaubwürdig sind: Nur etwa zwei Prozent aller Vergewaltigungsanzeigen, so der Rechtsprofessor Morrison Torrey, sind falsch. Diese Ergebnisse stießen indes auf Skepsis, vor allem, wenn es um Sexualpartner ging, die sich schon längere Zeit kannten. »Vergewaltigung beim Rendezvous«, was Amerikaner *date rape* nennen, eröffnet eine Grauzone für die rechtliche Beurteilung. Ist wirklich jede vierte amerikanische Studentin vergewaltigt oder mit Vergewaltigung bedroht worden? Oder wird hinhaltend akzeptierter Sex anschließend zum erzwungenen uminterpretiert? In einer 1985 vorgenommenen Untersuchung der Frauenzeitschrift *Ms.* bezeichneten 73 Prozent der befragten Notzuchtopfer ihre Erfahrung ursprünglich nicht als Vergewaltigung.[74] Doch die Diskussion führt auf jene schiefe Ebene, auf der reale Fälle männlicher Aggression gegen Frauen verharmlost werden, auch von Gerichten, wie in einem aufsehenerregenden Fall in Texas 1993, als eine Geschworenenkammer einen Vergewaltiger nicht verurteilen wollte, weil sein Opfer ihn – aus Furcht vor AIDS – überredet hatte, ein Kondom zu benutzen.

Der Vorsitzende des Senatsrechtsausschusses, Joseph Biden, drängt seit Jahren darauf, Gewalt gegen Frauen mit aller Schärfe des Gesetzes zu ahnden. Ganz besonders aber liegt ihm daran, in Männerköpfe einzutrichtern, daß Sex mit Gewalt kein Kavaliersdelikt und keine Spielerei ist, sondern ein Verbrechen, das nie toleriert werden darf: »Mir ist egal, ob sie splitternackt [durch Washington] herumläuft, ob sie eine Nonne ist oder eine Prostituierte – kein Mann hat das Recht, eine Frau ohne deren Einwilligung anzufassen.«[75]

Bis diese Einstellung jedoch Wirklichkeit wird, bangen unzählige Frauen vor nächtlichen Heimwegen, verschanzen sich hinter verriegelten Türen, suchen Schutz in Waffen- und Karatekursen. Dabei geht eine Menge Lebensqualität verloren, wie die Direktorin für Frauenstudien an der Universität von Illinois, Stephanie Riger, unterstrich: »Frauen werden gezwungen, ihr Leben einzuschränken und auf viele Dinge zu verzichten, die sie tun wollen. Wenn sie es nicht tun und dann vergewaltigt werden, gibt man ihnen die Schuld.« Schon in der Schule werden Mädchen zunehmend sexuell belästigt: Eine Umfrage der Teenagerzeitschrift *Seventeen* ergab, daß über 80 Prozent aller Schülerinnen schon lüsterne Sprüche, Gesten und Berührungen erlebt hatten, 39 Prozent der Befragten sogar tagtäglich.[76]

Diese Sorgen sprach Hillary Clinton an, als sie über die sex- und gewaltbesessene Popkultur klagte, und auf sie ging Bill Clinton ein, als er von den Filmemachern forderte, Sexualverbrechen nicht zu beschönigen. Ein Verband gegen Gewalt im Fernsehen, der sich *National Coalition on Television Violence* nennt, fand heraus, daß in jedem achten Hollywoodfilm eine Vergewaltigung vorkommt. »Ohne Frage ist die kumulative Auswirkung dieser Banalisierung von Sex und Gewalt in der populären Kultur ein absolutes Negativum für Amerika«, erklärte Bill Clinton dazu. »Gegen diese Dinge müssen wir entschlossen auftreten.«[77]

Die Chelsea-Generation

Nicht nur Hillary Clinton hat einen bevorzugten Zugang zum Präsidenten der Vereinigten Staaten. Auch die »zweitwichtigste Frau« in seinem Leben darf jederzeit im Oval Office anklopfen, auch wenn sie manchmal warten muß. So geschehen, als Bill Clinton mit seinen höchsten Beratern im Roosevelt-Kabinettssaal im Februar über die neue Justizministerin Janet Reno beratschlagte. Plötzlich steckte Chelsea ihren Engelshaar-Lockenkopf durch die Tür und blickte leicht verwirrt in die Runde: Ob Dad vielleicht mal Zeit hat? Sie hatte da ein Problem bei den Schulaufgaben, wie üblich mit der Algebra. Der Präsident vertröstete seine 13jährige Tochter, gab eine kurze Pressekonferenz zur Ernennung von Janet Reno und kniete sich dann über die Rechenaufgaben. Mathematik ist in der elterlichen Arbeitsteilung seine Domäne. Während der Präsident sich in seinem Büro schon wieder um größere Rechnungen – seinen Haushaltsentwurf für 1993/94 – kümmerte, saß Chelsea immer noch nebenan in dem kleinen Studierzimmer, wo zwei Jahre zuvor George Bush den Golfkrieg geplant hatte. Manchmal rief sie noch eine Frage herüber.

»Bill ist ein wunderbarer Vater«, preist ihn Hillary. »Er verhält sich immer sehr einfühlsam und geht auf Chelsea und ihre Wünsche ein und weiß immer, was sie gerade durchmacht.«[78] Chelsea hat zwar zeitlebens berufstätige Eltern gehabt, aber beide haben sich immer bemüht, für das Kind dazusein. Natürlich blieb diese Anstrengung oft vergebens, und wie für so viele Amerikanerinnen in der Zwickmühle zwischen Mutterschaft und Beruf hat die First Lady zuweilen Gewissensbisse: »Natürlich habe ich, wie jede Mutter, die ich kenne, dieses Gefühl, nun, mache ich die Dinge richtig, bringe ich genug Zeit auf?«[79] Steif behauptet sie, sie habe immer »sehr eifrig versucht, meine Pflichten gegenüber meiner Tochter über alles andere zu stellen«, was während ihrer langen Abwesenheiten im Wahlkampf oder zu Tagungen auch bedeutete, daß sie Chelsea Videos von sich zurückließ und Hausaufgaben per Fax überprüfte. Wann immer sich unterwegs die Chance bot, rannte sie zum Telefon, um mit Chelsea zu reden. »Allein schon daran, wie sie die Telefonnummer wählte und wie sie zu ihr sprach«, beschrieb ihre Freundin, die Filmschauspielerin Mary Steenburgen, einen solchen Anruf, »erkannte ich, wie sehr sie ihr Kind vermißte.«[80]

Die disziplinierte Anwältin überläßt auch in der Beziehung zu ihrem Kind nicht gern etwas dem Zufall. »Sie hat den ausgeklügeltsten Stundenplan, den ich je gesehen habe«, berichtete ein anderer Bekannter, der aus Arkansas stammende Anwalt Donald Smith. »Darin sind alle Aktivitäten von Chelsea, vom Reiten bis zum Ballett, fest verbucht – und sie hält ihre Termine.«[81] Auch als First Lady besucht Hillary Clinton die Fußball- und Baseballspiele und Schulfeste ihrer Tochter und bemüht sich, an Wochenenden ganz für sie dazusein, auch wenn darunter andere soziale Kontakte leiden. Mit Gesellschaftsspielen und Filmvorführungen im Privatkino des Weißen Hauses versuchen die Clintons, lange Trennungen zu kompensieren. »Sie und ihr Dad«, sagte Hillary über Chelsea und Bill, »schauen sich gern zusammen ganz schreckliche Filme an.«

Als im Winter 1993 ein Schneesturm Washington lahmlegte, schickte Hillary ihre Mitarbeiter nach Hause und verbrachte den ganzen Tag mit Chelsea. Sie sorgt für eine strikte Erziehung, denn nach ihrer Überzeugung werden viele Kinder mit »zu viel Freiheit« nicht fertig. Im Falle ihrer Tochter bedeutet das zum Beispiel Einschränkungen beim Fernsehen, Schlafenszeit ab zehn Uhr abends und (manchmal noch) Vorschriften für die Kleidung. Mit Chelsea zusammen backt Hillary sogar Plätzchen, wenn auch in der Regel nur zu Weihnachten.

Nichts trifft Hillary so sehr wie der Vorwurf, eine »schlechte Mutter« zu sein, etwa als die britische Journalistin Petronella Wyatt schrieb, die Frau des Vizepräsidenten, Tipper Gore, sei »zu einer Art Ersatzmutter für Chelsea« geworden und Hillarys Versagen in ihrer häuslichen Aufgabe sei mehr als die politische Rolle »ihre potentielle Achillesferse«.[82] Nichts wurmt die First Lady – und den Präsidenten – mehr, als wenn sich Fernsehkomiker oder Zeitungskarikaturisten über Chelsea mit ihrer Zahnspange lustig machen: Sie handeln sich dauerhafte Verachtung im Weißen Haus ein.

Überhaupt versucht Hillary Clinton, ihre Tochter so weit wie möglich von der Presse fernzuhalten. Aber der Rose Garden des Weißen Hauses ist nicht wie der Garten des Gouverneurshauses in Little Rock, wo Chelsea ungestört Fahrrad fahren konnte. In Washington kam die »Erste Tochter« auch in die Sucher der Fernsehkameras und Fotoapparate der Medien. Bei einem Fernsehinterview verweigerte Hillary Clinton jede Szene mit Chelsea, »weil ich will, daß ihr Leben so normal verläuft wie möglich, [...] und ich glaube, daß ich das nur erreichen kann, wenn ich ihr, so weit es geht, die Gelegenheit gebe, so aufzuwachsen, als wäre ihr Vater nicht Präsident«.[83] Einen Fernsehauftritt in einem Sonderprogramm für Jugendliche auf dem Pop-Kabelsender MTV bestritt Chelsea im März zusammen mit ihrem Vater. Sie führte ihre Katze Socks vor, ließ ansonsten ihren Dad sagen, was sie dachte: »Sie ist an vielen Dingen interessiert ... Obdachlosigkeit bekümmert sie sehr, und sie ist sehr besorgt um die Umwelt.«[84]

Im Wahlkampf war Chelsea bis zum Parteitag in New York im Sommer 1992 überhaupt nicht zu sehen und danach nur selten, etwa bei Bustouren, wenn auch die Gore-Kinder mitreisten. Schon früh versuchten die Clintons ihre Tochter auf schlimme Attacken politischer Gegner und sensationslüsterner Journalisten vorzubereiten, so im Fall der »Liebesaffäre« mit Gennifer Flowers. Hillary befand über Chelsea: »Sie ist sich voll bewußt, daß Leute in einem Wahlkampf Dinge über einander sagen, die nicht wirklich wahr sind.«[85] Wie weit Chelsea in offizielle Anlässe im Weißen Haus einbezogen wird, überlassen ihre Eltern der 13jährigen allein. »Wenn Chelsea an einem diplomatischen Dinner teilnehmen will, kann sie mit Freundinnen hinkommen«, erklärte ein Freund der Familie das Arrangement, »oder sie kann auf ihrem Zimmer bleiben, um zu lernen oder Videos zu gucken.«

Obwohl Hillary Clinton betont, sie sehe ihre »wichtigste Verpflichtung in der eigenen Familie«, wo das Leben beginne und ende, entschuldigte sie ihr berufliches und politisches Engagement keineswegs. »An irgendeinem Zeitpunkt muß man seine Familie allem vorziehen«, erläuterte sie, »zu anderen Zeiten mag es wichtig sein, daß man sein Land voranstellt oder ein anderes wichtiges Vorhaben.« Angesichts der zunehmenden wirtschaftlichen und sozialen Probleme, die sich im vergangenen Jahrzehnt in den USA zusammengeballt haben, kamen Bill und Hillary Clinton zu dem Schluß, so Hillary, »daß wir sowohl vor der Geschichte als auch vor unserer Generation eine Verpflichtung hatten«.[86]

Wenn die Clintons über die Zukunft sprechen, bleibt das Gespräch oft bei Chelsea hängen. Ihre Tochter symbolisiert alles, wonach sie streben: eine lebenswerte Welt für die »Chelsea-Generation«. In zahlreichen Interviews bedauerte Hillary Clinton – fast immer im gleichen Wortlaut –, daß sie ihre einzige Tochter geblieben ist: »Ich hätte gern mehr Kinder gehabt, aber es hat einfach nicht geklappt – also habe ich das beste Kind, das es gibt.«[87]
Diesem Kind wollen die äußerst bildungsbetonten Eltern auch die vorteilhafteste schulische Erziehung geben, die es gibt. So nahmen sie Irritation und sogar Zorn der öffentlichen Meinung in Kauf, als Chelsea nach dem Umzug in die Washingtoner Privatschule Sidwell Friends ging, eine Einrichtung der Quäker, statt auf eine der – zugegebenermaßen schlechten und unsicheren – staatlichen Schulen des District of Columbia, wie sie Amy, die Tochter des letzten demokratischen Präsidenten Jimmy Carter, in der Hauptstadt besucht hatte. Hier ging es nicht um politischen Opportunismus, sondern um das Wohl des eigenen Kindes – und da hörte auch bei den pragmatischen Clintons die Kompromißbereitschaft auf. Sidwell Friends, wo das Schulgeld pro Jahr etwa 10 000 Dollar ausmacht, wurde ihnen immerhin von der Advokatin der armen Kinder, Marian Wright Edelman, empfohlen, deren drei Kinder auch dort lernen. »Es ist das Beste für unsere Tochter«, betonten die Eltern. Ende der Debatte.
Der Stellenwert einer guten Schule ist für Hillary Clinton gar nicht hoch genug einzuschätzen. Genau wie Bill verdankt sie ihren Aufstieg aus eher unscheinbaren Verhältnissen im wesentlichen ihrer erfolgreichen und hochqualifizierten Bildung, zu der ihre Eltern sie immer angespornt hatten. »Wenn du Ärger in der Schule bekommst«, drohte ihr Vater Hugh Rodham manchmal, »bekommst

du Ärger zu Hause.« Bei der MTV-Sendung mit Bill und Chelsea freute Hillary sich über eine Antwort, die ihr Mann einem Ghettojungen aus Chicago gab, der über seine von Drogenhändlern bedrohte Schule klagte: »Wenn du eine gute Bildung erhältst, kann dir das niemand je wieder wegnehmen.« Hier liegt ihre Lebenserfahrung begründet, daß nur Bildung Emanzipation möglich macht, und sie will Chelsea die gleichen Chancen geben, die ihre Eltern ihr eröffnet haben – gerade auch, weil sie ein Mädchen ist.

So wie die junge Hillary davon träumte, Astronautin zu werden und sich sogar bei der NASA bewarb – sie scheiterte wegen ihrer schlechten Augen –, so soll Chelsea »alles sein können, was sie sein will«. Hillary Clinton wünschte sich, daß ihre Tochter einmal »genug Selbstbewußtsein und Selbstvertrauen hat, um jede Entscheidung, die ihr am besten paßt, durchzuführen«. Dabei setzte sie auf den Wandel in der sozialen Stellung der Frau, den sie selbst für so viele Amerikaner repräsentiert: »Ich glaube, Frauen werden in all ihren verschiedenen Rollen gesehen und verlangen, daß all diese Rollen respektiert werden. Es sollte überhaupt keine Klischees geben.«[88] Bis Chelsea ins Berufsleben trete, irgendwann im 21. Jahrhundert, so hoffte sie, würden Frauen und Männer nicht mehr mit »zweierlei Maß« gemessen werden.

Auf dem Weg zu solcher Normalität, das war der First Lady wie den meisten Amerikanerinnen voll bewußt, galt es, noch viele Hindernisse und Abgründe zu überwinden. Die erstaunlichsten Fortschritte gelangen ausgerechnet in einem Bereich, der Hillary Clinton nie sonderlich interessiert hatte: Im Militär überwanden Frauen die Grenzen der Gleichheit.

Die Schallmauer des Sexismus

Es ist schon ungewöhnlich genug, daß eine Frau in den Krieg zieht. Aber eine deutsche? Sie heißt Vera Lehwald und wurde am 21. September 1990 in Marsch gesetzt. Mit ihrer Einheit, dem 159. Luftfahrtregiment der 82. Luftlandedivision aus Fort Bragg in North Carolina, diente sie während der Operation »Wüstensturm« in Saudi-Arabien, bis das überfallene Kuwait befreit und der Aggressor Irak besiegt waren. Dieser ungewöhnliche Einsatz war möglich, weil die USA in ihrem Berufsheer auch Ausländer akzeptieren, sofern sie eine Arbeitsgenehmigung haben. Vera Lehwald, die seit ihrem 17. Lebensjahr in den USA lebte und einen US-Soldaten heiratete, besaß eine solche »Green Card« und verpflichtete sich 1987 zu vier Jahren bei einer Hubschrauberstaffel. Sie ließ sich zur Hubschraubermechanikerin ausbilden. Das war ihre Fahrkarte in den Krieg.

Der erste Eindruck war verheerend: zehn Tage Warten auf Einsatzbefehle, zehn Tage in einer Lagerhalle in der Hafenstadt Dammam. »Wenn es eine Hölle gibt«, urteilte Vera später, »dann muß sie so ähnlich sein wie diese Halle. Eine ganze Heerschar unter einem Dach, Männer und Frauen bunt gemischt, bei unerträglicher Hitze und Schwüle, ohne einen privaten Moment außer auf der Toilette. Ich schrieb meinem Mann: ›Wie findest Du das, Liebling? Ich habe 700 Zimmergenossen.‹ Alle waren schrecklich nervös. Ich dachte mir, wenn hier an den Docks, wo alle Munitionsschiffe entladen werden, eine irakische Rakete einschlägt, gäbe es Tausende von Toten. Das Gefühl von Gefahr wird noch durch die Anweisung verstärkt, ständig mit der Gasmaske und dem Gewehr herumzulaufen, selbst zum Duschraum.«[89]

Die Armeemechanikerin erlebte das ungewohnte Zusammenleben der Geschlechter als erträglich. Zwar gab es einzelne Vorfälle von Prostitution und Vergewaltigung, aber im allgemeinen hielten sich die Soldatinnen und Soldaten an ein unter Androhung schärfster Strafen ausgesprochenes Verbot aller sexuellen Kontakte. Den Frauen wurde überdies befohlen, sich nicht zu locker zu kleiden – keine Shorts, keine T-Shirts –, um, wie Vera Lehwald sagte, »die Jungs nicht verrückt zu machen«.

Das galt um so mehr für Ausflüge aus dem Bereich des Militärlagers am Flughafen von Dhahran, wo sie später eingesetzt war, in die zivile Umgebung Saudi-Arabiens. In einem nach mittelalterlichen Gesetzen regierten Land, wo Frauen nur tiefverschleiert in der Öffentlichkeit auftreten dürfen, sorgten die US-Soldatinnen für Aufsehen. Immerhin waren zum Höhepunkt des Konflikts mehr als 35 000 Frauen in Uniform eingesetzt, fast sieben Prozent der amerikanischen Interventionsstreitmacht. Sie dienten als Technikerinnen, Nachschub- und Waffenspezialistinnen, Hubschrauber- und Tankerpilotinnen, Kraftfahrerinnen und Sanitätspersonal.

Die amerikanische Militärführung entschärfte die Lage, indem sie den Frauen verbot, ohne männliche Begleitung in die Stadt zu gehen, und ihnen befahl, so wenig Haut und Haar wie möglich zu zeigen. Die saudische Religionspolizei wachte strengstens über die Einhaltung der islamischen Sitten, was Feministinnen wie die Abgeordnete Patricia Schroeder auf die Palme brachte: »Kann man sich vorstellen, daß wir schwarze Soldaten nach Südafrika schickten und ihnen sagten, sie hätten sich an die Apartheid-Regeln zu halten?«[90]

Die Diskriminierungen in ihrer eigenen Umwelt waren subtiler. Frauen blieb im US-Militär nach wie vor jeder Gefechtseinsatz verboten, aber in modernen Kriegen »heißt das nicht, daß man nicht in Kampfhandlungen gerät«, wie der damalige Personalchef des Pentagon, Lawrence Korb, zugab. Das wurde jedem ab Januar 1991 klar, als der Krieg begann: Westliche Luftangriffe auf den Irak, irakische Raketenangriffe auf Ziele in Saudi-Arabien und Israel. Bei jedem Alarm mußten Vera und ihr Hubschraubertrupp Gasmasken anlegen, doch blieben sie verschont. Vor Beginn des Bodenkrieges wurde die Hubschrauberstaffel von Vera Lehwald in ein Wüstenlager an der irakischen Grenze verlegt, aber der Feldzug endete in so kurzer Zeit mit dem Sieg der Amerikaner, daß sie nie zum Einsatz kam.

Angst hatte Vera dennoch, und sie verbarg sie auch nicht. Aber das war eher die Ausnahme. »Die meisten Frauen haben sich immer super beherrscht«, erinnerte sich die Soldatin. »Die wollten unbedingt ›ihren Mann stehen‹. Meine Freundin Pamela, eine Hubschrauberpilotin, trat auf wie ein Mannweib. ›Ich habe keine Angst vor dem Tod‹, sagte sie. ›Alles, was Männer können, können Frauen auch. Und mein Hubschrauber kennt den Unterschied zwischen Mann und Frau nicht.‹ Ich erwiderte: ›Aber die irakischen Soldaten, die kennen ihn.‹«

Nur eine Frau fiel während der Operation »Desert Storm« in die Hände der Iraker, als ihr Apache-Hubschrauber abgeschossen wurde: Majorin Rhonda Cornum, 37 Jahre alt, Sanitätsärztin und Mutter. Sie erlitt zwei Armbrüche und eine Schußwunde, ehe sie in Gefangenschaft geriet, und wurde dennoch, wie das Pentagon erst lange nach ihrer

Freilassung zugab, sexuell mißhandelt. Die Majorin selbst nahm dazu eine Haltung ein, die man beim anderen Geschlecht als *macho* bezeichnen würde, die aber in der maskulin geprägten Welt des Militärs auch bei Frauen weit verbreitet ist. In einem Interview mit der *New York Times* rationalisierte Dr. Cornum ihr Erlebnis: »Alle machen so ein Aufhebens wegen dieses unzüchtigen Angriffs, aber das einzige, was ihn unzüchtig macht, ist die Tatsache, daß es ohne Einwilligung geschah. Ich habe mich selbst gefragt: ›Wird es mich daran hindern, hier rauszukommen? Ist eine Lebensgefahr damit verbunden? Führt es zu einer bleibenden Behinderung? Führt es zu einer bleibenden Verstümmelung? Schließlich, ist es qualvoll?‹ Wenn keine dieser fünf Kategorien zutrifft, dann ist es unwichtig.«[91]

Vera Lehwald dachte anders über das Thema »Frauen und Militär«, eher traditionell: »Ich bin eigentlich zu dem Schluß gekommen, daß Militär nichts ist für Frauen. Kriegführen, Kämpfen und Töten ist Männersache. Wer sorgt denn für die Kinder? Wer ist denn die Hauptbezugsperson, das Fundament der Familie? Das ist doch immer die Mutter gewesen, und das wird auch immer so sein.« Die junge Deutsche verließ 1992 die U. S. Army, um Mutter zu werden, und genoß ihr Zivilistenleben, denn »unter der Uniform verliert man schnell seine Weiblichkeit«. Der Gedanke, eine Kriegsveteranin zu sein, kam ihr beinahe komisch vor: »Wir ziehen in den Krieg, aber in der Gesellschaft sind wir immer noch Sexualobjekte, wie man ja an der Werbung sieht. Und die Männer nennen uns immer noch ›Puppe‹.«

Rhonda Cornum widersprach in ihren Interviews und in ihrem Buch *She Went to War* (»Sie zog in den Krieg«) solchen weiblichen Attitüden. Nur zaghaft gab sie zu, bei ihrer Gefangennahme geweint zu haben, und Mutter zu sein hat sie angeblich weniger geprägt als ihre Kriegserfahrung. Schon darüber zu reden, meinte sie, würde die Presse ausnutzen, »um Frauen als fürchterliche Weichlinge hinzustellen«. Kein »Feigling« zu sein galt ihr als wichtigste Auszeichnung, gerade vor ihrer 16jährigen Tochter: »Kinder lernen durch Vorbilder.«

Wahrscheinlich würde niemand Majorin Cornum mit »Puppe« anreden. Und dennoch gab ihre Erfahrung im Golfkrieg dem Kongreß Diskussionsstoff, als Beispiel für die Verletzbarkeit von Frauen, als abschreckendes Beispiel gegen den Kampfeinsatz von Soldatinnen. Die Befürworter der Gleichheit im Militär beantworteten dies mit dem Hinweis, daß Männer in der Gefangenschaft ebenfalls körperlich, auch sexuell, mißhandelt wurden. Das andere Argument der Gegner war stets die Mutterrolle der Frau: Weil Frauen schwanger werden können, sind sie nicht so allseitig einsetzbar wie Männer. Im US-Militär wird Schwangerschaft als »zeitweilige medizinische Behinderung« bezeichnet, die Frauen die Option eröffnet, die Streitkräfte »ehrenhaft« zu verlassen – selbst wenn der Zustand »bewußt herbeigeführt« wird. Laut Pentagon sind normalerweise stets zehn bis 15 Prozent aller Frauen im Militär schwanger, aber als der Einsatzbefehl zum Golfkrieg kam, stieg die Zahl der Entlassungen wegen Schwangerschaft in der Armee auf das Vierfache an. Aus dem Kriegsgebiet wurden nach Presseberichten – das Pentagon schwieg dazu – etwa 1200 werdende Mütter heimgeschickt, was jeder 15. Soldatin unter dem Operationskommando entsprach.[92]

Die andere Seite dieses Problems ist die Trennung von Mutter und Kind. Schätzungsweise 50 000 Frauen im amerikanischen Militär, also jede vierte, sind Mütter, die

Hälfte davon unverheiratet. In vielen Versorgungs- und Dienstleistungsbereichen der Streitkräfte, wo der Arbeitstag mehr dem im Zivilleben entspricht, hat sich die Armee auf den Bedarf von Familien eingestellt. Kinderhorte, Tagesstätten und Ganztagsschulen lösen viele praktische Schwierigkeiten. Nur all das hilft nichts, wenn die Mutter in den Krieg zieht – oder sogar Mutter und Vater gleichzeitig. Am Golf waren zum Beispiel etwa 1000 Ehepaare im Einsatz, die Kinder unter 18 Jahren zu Hause zurückließen, meist bei Verwandten und Freunden. Insgesamt mußten 36 000 Kinder zumindest ein Elternteil entbehren.[93] Die emotionale Seite der Trennung galt vielen Müttern an der Front als das schlimmste.

Das entscheidende Argument in der Diskussion aber entbrannte stets um die Frage, wie Frauen sich unter dem Druck einer Gefechtssituation bewähren – und inwieweit Männer sie in lebensbedrohlichen Situationen als verläßliche gleichrangige Kampfgefährten betrachten. »Wenn die Schießerei anfängt«, betonte Brigadegeneral Ed Scholes, der in Saudi-Arabien das 18. Luftlandekorps befehligte, »möchte ich links und rechts von mir Leute haben, die die Anspannung aushalten. Männer können Frauen einfach nicht so behandeln wie andere Männer. Und es ist blödsinnig anzunehmen, daß man mit ein paar Monaten Ausbildung aus ihnen so etwas wie geschlechtslose Soldaten machen kann.«[94]

Dies äußerte er, obwohl zu diesem Zeitpunkt schon eine Frau Männer in ein Gefecht geführt – und gewonnen hatte. Diese Ersttat verbuchte am 20. Dezember 1989 während der amerikanischen Intervention in Panama, bei der etwa 600 Frauen und 24 000 Männer eingesetzt waren, die 29jährige Linda Bray, Captain (zu deutsch: Haupt*frau*?) und Chefin der 988. Militärpolizeikompanie der U. S.

Army. Die Kompanie galt nicht als Kampfeinheit und hatte keine schwereren Waffen als Maschinengewehre. Mit der aus Männern und Frauen bestehenden Einheit wurde Captain Bray ausgeschickt, um einen Zwinger für die Hunde der Militärpolizei zu finden. Sie entdeckte einen – und geriet in ein Feuergefecht mit etwa 40 Angehörigen der Panama-Streitkräfte. Drei Panamesen kamen um, Brays siegreicher Trupp erlitt keine Verluste.[95]

Das war nicht immer so, wenn Frauen in den Krieg zogen. Aus allen bewaffneten Konflikten Amerikas in diesem Jahrhundert kehrten Frauen in Zinnsärgen heim, obwohl sie stets »Nichtkombattanten« waren. 35 Krankenschwestern starben im Ersten Weltkrieg an der Westfront, davon eine bei einem deutschen Gasangriff; mehr als 200 im Zweiten Weltkrieg, darunter sechs durch deutschen Beschuß eines Lazaretts nach der Landung im italienischen Anzio. Im Korea-Krieg traf es nur zwei Frauen in Uniform, im Vietnamkonflikt nur acht, wobei eine einzige Kampfhandlungen zum Opfer fiel. Im jüngsten Konflikt am Persischen Golf jedoch, wo Frauen mehr denn je in vorderer Linie eingesetzt wurden, kamen 15 Soldatinnen ums Leben, allein fünf durch Feindbeschuß. Drei davon waren Reservistinnen aus Pennsylvania im Alter zwischen 20 und 23 Jahren, die – zusammen mit 26 Männern – starben, als am 25. Februar 1991 eine irakische Scud-Rakete ihr Quartier in Al-Khobar traf.[96]

Abenteuerlustige Frauen hatten schon im Unabhängigkeitskrieg, als Männer verkleidet, mitgekämpft und ebenso im Amerikanischen Bürgerkrieg (1861–1865), etwa 400 auf beiden Seiten, vorwiegend als Spione, Aufklärer, Kuriere und Saboteure. Unparteilichkeit galt als oberstes Prinzip für ein Armeekorps von Krankenschwestern unter der Leitung der ehemaligen Lehrerin Clara Barton

(1821–1912). Sie versorgten auf den blutigsten Schlachtfeldern des Bruderkrieges die Blauröcke des Nordens ebenso wie die Grauröcke des Südens. Clara Barton, die von der Armee als ihrer »Familie« redete, gründete 1882 das Amerikanische Rote Kreuz.

Im großen Umfang jedoch griff das Militär wie die zivile Wirtschaft nur dann auf Frauen als Arbeitskräfteersatz zurück, wenn Männer knapp waren. Im Ersten Weltkrieg wurden 11 000 Frauen in die Streitkräfte einbezogen, die meisten als Krankenschwestern in Lazaretten in den USA und als Hilfskräfte bei der Marine, mangels femininer Bezeichnung »yeomen (F)« genannt. Im Zweiten Weltkrieg wuchs die Zahl der Frauen in Uniform bis auf 350 000 (von insgesamt zwölf Millionen Soldaten) an. Zum erstenmal in der US-Geschichte entstand am 16. Mai 1942, nur ein halbes Jahr nach dem japanischen Überfall auf Pearl Harbor, eine »Frauenarmee«. Initiiert und geleitet wurde sie von der 37jährigen Verlegerin Oveta Culp Hobby aus Houston, die mit einem ehemaligen Gouverneur von Texas verheiratet war. Sie erhielt den Rang einer Majorin. Ihr Verband gliederte sich im Juli 1943 als *Women's Army Corps* (WAC) formell der Armee an, bis 1945 weiterhin geleitet von Mrs. Hobby, nunmehr aufgerückt zum Colonel (Obristin). Das Gegenstück bei der US-Marine, am 30. Juli 1942 gegründet, nannte sich WAVES, ein Kürzel für *Women Accepted for Voluntary Emergency Service* (zum freiwilligen Notdienst angenommene Frauen). Obwohl diese Reservetruppe bis auf 77 000 Frauen anschwoll, sah kaum eine von ihnen einen Einsatz außerhalb der Vereinigten Staaten.

Frauen verpackten und luden Munition, fuhren Lastwagenkonvois, halfen in Kommando- und Funkzentralen aus, organisierten Verpflegungs- und Krankendienste, flogen Transportflugzeuge und fabrikneue Kampfmaschinen an die Fronten. Im Zweiten Weltkrieg gerieten 82 Frauen auf dem Pazifischen Kriegsschauplatz in japanische Gefangenschaft. Doch trotz all ihrer Leistungen wurden die Frauen nach dem Sieg 1945 einfach wieder nach Hause geschickt. In den ersten Nachkriegsjahren wurden sie noch nicht einmal als »Veteranen« anerkannt und entsprechend belohnt. Erst 1948 setzte der Kongreß mit dem *Women's Armed Services Act* den Rahmen für eine ständige Rolle der Frauen in den Berufsstreitkräften, wenn auch eingeschränkt nach der Zahl und den Einsatzbereichen. Bis in die sechziger Jahre machten Frauen kaum mehr als 1,5 Prozent der Streitkräfte aus. Selbst während des Vietnam-Kriegs, als der Bedarf an Krankenschwestern erheblich anstieg, waren es nie mehr als zwei Prozent. Chancengleichheit blieb ihnen verwehrt, denn 1948 war gleichzeitig per Gesetz verboten worden, daß Frauen in Flugzeugen und auf Schiffen in den Kampf geschickt werden. Die Armee, der solche Einsätze nicht ausdrücklich untersagt waren, erließ entsprechende Verbote in Einklang mit »der Absicht des Kongresses«.[97] Die Ungleichheit bewahrte indes Amerikanerinnen auch vor der Einberufung, als während des Vietnam-Kriegs die allgemeine Wehrpflicht vorübergehend wiedereingeführt wurde.

Gegen die Ausschlußklauseln liefen Feministinnen innerhalb und außerhalb des Militärs Sturm, denn sie diskriminierten Frauen wegen der begrenzten Einsatzfähigkeit auch bei Besoldung und Beförderung. Das galt um so mehr, seit die Streitkräfte 1973 wieder zur freiwilligen Organisation zurückgekehrt waren und neue Ausbildungs- und Berufschancen boten. Das WAC wurde aufgelöst: Frauen waren nun in Einheiten zusammen mit Männern eingesetzt, selbst als Pilotinnen, bei der Raketentruppe und auf Kriegsschiffen. Der weibliche Personalbestand stieg rapide an – von 41 479 im Jahre 1970 auf 171 418 zehn Jahre später bis zu 227 018 im Jahre 1990.[98]

Blieb das Problem der Diskriminierung. »Viele Frauen«, erklärte Navy Captain Susan Canfield, »sagen ›Schützt mich nicht vor dem Gefechtseinsatz‹, denn der Preis dafür ist mir zu hoch.«[99] Es ging allerdings nicht nur um Geld. »Der spezifische Ausschluß von Frauen impliziert, daß Frauen Bürger ›zweiter Klasse‹ sind«, schrieb der Soziologe Mark J. Eitelberg, »und es läßt sich schwerlich argumentieren, daß die Ziele der politischen Legitimität … je voll erreicht werden können, solange Frauen in den Streitkräften nicht auf der gleichen Grundlage behandelt und akzeptiert werden wie Männer.«[100]

Schon einmal hatten die Streitkräfte der Gesellschaft ein funktionierendes Beispiel für Integration geliefert: die 1948 von Präsident Harry Truman angeordnete Gleichbehandlung von Schwarzen im Militär, heute eine Selbstverständlichkeit, wie der erste schwarze General an der Spitze der Streitkräfte, Stabschef Colin Powell, bewies. Gleich zu Beginn der Administration von Bill Clinton wurde Frauen der Weg zur vollen Gleichstellung eröffnet.

Ende 1992 dienten in den amerikanischen Streitkräften 1 750 350 Personen, davon 202 626 Frauen (11,5 Prozent). Den höchsten weiblichen Anteil zählte die Armee mit 72 609 (12,2 Prozent), wobei die Luftwaffe im Verhältnis zur Gesamtzahl mit 14,7 Prozent (66 989 Frauen) sogar noch führte. Bei der Marine gab es 54 757 Frauen (10,4 Prozent) und bei der Marineinfanterie, die mehr als alle anderen Waffengattungen ein Nahkampfverband ist, nur 8271 (4,5 Prozent).[101] Nach Aufgabenbereichen aufgeschlüsselt, waren 1989 die meisten Frauen im Lazarettwesen (25,8 Prozent des Gesamtpersonals) und in Nachschub- und Verwaltungsposten (24,6 Prozent), gefolgt von Nachrichten- und Aufklärungsdiensten (12,2 Prozent). Infanterie und Artillerie hatten nur einen Frauenanteil von 2,5 Prozent. Interessanterweise stammte mehr als die Hälfte der amerikanischen Soldatinnen aus ethnischen Minderheiten; allein 46,8 Prozent waren Schwarze, auch ein Indiz für den Erfolg der Rassenintegration gegenüber der zivilen Gesellschaft. Schwarze Frauen stellten überdies doppelt so viele Offiziere wie schwarze Männer (im Verhältnis von 12,9 zu 6,7 Prozent).[102] Insgesamt entsprach der Anteil weiblicher Offiziere aller Rassen (10,7 Prozent) ungefähr ihrem Prozentsatz in der Gesamttruppe.

Zu Beginn der Clinton-Präsidentschaft bekam die Frage der Gleichwertigkeit eine neue Brisanz. Nach dem Ende des Kalten Krieges sollten die US-Streitkräfte von 1990 bis 1995 um ein Fünftel reduziert werden, und im Wettbewerb um die geringer werdende Zahl der Positionen wollten Frauen nicht zusätzlich benachteiligt sein. Nur Leistung sollte das Kriterium sein, denn bislang wurden »Leute immer noch nach Geschlecht ausgesondert, oft ungeachtet ihrer persönlichen Neigungen und Talente«.[103]

Dies wurde zwar allmählich abgebaut, aber nur langsam und zögerlich. In den achtziger Jahren eröffneten sich Frauen neue Karrieren bei der Truppe, selbst die Offiziersausbildung an den Militärakademien. Mit der zunehmenden Technisierung der Streitkräfte fielen die Argumente über weibliche Schwäche – laut Armeestudie von 1982 waren männliche Rekruten 50 bis 100 Prozent stärker als weibliche[104] – weniger ins Gewicht. 1992 blieben nur noch etwa drei Prozent der Positionen, allesamt in Kampfeinheiten, Frauen verwehrt.

Den letzten Anstoß, die Grenzen der Gleichheit auszudehnen, gab jene Orgie des männlichen Chauvinismus, die unter der Bezeichnung »*Tailhook*-Skandal« die U. S. Navy in ihren Grundfesten erschütterte. *Tailhook* ist eine Vereinigung ehemaliger und gegenwärtiger Marinepiloten, die Creme des amerikanischen Militärs, Helden in der Wirklichkeit des Krieges und in der Traumwelt von Filmen wie »Top Gun« und »Hot Shots«. Ihre alljährlichen Tagungen, die formell der professionellen Weiterbildung dienten, waren immer ausschweifender geworden: Die Aussicht auf Saufgelage und Sexspiele lockte viele Piloten mehr an als Vorträge über neue Waffensysteme. Den Höhepunkt erreichte dieser Trend beim 35. *Tailhook*-Symposium mit 4000 Teilnehmern vom 8. bis 12. September 1991 im Hilton-Hotel in Las Vegas. In dem 1993 veröffentlichten Untersuchungsbericht des Generalinspekteurs im US-Verteidigungsministerium hieß es zu den Vorfällen:

> Viele Teilnehmer betrachteten die Jahreskonferenz als eine Art »freies Schußfeld«, auf dem sie sich im Hinblick auf sexuelles Verhalten und Trunkenheit ungehemmt und ohne Furcht vor Zensur oder Bestrafung benehmen konnten. Einige der höchsten Offiziere der Kriegsmarine waren sich der Exzesse bei *Tailhook '91* bewußt, und diese Offiziere trugen durch ihre Untätigkeit dazu bei, die dort vorgekommenen Verhaltensweisen zu billigen oder gar zu ermutigen. Unsere Untersuchung enthüllte, daß 83 Frauen und sieben Männer während der dreitägigen Konferenz angefallen wurden ... Insgesamt wurden 117 Offiziere einer oder mehrerer dieser unzüchtigen Attacken, unanständiger Entblößung, offizierswidrigen Verhaltens oder unterlassenen Eingreifens bezichtigt ...[105]

Nicht genug, daß Marineoffiziere Frauen bei einer Art Spießrutenlaufen Kleider vom Leibe rissen und an ihre Brüste und Genitalien packten, nicht genug, daß bestausgebildete Piloten nackt durch das Hotel rannten, Frauenbeine – wenngleich mit Einwilligung – rasierten, sich vor grölenden Zuschauern auf Sex mit Prostituierten einließen oder Frauen ins Hinterteil bissen; die Navy versuchte auch noch, die Schande zu vertuschen. Eine der angegriffenen Frauen, Leutnant Paula Coughlin, eine Admiralsadjutantin, die ebenfalls in einem Hotelkorridor begrabscht worden war, brachte die Untersuchung ins Rollen. Viele Zeugen belogen die Ermittler. Eine Reihe führender Offiziere, darunter ein Vizeadmiral, mußte am Ende ihren Hut nehmen. Marinebefehlshaber Admiral Frank Kelso kündigte im April 1993 die Bestrafung der Übeltäter und Besserung in seinem Bereich an. »*Tailhook* hat die Tatsache ans Licht gebracht, daß wir ein institutionelles Problem damit hatten, wie wir Frauen behandelten«, gab er zu. Es wurde während der Tagung in Las Vegas symbolisiert durch einen T-Shirt-Aufdruck: »Frauen sind Besitztum.«[106]

Hier war bestätigt worden, daß Frauen beim Militär immer noch mißachtet und mißbraucht wurden. Schon 1990 hatte eine Studie des Pentagon ergeben, daß zwei Drittel aller Frauen in Uniform von männlichen Soldaten und Offizieren sexuell belästigt wurden, obwohl die meisten aus Rücksicht auf ihre Karriere keine Anzeige erhoben.[107] Die Zahl alarmierte damals keinen. Nach *Tailhook* aber wurden Konsequenzen gezogen. Die Abgeordnete Schroeder und Generalin Jeanne Holm, eine der höchstdekorierten Frauen in der US-Armee, waren sich vor dem Untersuchungsausschuß darin einig, »daß ein Schlüsselfaktor beim Eliminieren von sexueller Belästigung darin liegt, alle Beschränkungen gegen Frauen in allen Teilen der Streitkräfte zu beseitigen«.[108] So wie die Armee 1948 als erste Großinstitution damit begonnen hatte, die Rassenschranken in der amerikanischen Gesellschaft einzureißen, so unternahm sie nun einen weiteren Schritt, um Frauen gleiche Rechte einzuräumen.

Clintons Verteidigungsminister Les Aspin gestattete am 28. April 1993 Frauen die volle Kampffliegerausbildung und den Einsatz auf fast allen Schiffen der Marine. Damit waren die seit 1948 bestehenden Gefechtsausschlußklauseln weitgehend aufgehoben. Der Kongreß hatte das zwar schon im August 1991 gebilligt, doch die Militärführung, vor allem bei der Luftwaffe, versuchte die Sache noch hinauszuzögern. Nun wurden mit einem Schlag 5000 neue Positionen erstmals für Frauen geöffnet, beschleunigte Beförderung bis in die höchsten Ränge angekündigt. Einige Jobs – Panzerbesatzung, Landungstruppen, Kommandoeinheiten, U-Boot-Crews – blieben Frauen weiterhin versperrt. Doch kaum waren Kampfausbildungen »geschlechtsneutral« angeboten, begannen einige der tausend Pilotinnen bei Luftwaffe, Marine und Armee, indem sie Männer auf den Wartelisten übersprangen, mit der Vorbereitung auf mögliche Kriegseinsätze. Die 28jährige Air-Force-Fliegerin Sharon Preszler versicherte dem Nachrichtenmagazin *Time:* »Ich kann ein Killer sein. Ich kann und werde zur Verteidigung meines Landes töten.«[109]

Feministinnen, die einst eher zur Friedensbewegung neigten, hatten ihre Schwierigkeiten mit dieser neuen Form der Egalität, auch wenn sie von jungen Militärfrauen freudig begrüßt wurde. Als Gegnerin des Vietnam-Kriegs hatte Patricia Schroeder ihre politische Laufbahn begonnen. Nun, als führende demokratische Militärexpertin im Repräsentantenhaus, befürwortete sie die »logische Entwicklung« mit chauvinistischen Argumenten: »Ich glaube, es ist ein wichtiger Schritt zur vollwertigen Staatsbürgerschaft. Bisher gab es immer so ein Gefühl, daß man nicht so viel für die Frauen tun müsse, denn was haben die denn für das Land getan.« Deborah Ellis, eine Sprecherin von NOW, sah die Entscheidung Aspins als einen Schritt zu weiteren Fortschritten für Frauen an: »[Sie] erweitert unsere kulturbedingten Konzepte von Feminität … Sie stellt die Vorstellung auf den Kopf, daß Frauen zu Hause sein und sich um ihre Familien kümmern sollten.«[110]

Vielleicht ist die neue Form der Egalität, wie so viele neue Öffnungen in der Geschichte der Frauenemanzipation, nur eine Generationenfrage. Die Pilotenschülerin Jill Patterson, 22, aus Seattle, meinte: »Meine Mutter ist in der Air Force … Sie hat vier Töchter, und sie möchte, daß keine einzige von uns in den Kampfeinsatz fliegt.«[111] Für Jill und die meisten ihrer Kameradinnen hingegen zählte auch das nur als eine Herausforderung für die Welt der Frau von morgen.

Ein neues Gleichgewicht

Eine Entscheidung über das Militär machte Hillary Clinton zur bestgehaßten Frau im Pentagon. Schon im Wahlkampf 1992 hatte sie, wie immer im Einklang mit ihrem Mann, gefordert, das Homosexuellenverbot in den amerikanischen Streitkräften aufzuheben. Als Präsident Clinton 1993 daranging, sein Versprechen in die Tat umzusetzen, brach in den uniformierten Rängen offene Empörung aus, angefangen beim Stabschef Colin Powell. Es sei unmöglich, den inneren Zusammenhalt der Truppe zu wahren, so lautete das Hauptargument der Widersacher, wenn Schwule nebenan im Schützengraben, auf der Schlafpritsche oder im Duschraum offen toleriert würden. Abgesehen davon, daß Schwule heimlich schon immer fürs Vaterland mitgekämpft haben – und mitgestorben sind –, erinnert die Argumentation stark an jene, mit denen die Traditionalisten in den Streitkräften sich eh und je Änderungen widersetzt haben – gegen die Integration von Schwarzen, gegen die Gleichbehandlung der Frauen. Clinton konterte damit, daß bei jedem, ob bisexuell oder homosexuell, nur das persönliche *Verhalten* als Maßstab gelte, nicht die Veranlagung.

Auf der Suche nach dem Motor hinter Clintons Schwulen-Erlaß stießen die Konservativen zuerst auf Hillary Clinton, dann aber auf die Frau, von der die First Lady angeblich inspiriert wurde: ihre enge Freundin Donna Shalala, Gesundheitsministerin im Kabinett Clinton und die einzige echte Feministin in der neuen Regierung. Sie hatte schon seit Jahren gegen das Schwulen-Verbot protestiert, selbst bis in die Ausschüsse des Kongresses hinein, und als Kanzlerin der Universität von Wisconsin in Madison dafür gesorgt, daß die Streitkräfte auf dem Universitätsgelände niemanden mehr für ihr Reserveoffiziersprogramm (ROTC) anwerben durften. Donna Shalala begründete ihre Haltung damit, daß sie die militärischen Einstellungsrichtlinien gegen Homosexuelle für diskriminierend hielt. Sie mußte sich in der Kontroverse gegen die Anschuldigung wehren, selbst lesbisch zu sein, denn ihre Vorliebe für lange Sommerurlaube nur unter Frauen war bekannt. »Habe ich je einen alternativen Lebensstil geführt?« fragte die Junggesellin. »Die Antwort ist nein.«[112] Überdies galt die energiegeladene Hochschullehrerin libanesischer Abstammung, in deren Diensttoilette der Aufkleber »Anita sagt die Wahrheit« hing, als »Hohepriesterin der politischen Korrektheit«. Diese feministisch inspirierte Bewegung zielt darauf ab, alle herabsetzenden oder vorurteilsbeladenen Vokabeln aus dem Wortschatz zu tilgen: So werden beispielsweise schwarze Amerikaner nicht mehr *Blacks, Coloreds* oder gar *Negroes* genannt, sondern *People of Color,* Behinderte nicht mehr *Handicapped,* sondern *Physically Challenged* (körperlich Herausgeforderte); und bei vermeintlich geschlechtsbezogenen Begriffen wird aus *Chairman* (Vorsitzender) *Chair,* weil selbst in *Chairperson* die Silbe son (Sohn) vorkommt; aus *History* wird, wenn es um die Geschichte der Frauen geht, *Herstory* (»ihre Geschichte«), obwohl das lateinische Wort *historia* nichts mit *his* (sein) im Sinn hat. Donna Shalalas Beitrag zur »politischen Korrektheit« bestand darin, daß sie als Universitätsleiterin in Wisconsin einen Erlaß gegen sexuell oder rassisch »herabsetzende« Bemerkungen, Gesten oder Handlungen erließ. Die Regeln wurden ange-

fochten und im Oktober 1991 von einem Bundesgericht als verfassungswidrig aufgehoben.
Zu ihrem Freundeskreis gehören viele New Yorker Feministinnen der ersten Stunde, aber auch die Gründerin des *Children's Defense Fund,* Marian Wright Edelman, in dessen Vorstand Shalala und Hillary Clinton sich miteinander anfreundeten. Schon als Staatssekretärin im Wohnungsbauministerium 1979 hatte Shalala sich in bester feministischer Tradition für mehr Minderheitsvertreter in den höchsten Regierungsämtern eingesetzt, weil dies »neue Perspektiven in die Machtstrukturen einführt, die nur von Minderheiten oder Frauen selbst kommen können, ob sie nun gewählt oder ernannt sind«.[113] So war es nur konsequent, daß sie dank Hillary in die neue Regierung einbezogen wurde. Allerdings kühlte die Freundschaft zwischen der First Lady und der Gesundheitsministerin ab, als Hillary Clinton mit ihrer Gesundheitsreform in Donnas Domäne wilderte.
Feministischer Radikalismus lag Hillary Clinton fern. Er paßte nicht so gut zu einer Anwältin im Dienst des reichsten Mannes der USA und zur Gouverneursgattin im konservativen Arkansas – und auch nicht in ein öffentliches Meinungsbild, wonach sich nur 29 Prozent der Amerikanerinnen als Feministinnen bekennen (63 Prozent dagegen).[114] Nur selten ging das Feuer der »Frauenbefreiung« mit ihr durch. Einmal wetterte sie, 1988 in einer Rede vor Lehrerinnen in Atlanta, gegen die Benachteiligung des weiblichen Geschlechts im Bildungssystem, wo Frauen das meiste Lehrpersonal stellen, Männer aber die meisten Schulleiter. Diese Männer, sagte sie, hätten meist nur in Abendkursen über »Basketball-Theorie« promoviert, verstünden aber nicht wie die Frauen »den Funken, den Enthusiasmus« des Lernens zu vermitteln. Ihre Attacke gip-

felte in der Behauptung: »Was nach meiner Meinung die Qualität der Bildung in fünf Jahren um 100 Prozent anheben würde, wäre eine hundertfache Zunahme der Zahl der weiblichen Schulräte und Schulrektoren.«[115]

Dennoch anerkennt die First Lady, wie sehr die Frauenbewegung Amerika verändert hat und wie sehr sie gesellschaftliche Prioritäten gesetzt hat. An Themen, wie sie auch Hillary besetzt, kommt heute kein US-Politiker ungestraft vorbei: berufliche Gleichstellung, Sorge für Kinder und Familien, Bildungs- und Gesundheitsreform, Schutz vor Vergewaltigungen, strenges Vorgehen gegen sexuelle Belästigung, Abtreibungsrechte. Mit der Regierung Clinton ist auch wieder denkbar geworden, einen neuen Anlauf zum *Equal Rights Amendment* (ERA), dem Verfassungszusatz über die völlige rechtliche Gleichstellung der Geschlechter, zu unternehmen. Diese Initiative war in den achtziger Jahren gescheitert, als unter Reagan eine konservative Gegenströmung die Ziele der Frauenbewegung in den politischen Institutionen mit Erfolg bekämpfte. Aber selbst nach der Ablehnung des ERA hatten nie weniger als 54 Prozent der Amerikaner den Zusatz befürwortet.

Ein neues weibliches Selbstbewußtsein präsentiert auch die in Amerika kulturell tonangebende Unterhaltungsindustrie, denn Hollywood bemüht sich immer, dem Zeitgeist entsprechende Idole und Kassenschlager zu schaffen. Starke, selbstbewußte Frauen wie die Detektivin, die von Oscar-Siegerin Jodie Foster im *Schweigen der Lämmer* dargestellt wird, erfolgreiche Karrierefrauen wie Candice Bergen in der Fernsehserie *Murphy Brown,* brutale Killertypen wie Linda Hamilton in *Terminator 2* und dreiste Sexprovokateure wie Superstar Madonna. Und dann gab es 1992 *Thelma und Louise,* einen Film über zwei Frauen aus der Arbeiterschicht, die aus ihrer Enge ausbrechen, einen Vergewaltiger erschießen und der Polizei wilde Verfolgungsjagden liefern, alles begleitet von lauten Sprüchen wie »Ich habe mich noch nie so wach gefühlt« (Thelma) und »Diesmal ist es anders, alles ist anders« (Louise). Am Ende gehen sie gemeinsam in den Freitod, anstatt sich von der Männerwelt, in diesem Fall der Polizei, umbringen zu lassen. Emanzipation durch Mord und Selbstmord? Das war kein Erfolgsrezept.

An solchen Rezepten fehlte es der Frauenbewegung insgesamt. Die unterschiedlichsten Denkrichtungen hatten Anfang der neunziger Jahre ihren Moment, meist in Form einer Buchveröffentlichung. Naomi Wolf warnte davor, sich im *Schönheitswahn (The Beauty Myth)* als Sklavin von Modediktatoren, Schlankmachern und Kosmetikchirurgen ausbeuten zu lassen, und rief zu einem neuen freieren Selbstverständnis als Frau auf: »Masken und Verkleidungen machen nur Spaß, solange man sie wieder abnehmen kann.«[116] Susan Faludi entlarvte in ihrem Buch *Backlash (Die Männer schlagen zurück)* den Versuch der maskulinen Reaktion, den Feminismus als den wahren Feind der Frauen hinzustellen, und betonte, wie sehr Frauen immer als Opfer der maskulinen Vorherrschaft zurückgeworfen wurden: »Die achtziger Jahre hätten für die amerikanischen Frauen den großen Sprung nach vorn bringen können.«[117] Gloria Steinem predigte in *Revolution From Within,* wie man feministische Emanzipationsideale aus der politischen in die persönliche Sphäre überträgt und im Selbstwertgefühl neue Kraft findet: »Es gibt immer eine wahre innere Stimme. Vertraue ihr!«[118]

Nach den Kämpfen in mehr als zwei Jahrzehnten der dritten Emanzipationswelle machte sich Ermüdung und Enttäuschung bemerkbar, vor allem aber ein Bedürfnis nach

Harmonie und erreichbaren Lösungen: Kann eine Frau sich nur im Beruf erfüllen? Ist die Mutterrolle nur das uralte Gefängnis weiblicher Zweitrangigkeit? Müssen alle Fortschritte nur immer gegen die Männer erkämpft werden? »Die Bedeutung von Gleichheit hat sich in den vergangenen zehn Jahren radikal geändert«, urteilte die Rechtsprofessorin Catharine Wells aus Los Angeles. »Die ursprüngliche Idee, man müsse Frauen so behandeln, als hätten sie dieselben Rechte wie Männer, ist einer Anschauung gewichen, die Unterschiede zwischen ihnen eingesteht.«[119]

Im Berufsleben bedeutet das zum Beispiel, daß Unternehmer erkennen, wie weibliche Manager, die Mitarbeiter eher ermuntern und zusammenführen, anstatt sie nach Art männlicher Bosse anzutreiben und gegeneinander auszuspielen, bessere Ergebnisse in Produktion und Verkauf erzielen. Von einer solchen Humanisierung am Arbeitsplatz profitieren natürlich auch Männer, ebenso wie von familienfreundlicher Gesetzgebung, die Politikerinnen erwirken. »Was Frauen mit an die Macht bringen, ist, wenn man so will, Jungfräulichkeit«, erklärte die schwarze DC-Kongreßdelegierte Eleanor Holmes-Norton. »Wir haben sie noch nicht ausgeübt. [...] Wir wissen, was es bedeutet, ein Opfer der Macht zu sein, und sind deshalb vielleicht weniger geneigt, sie zu mißbrauchen.«[120] Hier zeigen sich Ansätze, vom alten Konfrontationsdenken zu einer neuen Gemeinsamkeit der Geschlechter überzugehen, ein Modell, das Hillary Clinton in ihrer gleichwertigen Partnerschaft mit Bill Clinton vorlebt.

Betty Friedan, die »Mutter« der Frauenbewegung, hat die Zeichen der Zeit längst erkannt: Polarisierung hat keine Zukunft. Nicht nur, daß sie zugab, wie »viele Frauen sich nichts mehr wünschen als zu Hause bei ihren Kindern zu bleiben«. Sie verkündete auch neue Zielsetzungen für den amerikanischen Feminismus: »[Er muß] die geschlechtsbezogene Politik und den Zorn auf die Männer überwinden, um eine neue Vision von Familie und Gemeinschaft auszudrücken. Wir müssen weg davon, uns im Zustand des Opfers zu ergehen, um die neue Macht von Frauen und Männern für ein umfassenderes politisches Programm zu mobilisieren, das auf die wahren Prioritäten des Lebens eingeht.«[121]

Der große Unterschied zwischen den Feministinnen und Hillary Clinton entsprach dem zwischen Theorie und Praxis, zwischen Wollen und Können. Mehr als alle »Emanzen«, Politikerinnen und Soziologinnen, mehr auch als die vorhergegangenen First Ladies hatte Hillary Rodham Clinton in der krisenerprobten Machtpartnerschaft mit ihrem Ehemann im Weißen Haus die konkrete Gelegenheit, Dinge anzustoßen und Zustände zu verändern. Ihre Bereitschaft dazu, über ein Vierteljahrhundert in der juristisch-abstrakten wie politisch-konkreten Auseinandersetzung mit der amerikanischen Gesellschaft herangereift, blieb ungebrochen. Nun ging es um das Können. Wie sie ihre Rolle ausspielte, ohne alle gegen sich und ihren Mann aufzubringen, wie sie unausweichliche Konflikte im politischen wie privaten Leben lösen würde und ganz besonders für welche Zwecke und Ziele sie die Hebel der Macht bewegte (oder bewegen ließ).

Ihre Vorreiterrolle wurde Hillary immer bewußter, je länger sie im Weißen Haus lebte: Die »mächtigste Frau der Welt« sollte Inspiration und Ansporn für alle Amerikanerinnen sein, selbst für die hilfloseste unter ihnen, und sie war auch dazu bereit. »Frauenrollen sind heute wie Blitzableiter«, sagte sie in einem Interview. »Jeden Tag ringen Leute am Arbeitsplatz und in der Küche überall in Amerika auf unterschiedlichste Weise mit der Frage, was es bedeutet, eine Frau zu sein, eine Mutter, eine Ehegattin – all die verschiedenen Rollen, die wir spielen. Und weil mein Mann als erster aus seiner Generation zum Präsidenten gewählt worden ist, ist es auch das erste Mal, daß diese privaten Diskussionen wirklich auf einer so hohen Ebene und so sichtbar in unserem öffentlichen Leben ausgetragen werden.«[122]

Das Ende ist offen, wenn auch das Wichtigste schon feststeht: Für die Frauen dieser neuen Generation, die so weit gekommen sind, gibt es – wie 1974 auf Hillarys Fahrt nach Arkansas – kein Zurück mehr. Natürlich nimmt die First Lady diesen Erfolg nicht für sich in Anspruch, selbst wenn sie weitaus mehr als eine feminine Galionsfigur ist. Zu der Garantie, daß die Rechte der weiblichen Bevölkerungsmehrheit der USA nicht wieder zurückgedreht werden, tragen vor allem zwei Faktoren bei: die wachsende Präsenz starker Frauen in Kongreß und Regierung sowie die zunehmende Bedeutung gutausgebildeter Frauen im Berufsleben. Anders ausgedrückt: Es ist die Macht der Frauen, die Männer nicht länger ignorieren können.

Der Gang durch das Feuer

Am Abgrund der Affären

Vincent Foster war mit großen Hoffnungen nach Washington gekommen. Die Chance, im Weißen Haus als Stellvertreter des Justitiars Bernard Nussbaum für seine Freunde Bill und Hillary zu arbeiten, faszinierte den 48jährigen Anwalt aus Little Rock. Doch am Mittag des 20. Juni 1993, genau fünf Monate nach dem Amtsantritt Clintons, war der Optimismus düsteren Depressionen gewichen.

Gegen 13 Uhr, nachdem er in seinem Büro einen Cheeseburger gegessen hatte, verabschiedete er sich von seiner Sekretärin mit der Bemerkung, er werde bald wiederkommen. Vincent Foster kehrte nie mehr zurück. Fünf Stunden später wurde er im Fort-Marcy-Park auf der anderen Seite des Potomac erschossen aufgefunden, eine Viertelstunde Fahrzeit vom Weißen Haus entfernt. Seine Leiche lag, eine Pistole in der Hand, neben einer alten Kanone aus dem Sezessionskrieg. Alle Anzeichen deuteten auf einen Selbstmord, doch was unmittelbar danach im Weißen Haus geschah, nährte wüste Spekulationen über Intrigen, Verschwörung und Mord, schürte geifernde Sensationslust über Sex, Lügen und Videos und verschaffte den schlimmsten Feinden der Clintons ungeahnten Aufwind.

Der Tod Fosters, der wie Bill Clinton in Hope in Arkansas aufgewachsen war und den Hillary Clinton zärtlich-ironisch »Vincenzo« und einen ihrer »liebsten Freunde« nannte, jagte einen Schock durch die junge Administration. Danach war nichts mehr wie zuvor. Es war der Anfang eines langen Alptraums von Affären, Ermittlungen, Anklagen und Verurteilungen, aus dem die Clintons nie wieder richtig aufwachen sollten. Was vorher nichtig erschienen und auch so behandelt worden war, wie die leidige Whitewater-Grundstücksaffäre, bekam auf einmal eine zerstörerische Dynamik. »Es war ein tiefer Einschnitt«, sagte später Stabschef Thomas »Mack« Larty, auch einer aus Hope, im Rückblick. »Es hatte eindeutig gewaltige Auswirkungen.«

Am Abend von Fosters Tod, während Bill Clinton seiner Witwe Lisa kondolierte, durchsuchten drei Mitarbeiter des Weißen Hauses das Büro des Juristen: Sein Chef Bernard Nussbaum, Hillary Clintons Stabschefin Margaret Williams und die Büroangestellte Patsy Thomason, eine Bekannte Fosters aus Arkansas. Wie sie später in einer Senatsuntersuchung aussagten, suchten sie nach einem Abschiedsbrief. Doch ein Wachmann des Weißen Hauses, Henry O'Neill, beobachtete, wie Maggie Williams zu später Stunde mit einem Arm voll Akten aus Fosters Büro in ihr eigenes ging. Maggie Williams gab zu, Unterlagen über die Whitewater-Affäre, mit der Foster sich beschäftigt hatte, in die Privaträume des Präsidenten gebracht zu haben. Einem Mitarbeiter, der ihr dabei half, sagte sie, die First Lady werde die Papiere »durchsehen«.

Aus Ermittlungsunterlagen ging auch hervor, daß Hillary Clinton, die in Arkansas weilte, sich noch am selben Abend lange telefonisch mit Maggie Williams unterhielt. Zudem soll sie Justitiar Nussbaum angewiesen haben, der Justiz keinen »ungehinderten Zugang« zu Fosters Papieren zu erlauben. Danach richtete er sich am 22. Juli, als er Fosters Papiere sortierte, während ihm zwei Staatsanwälte des Justizministeriums wutschäumend lediglich zusehen durften, ohne auch nur eine der Akten in Augenschein nehmen zu können. Wenig später rief der stellvertretende Justizminister Phil Heymann bei Nussbaum an und fragte ihn: »Bernie, versteckst du irgend etwas?« Nussbaum entgegnete: »Nein, Phil, ich versichere dir, ich verstecke nichts.«

Aber das war der Eindruck, der auch bei anderen hängenblieb: Die Clintons hatten etwas zu verbergen. Unter dem Druck der öffentlichen Meinung mußte der Präsident schließlich der Ernennung eines unabhängigen Sonderermittlers (Independent Counsel) namens Robert Fiske zustimmen, der allen Verdachtsmomenten über mögliches Fehlverhalten nachgehen sollte. Nussbaum wandte sich als einziger führender Berater gegen diesen Entschluß. Jahre später sagte er dazu: »Ich glaube wirklich, wenn Vince gelebt hätte, würde der Präsident nicht die Ernennung eines Sonderermittlers angestrebt haben, und die Geschichte wäre anders verlaufen.«[1]

So aber begann der Strudel der Skandale, der echten wie der aufgebauschten. Da half auch nichts, daß Fiske ein Jahr nach Fosters Ende eindeutig erklärte, der Tod sei auf Selbstmord zurückzuführen. Foster habe sich in den Mund geschossen. Er litt unter Depressionen, weil er mit der Arbeitsbelastung und den Angriffen der Presse nicht fertig wurde.

Foster war unter anderem vorgeworfen worden, er habe im Auftrag von Hillary Clinton, die wiederholt »Taten« forderte, sieben Mitarbeiter des White House Travel Office, das die Pressebegleitung des Präsidenten auf Reisen organisierte, unrechtmäßig entlassen. Der Rausschmiß ohne faire Prüfung am 19. Mai sorgte für Unmut. Denn unmittelbar danach übernahm eine Firma, die Hillarys Freund Harry Thomason gehörte, die Aufträge für die Flugreisen der White House Press. Eine Woche zuvor hatte Hillary Clinton nach einem Essen mit Thomason dem Personalmanager des Präsidialamts, David Watkins, geschrieben: »Wir müssen diese Leute raushaben – und unsere Leute rein.«[2]

In einer zerrissenen Abschiedsnotiz, die erst später gefunden wurde, betonte Foster, weder er noch die Clintons hätten irgend etwas Unrechtes getan. Weiter schrieb er: »Die Öffentlichkeit wird nie an die Unschuld der Clintons und ihres loyalen Mitarbeiterstabs glauben ... Ich war nicht für diesen Job oder das Scheinwerferlicht des öffentlichen Lebens in Washington bestimmt. Menschen zugrunde zu richten gilt hier als Sport.«[3]

Hillary Clinton bekam in den folgenden Jahren zu spüren, was Foster damit gemeint hatte. Die First Lady stand im Mittelpunkt der Affäre, die sich um die erfolglose Immobilieninvestition am Whitewater River in Arkansas auflud. In einer Fernsehshow kommentierte sie ihren langen Gang durchs Feuer einmal mit den Worten: »Ich bin tatsächlich bereit, auf die Spitze des Sears Tower zu klettern oder zum Südpol zu laufen, einfach alles Menschenmögliche zu tun, damit diese Sache bald vorbei wäre.«[4]

Worum es ging, sah aus Hillarys Sicht so simpel aus, daß im Gegenschluß die endlosen Veröffentlichungen und Untersuchungen einfach absurd erscheinen mußten – oder als »ein wohlorganisierter und gutfinanzierter Versuch, meinen Mann und folglich mich zu schwächen, angezettelt von Leuten, die ein anderes politisches Programm verfolgen.«

Im Zentrum der Affäre stand ein kleiner Immobilien-Deal aus dem Jahre 1978. James und Susan McDougal luden ihren Freund Bill Clinton, damals Justizminister von Arkansas, und dessen Frau Hillary ein, sich als stille Teilhaber in ihre Whitewater Development Corporation einzuschreiben. Die Firma sollte am Whitewater River im Norden des Bundesstaats Ferienhäuser errichten und verkaufen. Dazu erwarb sie mit Hilfe eines Kredits von 203 000 Dollar ein knapp neunzig Hektar großes Gelände. Doch die Sache endete als totaler Flop – und die Clintons verloren dabei rund 40 000 Dollar.

»Wir sind bei Whitewater eingestiegen, um Geld zu gewinnen, nicht, um es zu verlieren«, rekapitulierte Hillary später. »Ich meine, das Peinliche daran ist für mich, daß wir am Ende Geld verloren haben … Und wir hatten mit dem Betrieb und dem Management nichts zu tun. Wir dachten im Grunde nur, daß irgendwann die Zahlungen der Grundstückseigentümer an uns zurückfließen und wir einen Gewinn machen würden. Aber das ist nie passiert.«[5]

Doch Sonderermittler Fiske und vor allem ab August 1994 sein Nachfolger Kenneth W. Starr, ein engstirniger und stockkonservativer Jurist aus Texas, der schon in den Regierungen von Ronald Reagan und George Bush gearbeitet hatte, weiteten die Untersuchungen immer mehr aus. Sie nutzten die Möglichkeiten der Funktion des »Independent Counsel« weidlich: Dieser darf, solange er will und mit allen erforderlichen Mitteln, hinter einer Person herrecherchieren – und kann weder vom Justizminister noch vom Präsidenten noch vom Kongreß entscheidend eingeschränkt werden.

Außer Whitewater gerieten so Fosters Todesumstände, die Sache mit dem Reisebüro des Weißen Hauses, andere Finanzgeschäfte der Clintons – zum Beispiel ein Spekulationsgewinn von 100 000 Dollar, den Hillary bei nur 1000 Dollar Einsatz an der Agrarbörse mit Hilfe eines Freundes erzielte –, »vergessene« Steuerzahlungen, die angeblich versehentliche – auf jeden Fall aber illegale – Beschaffung von FBI-Personalakten über zahlreiche führende republikanische Politiker und weitere Geschäfte mit den McDougals ins Kreuzfeuer. Die Presse hatte – in Anlehnung an Watergate – immer griffige Schlagwörter dafür parat: »Whitewatergate«, »Travelgate«, »Taxgate«, »Filegate«. Ganz besonders alarmierte die Presse die Art, wie die Clintons diese Affären zu bewältigen versuchten, wie Zeugen sich selbst und einander widersprachen, wie Aussagen und Dokumente verweigert (und vom Gericht erzwungen) wurden, wie wichtige Unterlagen verschwanden und viel später mysteriös wieder auftauchten, wie eine wichtige Beteiligte, Susan McDougal, lieber jahrelang ins Gefängnis ging, als gegen die Clintons auszusagen.

Die McDougals waren, wie sich herausstellen sollte, keine ehrlichen Geschäftsleute. Mit der kleinen Bausparkasse Madison Guaranty, die James McDougal 1982 kaufte, betrieb er windige Spekulationsgeschäfte, vergab an Freunde anrüchige Kredite und genehmigte sich selbst prächtige Provisionen. Unter betrügerischen Bedingungen bekam Susan McDougal 1986 einen Kredit über 300 000 Dollar von dem windigen Geschäftsmann David Hale, der vorgab, er sei von Bill Clinton dazu gezwungen worden, was dieser wiederum bestritt. Ein Teil dieses Geldes tauchte auch auf Whitewater-Konten auf. 1989 machte Madison Guaranty, durch McDougals Kungeleien ruiniert, pleite. Für die Verbindlichkeiten der Bank, etwa 60 Millionen Dollar, mußte die Bundesregierung aufkommen, die damals eine wahre Finanzkrise mit redundanten Savings-&-Loan-Banken zu meistern hatte.

Wußten die Clintons von den faulen Geschäften der McDougals? Als White-House-Berater David Gergen im Herbst 1993 vorschlug, die Clintons sollten sämtliche

Whitewater-Akten der *Washington Post* zur Verfügung stellen und damit ihre Unschuld vor aller Welt dokumentieren, war es Hillary, die kategorisch »nein« sagte, vorgeblich zum Schutz ihrer Privatsphäre. Eine weitere Kuriosität: 1992, nach dem Wahlsieg Bill Clintons, hatte Hillarys Finanzberater James Blair dem alten Freund McDougal 1000 Dollar geliehen, damit er die Whitewater-Anteile der Clintons aufkaufen konnte – und ihn zugleich zum Schweigen verdonnert.

Schon 1985 hatte McDougal die Anwaltskanzlei Rose, deren Teilhaberin Hillary Clinton war, engagiert, um sich der rechtlichen Probleme seiner Sparkasse anzunehmen. Begann damals die Vertuschung der Whitewater-Transaktionen? Hillary Clinton bestritt, sehr viel für Madison gearbeitet zu haben. Als jedoch Sonderermittler Starr im August 1994 erneut die Abrechnungsunterlagen von Rose per Gerichtsbeschluß anforderte, waren die Dokumente spurlos verschwunden. Sie tauchten erst zwei Jahre später wieder auf: Carolyn Huber, eine Assistentin und Freundin der First Lady, fand am 4. Januar 1996 ein Bündel von Kopien zwischen Briefen und Erinnerungsstücken in einem Arbeitszimmer in den Privaträumen des Weißen Hauses. Weil die ehemalige Rose-Sekretärin selbst 1992 Kopien von den Computerausdrucken gemacht hatte, erkannte sie die Abrechnungen sofort. Rätselhaft blieb, daß dieses Bündel, so sagte Huber später aus, zwei oder drei Tage vorher noch nicht an dem Platz gewesen war. Wer die Papiere dort hinlegte – und wo die Originale abgeblieben waren –, wurde nie geklärt. Am 5. Januar übergab das Weiße Haus die Dokumente den Ermittlern von Justiz und Kongreß.

Aus den Unterlagen ging hervor, daß Anwältin Clinton nicht nur, wie sie 1992 ausgesagt hatte, »minimale« Tätigkeiten für McDougals Bank übernommen hatte. Doch in Interviews und bei Zeugenaussagen wies sie diese Interpretation, ganz die gewievte Juristin, weit von sich: »Aus dem eingesehenen Beweismaterial geht hervor, daß die Rose-Anwaltskanzlei Madison etwa 15 Monate lang vertreten hat. Und in diesen 15 Monaten habe ich Arbeit von etwa einer Stunde pro Woche geleistet. Auf keinen Fall kann ich eine Stunde pro Woche über 15 Monate als bedeutsamen Arbeitsanfall betrachten.«[6]

Die Abrechnungen belegten auch, daß Hillary Clinton 1985 und 1986 vierzehnmal mit dem Madison-Manager Seth Ward über ein Immobilienprojekt namens Castle Grande verhandelt hatte. Castle Grande stellte sich später als Betrug heraus und trug wesentlich zum Untergang von Madison und zur Verurteilung McDougals bei. Die First Lady, unter Eid von Finanzinspektoren der Bundesregierung befragt, konnte sich noch nicht einmal an das Projekt erinnern. Seth Ward jedoch war der Schwiegervater von Webster Hubbell, Hillarys Freund und Partner bei Rose und am Anfang der Clinton-Regierung stellvertretender Justizminister. Er mußte im März 1994 unversehens zurücktreten, weil er angeklagt wurde, als Anwalt bei Rose Klienten mit überhöhten Rechnungen betrogen zu haben. Und da gab es noch eine kleine Besonderheit: Für Hubbells Prozeß trieben zwei führende Clinton-Berater im Nu bei befreundeten Geschäftsleuten eine halbe Million Dollar auf. Sollte hier sein Schweigen über Whitewater erkauft werden? Hubbell wurde am 28. Juni 1995 zu 21 Monaten Haft verurteilt, der Mindeststrafe, und schrieb dann ein Buch, in dem er nur Nettes über die Clintons zu sagen wußte.

Verurteilt wurden auch andere Mitwirkende der Whitewater-Affäre: Wegen Betrugs verhängte ein Gericht in

Little Rock im Mai 1996 drei Jahre Haft gegen Jim McDougal und zwei Jahre gegen seine Frau. Ihr Komplize im Arkansas-Kungel, der Gouverneur des Bundesstaates und Amtsnachfolger Clintons, Jim Guy Tucker, wurde für 18 Monate unter Hausarrest gestellt, weil sein Leberleiden nach Bekunden der Ärzte ihn im Gefängnis wahrscheinlich umgebracht hätte. Dieses Schicksal aber ereilte Jim McDougal, der im Gegensatz zu seiner Frau mit Starr zusammengearbeitet hatte: Er starb am 8. März 1998 in Fort Worth in Texas, nachdem er in einem Interview erklärt hatte, es bestünden »ausgezeichnete Chancen«, daß Hillary Clinton ihm bald im Gefängnis Gesellschaft leisten werde.[7]

Es muß wohl einen Grund haben, warum dies nicht geschah: Jahrelange Untersuchungen durch den Sonderermittler und durch Ausschüsse des Kongresses, die Millionen verschlangen (und somit weitaus mehr, als irgend jemand an Whitewater auch nur profitiert haben könnte) haben nichts erbracht, was ein Gericht Hillary oder Bill Clinton hätte vorhalten können. Hillary Clinton wurde als erste First Lady am 26. Januar 1996 von Starrs Ermittlern *in persona* vor einer Grand Jury vernommen – »keine Erstleistung, auf die ich stolz bin«, bemerkte sie dazu; Bill Clinton sagte am 28. April und am 7. Juli 1996 – in einem Wahljahr (!) – wegen zwei Whitewater-Prozessen in Little Rock vor einer Videokamera aus, aber nichts blieb von einer großen kriminellen Verschwörung, die die republikanischen Gegner des Präsidenten im Kongreß, allen voran der New Yorker Senator Alphonse D'Amato, immer wieder angeprangert hatten. Hillary Clinton kommentierte: »So beliebt Whitewater-Verschwörungstheorien in Washington auch sein mögen, sie haben keine faktische Grundlage.«[8]

Im Juni 1996 kam auch das Verdikt der Whitewater-Kommission des Senats.
Obwohl Republikaner und Demokraten gegensätzliche Beurteilungen abgaben, blieben im Endeffekt keine konkreten Anhaltspunkte für ein juristisch relevantes Fehlverhalten des Präsidenten oder seiner Frau. D'Amato hatte nichts Stärkeres vorzubringen als den Vorwurf, daß die Präsidentschaft »ihre Macht mißbraucht, die Grenzen ihrer Autorität umgangen und die Wahrheit zu manipulieren versucht« habe.
Viele Präsidenten der USA sind ins höchste Amt gekommen, ohne daß jemand untersucht hätte, wie sie zu ihrem Wohlstand gelangt sind. Keiner wurde je so durchleuchtet wie Bill Clinton und seine »Kopräsidentin« Hillary. Die wurde nicht müde, auf die Unlogik der ganzen Affäre hinzuweisen: »Es ist doch ein bißchen komisch, daß wir, mein Mann und ich, hier stehen, beide beinahe fünfzig Jahre alt – was schwer zu glauben ist –, und wir haben kein eigenes Haus, wir besitzen die Hälfte des Hauses, in dem Mutter lebt, um sie damit unterstützen zu können. Er hat einen Mustang, Baujahr 1968. Ich habe meinen Oldmobile Cutlass, Baujahr 1986. In einer Zeitschrift hieß es kürzlich, mit unseren Anwaltskosten seien wir praktisch bankrott. Also, wenn ich vorgehabt hätte, meine Position auszunutzen, dann hätte ich wirklich schlechte Arbeit geleistet.«[9]
Als Starr die First Lady im Januar 1996 zur Vernehmung vorlud und sie durch die Kameraspaliere der Presse vor dem Bundesgericht in Washington paradieren ließ, war ihr Ansehen auf einem absoluten Tiefpunkt angelangt. Zwar machte sie gute Miene zum bösen Spiel und erklärte den Reportern, sie habe immer nur die Wahrheit gesagt: »Ich bin froh über die Gelegenheit, der Grand Jury zu sa-

gen, was ich Ihnen immer schon gesagt habe.« Doch selbst Medien, die ihr wohlgesonnen waren, zeigten ihre Verunsicherung. *Newsweek* fragte auf der Titelseite: »Heilige oder Sünderin?«

»Ich habe Fehler gemacht«

Whitewater war keineswegs der einzige Rückschlag, den Hillary – und Bill – Clinton seit ihrem furiosen Start 1993 hatten verkraften müssen. Das politische Mega-Projekt, das vor allem die First Lady als ihren »Traum« bezeichnete, war gescheitert: die Reform des amerikanischen Gesundheitswesens. »Jeder Präsident, der das angefaßt hat, hat sich auf die eine oder andere Weise daran verbrannt, weil die damit verbundenen Interessen so gewaltig sind«, sah Hillary ein. Doch gescheitert war das Jahrhundertprojekt an ihr: Statt in Kongreß und Öffentlichkeit klug für die Reform zu werben, betrieb sie die Vorbereitung des Gesetzentwurfs wie eine geheime Kommandosache. So machte sie sich nicht nur selbst unbeliebt, sondern verstärkte auch den Widerstand gegen die Reform, den die Medizin- und Pharma-Lobby mit übereifriger Lobbyistentätigkeit im Kongreß und Bangemacherei in bezahlten Fernsehspots betrieb, koste es, was es wolle. Die Reformgegner brachten so viele Gegenentwürfe ein, daß die Gesetzgebungsmaschinerie des Kongresses 1994 wochenlang verstopft war.

Der Eindruck von Handlungsunfähigkeit wirkte verheerend auf die Wähler, die im November über ein neues Parlament zu entscheiden hatten. In Meinungsumfragen der Fernsehgesellschaft ABC kippte die Einstellung zur Gesundheitsreform von breiter Zustimmung im Dezember 1993 zu mehrheitlicher Ablehnung im Juni 1994, ein Abstieg von 20 Prozentpunkten in nur sechs Monaten.

Hillary Clinton bekannte sich zu ihren Fehlern, aber erst, als es zu spät war und niemand sie mehr hören wollte. Vor Studenten der George-Washington-Universität sagte sie, der Eindruck, daß die Gesundheitsreform eine gewaltige neue Regierungsmaschinerie schaffen würde, die unbezahlbar teuer wäre, sei zwar falsch und auch nie beabsichtigt gewesen, aber doch verständlich: »Ich sehe das ein und bedaure es ganz offen.«

Ebenso sei es unsinnig gewesen, sich bei der Vorbereitung unter Zeitdruck zu setzen. Als schlimmsten Fehler aber sah sie die Geheimniskrämerei an, die ihr Gegner von Anfang an vorwarfen: »Alle sorgten sich, daß es vielerlei falsche Erwartungen und Mißverständnisse schaffen würde, wenn wir zu früh darüber sprächen, aber im Rückblick war das die falsche Einstellung.« Einer Interviewerin bekannte sie offenherzig: »Es war kein einfacher Prozeß, aber wir haben eine Menge gelernt. Junge, Junge, haben wir eine Menge gelernt!«

Was sie nicht wahrhaben wollte: Ihre mangelnde Bereitschaft, auf Gegenvorschläge einzugehen, machten gemeinsame Lösungen unmöglich. Einer ihrer Widersacher, der republikanische Senator John Chaffee, erklärte: »Ich fand, daß Mrs. Clinton für Kompromisse weniger offen war als der Präsident.« Konservative Publizisten wie William Rusher verdammten »Hillarys medizinische Diktatur über die Bevölkerung der USA«. Es ärgerte Hillary zutiefst, diese Chance für eine große Reform so erbärmlich verpatzt zu haben. Als eine Fernsehreporterin sie 1996 fragte, was sie anders machen würde, wenn sie noch einmal an die Gesundheitsreform herangelassen würde, antwortete Hillary Clinton: »Ja, ich weiß, ich habe Fehler gemacht und ich hätte bessere Wege nutzen können. Und wenn ich es noch einmal tun sollte, würde ich es besser

präsentieren. Ich weiß nicht, ob dann der Ausgang anders wäre, aber ich würde es gewiß versuchen.«[10]
Die Quittung bekamen die Clintons am 8. November 1994. Bei Zwischenwahlen verloren die Demokraten in beiden Häusern des Kongresses ihre Mehrheit an die Republikaner. Ihr Führer Newt Gingrich, ein Abgeordneter aus Georgia, rief eine konservative »Revolution« aus. Das Wählermandat feierte er als »Vertrag mit Amerika«, die liberale Reformpolitik der Clintons, ihre sozialen Umwälzungen, ihr »Big Government« zum Teufel zu jagen. Die Rechten jubelten. Es war ihr größter Wahlsieg seit 40 Jahren, ein Erdrutsch, der Amerika verändern sollte. »Bill Clinton, der 1992 die Stimmung der Nation so gut erfaßte«, befand das Nachrichtenmagazin *Time*, »war 1994 dem Wähler ungewöhnlich weit entrückt.« Fortan mußte er als Minderheitspräsident agieren. Der Präsident wurde beinahe zur Randfigur der amerikanischen Politik, seine Power-Partnerin noch mehr. Ihre großen Reformträume, allen voran das Gesundheitswesen, waren mausetot. »Ihre Flügel sind gestutzt worden«, meinte die Publizistin Eleanor Clift, »wenn nicht sogar gekappt.« 1995 war Gingrich, der »Herr des Hohen Hauses«, der »King of the Hill«, für *Time* der »Mann des Jahres«. Und er wetterte gegen Bill und Hillary, jene Vertreter der »linksradikalen Elite« und »Gegenkultur«.
Wer die Clintons kannte, wußte, daß diese Herausforderung nur ihren Kampfgeist wecken würde. Wer Hillary kannte, wußte, daß sie sich von Kritikern nicht ins Bockshorn jagen lassen würde. »Je härter sie zuschlagen, desto mehr ermutigt es mich«, lautete einer ihrer Lieblingssprüche. Der First Lady war schon vor der Wahl von 1994 klar, daß sie für einige Leute immer ein rotes Tuch bleiben würde. »Für viele Frauen ist das Leben, das ich führe, das

Beruf und Familie auszubalancieren versucht, genau das, was wir alle in unserem Leben zu bewerkstelligen versuchen«, sagte sie am 5. Mai 1994 dem Fernseh-Talker Larry King. »Aber wir haben noch nie jemanden in meiner Position gehabt, der dies getan hat. Ich habe die meiste Zeit meines Lebens gearbeitet, und ich glaube wirklich daran, daß Frauen die volle Palette der Wahlmöglichkeiten zur Verfügung stehen sollte. Aber ich glaube, einige Leute hätten lieber Stereotypen. So ist es leichter.« Sie bekannte, daß sie das meiste, das Kritiker ihr vorhielten, noch nicht einmal nachlas: »Ich schaue mir jeden Tag die Nachrichten an und frage mich: Was wird in fünf Jahren davon noch wichtig sein oder in 50 Jahren?«

Es war Zeit für ein neues Restyling, ein Umfrisieren im Interesse der Machterhaltung. Die Kolumnistin Ellen Goodman, die Hillary gut kannte, begründete es so: »In unserer Zeit werden Frauen routinemäßig gezwungen, ihren Lebensfahrplan umzuschreiben. Hillary Rodham Clinton hat es schon einmal gemacht. Sie wird es wieder tun.« Der Plan war simpel und dennoch riskant: Bill schwenkt nach rechts und versucht, den Republikanern den Wind aus den Segeln zu nehmen, und Hillary legt sich ein weicheres Image zu und hält sich ansonsten zurück, ohne ihr Engagement für die Dinge, die ihr wichtig sind – Kinder, Sozialreformen, Bildung, Frauenfragen – zu verraten. Vor einer solchen Situation standen die beiden schon 1980, als Bill Clinton in Arkansas die Gouverneurswahl nach nur einer zweijährigen Amtszeit verlor, weil er zu schnöde und arrogant war und weil seine Frau sich Rodham nannte.

Hillary zog als erste diese Parallele – und auch gleich die personellen Konsequenzen. Sie brachte Bill Clinton dazu, denselben Mann heranzuziehen, der ihm damals in Arkansas nach kurzer Pause wieder zur Macht verholfen hatte: Dick Morris, ein politischer Konsultant ohne Prinzipien, aber mit einem feinen Gespür für Wählertrends und Wechselwinde. Das Problem war nur, daß er unter Demokraten und auch unter Clintons liberalen Gefolgsleuten im Weißen Haus als verräterisches Stinktier galt, hatte er doch eben im Wahlkampf führenden Republikanern wie Senator Trent Lott und Jesse Helms zum Sieg verholfen, indem er Clinton und seine »neuen Demokraten« als linke Fanatiker und verantwortungslose Steuerverschwender madig gemacht hatte.

Morris war sofort bereit, seinen alten Kumpel Bill zu coachen. Zuerst ging das nur per Telefon, wobei der Präsident den Berater mit »Charlie« anredete, um den Kontakt zu verheimlichen. Wenn direkte Gespräche nötig waren, kam Morris heimlich in die Privatgemächer im Ostflügel des Weißen Hauses, nicht in das Regierungszentrum im Westflügel oder gar ins Oval Office.

Morris empfahl Clinton einen radikalen Kurswechsel. Er müsse einige der Kernpunkte aus Gingrichs »Contract with America« aufnehmen und sich selbst aneignen, insbesondere die wählerwirksamen Punkte Recht und Ordnung, Disziplin bis hin zur Einführung von Schuluniformen, Reform der Sozialfürsorge, geringere Steuern und ein ausgeglichener Haushalt. Für seine engsten Berater war das Anathema gleichbedeutend mit der Aufgabe von Kernpositionen der Demokratischen Partei. Steuersenkungen und Etatausgleich bedeuteten schließlich, daß weniger Mittel für die sozial Schwachen übrigblieben, während die Reichen profitierten. Stabschef Leon Panetta, Spitzenberater George Stephanopoulos und auch Hillary sprachen sich dagegen aus. Aber Clinton folgte, nach dem für seine Entscheidungsfindung typischen Hin und Her,

dem Rat von Morris. In einer Ansprache am 13. Juni 1995 verkündete er eine »Kehrtwende für uns«. Er schlug statt der für die mittelfristige Finanzplanung vorgesehenen Verschuldung um 200 Milliarden Dollar eine Abschaffung aller Haushaltsdefizite binnen zehn Jahren vor. Im November verkündete er, daß seine »Welfare Reform« nicht weit genug gehe – und schränkte zum Entsetzen Hillarys die Hilfen für alleinerziehende, arme Mütter und die Gesundheitsversorgung für Ghettokinder ein.
Doch die First Lady zählte seit dem Wahldebakel von 1994 nicht mehr als gleichberechtigte Partnerin an der Macht. Sie war die erste Präsidentengattin, die in Umfragen überwiegend negativ beurteilt wurde. Was daraus folgte, führte zu einer kühlen, intellektuellen Entscheidung: 1995 verschwand Hillary Clinton weitgehend von den Fernsehschirmen und aus dem Bewußtsein der Öffentlichkeit. »Wie äußerst wirkungsvoll sie sich wegzauberte«, ulkte die *Time*, »hätte selbst Harry Houdini neidisch gemacht.« Geschickt beschränkte sie sich darauf, ihren Mann ins rechte Licht zu rücken: »Er ist ein überzeugter und engagierter Politiker, der klare Vorstellungen davon hat, was wir in Amerika und in der Welt tun müssen. Manche unterschätzen das volle politische Potential meines Mannes, das ihn zu einem großen Präsidenten macht … Mein Job ist, zu tun, was er will.«[11]
Sie reiste in den USA und im Ausland in einer eher tradionellen Rolle als Goodwill-Botschafterin umher, fast immer von ihrer inzwischen fünfzehnjährigen, sehr aufgeschlossenen Tochter Chelsea begleitet. Vor allem aber redete sie in Fernseh-Talkshows, auf Kinderfesten und in Frauenzeitschriften über Belanglosigkeiten. Weil sie auf ihrer Südasien-Reise im März/April 1995 keinerlei Interviews gab, zürnte ihr die indische Tageszeitung *Calcutta Tele-*

graph: »Für jemanden, der als fähigster und aufgewecktester Geist der amerikanischen Regierung ausgegeben wird, war Ms. Clinton ausgesprochen empfindungslos und ausschließlich dekorativ.«
Trotzdem hatte Hillary auch im Krisenjahr 1995 etwas zu sagen. Sie tat es auf internationalen Konferenzen, die in der US-Presse wenig Beachtung fanden. Beim Sozialgipfel der Vereinten Nationen in Kopenhagen, bei dem der amerikanische Präsident sich von seiner Frau vertreten ließ, forderte Hillary Clinton am 7. März eine Umorientierung der Sozialpolitik – insbesondere in Entwicklungsländern –, auf die Schutzbedürfnisse der weiblichen Bevölkerung, die »in einer Zeit schrumpfender Ressourcen und beschleunigten globalen Wettbewerbs am anfälligsten« sei: »Investitionen für die Gesundheit und Ausbildung von Frauen und Mädchen sind wesentlich, um im lokalen Bereich den Wohlstand zu mehren.« Zu viele Nationen vergeudeten ihre Mittel für Massenvernichtungswaffen und verletzten »elementare Menschenrechte«.
Dieses Thema griff sie ein halbes Jahr später bei der Internationalen Frauenkonferenz in Peking zum Entsetzen der chinesischen Machthaber wieder auf. In einer immer wieder von Applaus unterbrochenen Rede am 5. September sagte sie, es sei an der Zeit, über die weltweiten Menschenrechtsvergehen gegen Frauen »das Schweigen zu brechen«. Sie kritisierte frauenfeindliche Praktiken in aller Welt von allgemeiner Benachteiligung über Genitalverstümmelung bis zur Witwenverbrennung und scheute auch vor massiver Kritik am Gastgeberland China nicht zurück, ohne es allerdings beim Namen zu nennen: »Es ist eine Verletzung von Menschenrechten, wenn Frauen das Recht verweigert wird, ihre Familien selbst zu planen, und das schließt erzwungene Abtreibungen und Sterilisa-

tionen ein.« Sie ermutigte auch Vertreter von Nichtregierungsorganisationen, in Peking deutlich und klar für die Rechte der Frauen einzutreten: »Freiheit bedeutet das Menschenrecht, sich offen zu versammeln, zu organisieren und zu debattieren.«[12] Unterstützt wurde die First Lady bei ihren Auftritten, die Peking als »indiskret« rügte, von zwei ihrer besten Freundinnen an den Schalthebeln amerikanischer Politik: Gesundheitsministerin Donna Shalala und UN-Botschafterin Madeleine Albright, die später Amerikas erste Außenministerin werden sollte.

Ihre Botschaft, daß »Frauenrechte gleich Menschenrechte« sind, trug sie im Oktober auch nach Lateinamerika, wo sie vier Länder besuchte. Von Chile aus kritisierte sie die republikanischen Etatkürzungen bei der US-Entwicklungshilfeorganisation AID: »Es hat uns noch nie genutzt, isolationistisch zu werden.« Ansonsten aber blieb sie bei ihrer Zurückhaltung und gab auch keine Presseinterviews.

Ein Rattenschwanz aus Arkansas

Auf Diskussionen über die Affären des Präsidenten ließ sich Hillary Clinton nicht ein. Dazu hatten sich neue Vorwürfe über Sex-Eskapaden Bill Clintons gesellt, wieder einmal aus den wilden Tagen im heimatlichen Arkansas. Sie hatten zuerst kaum Aufsehen erregt, weil sie in einer Zeitschrift breitgetreten wurden, die der Millionär Richard Mellon Scaife aus Pittsburgh, ein eingeschworener Clinton-Feind aus der rechtskonservativen Ecke, finanzierte. In dem Magazin *The American Spectator* zitierte der Journalist David Brock im Dezember 1993 mehrere Leibwächter Clintons von der Staatspolizei aus Arkansas – einige namentlich, andere anonym – mit Aussagen, die er folgendermaßen zusammenfaßte: »Unter Ausnutzung ihrer Dienstzeit sowie staatlicher Fahrzeuge und Ressourcen wies Clinton [die Leibwächter] regelmäßig an, Frauen anzusprechen und dem Gouverneur ihre Telefonnummern zu besorgen, ihn in Staatsfahrzeugen zu Rendezvous zu fahren, ihn während seiner sexuellen Kontakte zu beschützen, Hotelzimmer und andere Räume für Sex zu besorgen … und Clintons Aktivitäten abzuschirmen, indem Hillarys jeweiliger Aufenthaltsort erkundet und seine Frau über den Aufenthaltsort ihres Ehemanns belogen wurde.«[13]

Einer der Polizisten erzählte Brock, er habe eine junge Frau namens Paula im Excelsior Hotel in Little Rock in Clintons Zimmer geführt, wo sie weniger als eine Stunde geblieben sei. Danach habe sie ihm gesagt, »sie stünde zur

Verfügung, um Clintons ständige Freundin zu werden, wenn er es wünsche«.
Zwei der State Trooper, Larry Patterson und Roger Perry, erklärten darüber hinaus in einem CNN-Interview, Präsident Clinton habe in den vorangegangenen Monaten zahlreiche ihrer Kollegen angerufen und ihnen Jobs bei der Bundesregierung angeboten, wenn sie über seine Seitensprünge den Mund hielten. Clinton ließ dazu erklären, er habe die Leute nur angerufen, weil er über »inakkurate Geschichten über sein Privatleben besorgt« gewesen sei. Damit schien der Fall erledigt zu sein.
Das dicke Ende folgte am 6. Mai 1994 in Little Rock in Form einer Strafanzeige gegen Präsident Clinton wegen »beständiger und fortgesetzter« sexueller Belästigung, eingereicht von der ehemaligen Staatsangestellten Paula Corbin Jones. Sie verlangte von Clinton und dem Staatspolizisten Danny Ferguson eine Entschuldigung sowie 700 000 Dollar Schmerzensgeld. Bereits am 11. Februar hatte Paula Jones auf einer wenig beachteten Pressekonferenz diesen Schritt angekündigt. Das Treffen war organisiert von dem Rechtsanwalt Cliff Jackson, einem Intimfeind Clintons aus Little Rock, und gefördert worden von einem rechtsgerichteten Verband namens Conservative Political Action Conference. Paula Jones, deren üppiges rotbraunes Haar die Pressefotografen liebten, erklärte, sie habe sich zu der Anzeige entschlossen, weil Ferguson in Brocks Artikel anonym über sie Lügen verbreitet habe.
Was am 8. Mai 1991 im Excelsior Hotel geschah, hörte sich bei der Betroffenen etwas anders an: Sie arbeitete damals für die Arkansas-Entwicklungsgesellschaft als Empfangsdame bei einer Konferenz in dem Hotel. Clinton sah sie am Begrüßungsstand und ließ ihr später durch Ferguson

ausrichten, bei ihrem Anblick hätten seine Knie geschlottert. Ferguson gab ihr dann, so Jones, einen Zettel mit einer Zimmernummer und erklärte lakonisch: »Der Gouverneur möchte sich gern mit Ihnen treffen.« Sie ging in das angegebene Zimmer und fand Clinton dort allein vor. Nach kurzem Small talk wurde er der Darstellung Jones' zufolge anzüglich. In ihrer Klageschrift LR-C-94-290 heißt es:

> Clinton nahm Jones' Hand und zog sie zu sich. Jones entzog sich ihm. Clinton näherte sich ihr wieder und sagte: »Mir gefällt, wie das Haar über deinen Rücken fällt«, und »Ich liebe deine Kurven.« Clinton legte seine Hand auf Jones' Bein und versuchte, sie am Nacken zu küssen. Jones rief aus: »Was machen Sie da?« und ging weg, setzte sich an das Sofaende, das der Tür am nächsten war. Clinton näherte sich und ließ, als er sich setzte, seine Hosen und Unterwäsche herunter und enthüllte seinen erigierten Penis. Er forderte Jones auf, »ihn [zu] küssen«. Sie erklärte, sie sei nicht »so eine Art von Mädchen« und sagte: »Schauen Sie, ich muß jetzt gehen.« Als Jones das Zimmer verließ, blickte Clinton sie ernst an und sagte: »Du bist klug. Behalten wir das für uns.«

Als Beweis für den Wahrheitsgehalt ihrer Version bot die junge Frau an, die Geheimnisse von Clintons Gemächt vor Gericht preiszugeben. Es gebe nämlich »unverwechselbare Merkmale in Clintons Genitalbereich«. Der Präsident ließ die ganze Affäre dementieren, hielt sich aber selbst heraus: »Ich werde dies keines Kommentars würdigen.« Die First Lady hatte schon beim ersten Auftauchen der

Jones-Story eine volle Breitseite abgegeben. Für sie war alles Teil der großen Verschwörung gegen ihren Bill, eine Verteidigungslinie, die sie später nicht aufgab, als die Beweise für die Untreue ihres Gatten immer erdrückender wurden: »Ich finde, es ist kein Zufall, daß jedesmal, wenn er kurz davor ist, seine Versprechungen gegenüber dem amerikanischen Volk zu erfüllen und es ihm zustimmt … irgendwoher eine neue Runde von empörenden, schrecklichen Stories auftaucht, die die Leute aus politischen und finanziellen Gründen in die Welt setzen.« Paula Jones wehrte sich gegen den Vorwurf der Selbstbereicherung: »Hätte ich finanzielle Motive, dann hätte ich auf die zahlreichen Angebote eingehen können, meine Geschichte zu verkaufen. Bei diesem Fall geht es um meinen Namen und um meinen Ruf.«

Die Aussicht, daß der Präsident im wahrsten Sinne des Wortes vor Gericht die Hosen herunterlassen müßte, jagte Schauer der Entrüstung durch das demokratische Establishment. Wie tief sollte »Slick Willie« noch sinken? Aber der machte weiter, als sei nichts geschehen, und seine Frau verteidigte ihn, als sei nichts geschehen. Doch eine kleine Episode am Rande verriet, wie blankgescheuert das Nervenkostüm der Clintons war. Als der konservative Kolumnist William Safire, einst im Weißen Haus Redenschreiber für den Skandalpräsidenten Richard Nixon, in der *New York Times* behauptete, Hillary Clinton sei eine »geborene Lügnerin«, sah Bill rot. Am liebsten würde er Safire eine »kräftige Antwort aufs Nasenbein geben«, sagte Clinton und bedauerte nur: »Für Präsidenten gibt es ein paar Einschränkungen mehr als bei einem Normalbürger.« So zürnte er nur verbal: »Wenn jeder in diesem Land den Charakter meiner Frau hätte, lebten wir in einer besseren Welt.«

Comeback Kids Forever

Glück muß der Mensch haben. Fortuna bescherte Bill Clinton Gegner, die sich selbst mehr schadeten als ihm. Newt Gingrich, der Sprecher des Repräsentantenhauses, zwang den Präsidenten in eine Konfrontation über den Haushalt – und verlor seine Glaubwürdigkeit als verantwortungsbewußter Politiker. Robert Dole, der Präsidentschaftskandidat der Republikaner, wirkte alt, verbraucht und ideenlos im Wettrennen mit dem jungen Clinton, der immer noch mehr Charme versprühte als der halbe Senat. Ken Starr, der unerbittlich rechtschaffene Sonderermittler, der nie aufgab, schaffte es mit seinen Methoden der schamlosen Offenlegung von Clintons Sexualleben, den Präsidenten wie das bemitleidenswerte Opfer einer »Hexenjagd« erscheinen zu lassen.

All dies ermöglichte Bill Clinton, auf dessen politisches Überleben nach dem Wahldebakel von 1994 kaum noch jemand gewettet hätte, eine Wiederauferstehung ohne Beispiel. 1996 wurde er als erster Demokrat seit Franklin D. Roosevelt für eine zweite Amtszeit im Weißen Haus wiedergewählt, wenn auch mit einem beinahe republikanischen Programm. »The Remaking of a President«, titelte *Time*. »Er kann jetzt sein, wer er wirklich ist«, urteilte *Newsweek*, »wenn er es weiß.« Zum Erfolg verhalf ihm sein eigensinniger, aber auch scharfsinniger Mephisto Dick Morris, der sich anmaßte, mit Bill Clinton nach der »Hillary-Regel« zu verfahren: Was er seiner Frau sagt, sollte er auch Dick Morris anvertrauen. Morris war es, der ihm eine »neue Haut« anpaßte, in der ihn viele seiner liberalen Freunde nicht wiedererkannten. Als er das republikanisch geprägte Sozialfürsorgegesetz unterschrieb, schimpfte Hillarys alte Freundin Marion Wright Edelman, es sei »ein Augenblick der Schande«, und ihr Mann Peter Edelman trat aus Protest gegen Bills »Verrat« als stellvertretender Gesundheitsminister zurück. Hillary war in dieser Phase machtlos, ihre Rolle schien mehr symbolisch als real zu sein.

Der Präsident verließ sich fast allein auf Morris. Der hatte ihm vorausgesagt, daß Newt Gingrich, großspurig und machtlüstern (er träumte schon von einer Debatte der Präsidentschaftskandidaten Clinton und Gingrich 1996), sich selbst in die Falle manövrieren würde. Als er seine »republikanische Revolution« verkündete, riet Morris dem Präsidenten im Surfer-Vokabular: »Lassen Sie die Welle auslaufen. Bringen Sie sich richtig in Position, damit Sie die Welle zu Ihren Gunsten ausreiten können.« Kurz vor Weihnachten 1995 startete Gingrich seine Schlacht um den Etat. Weil Clinton sich den brutalen Kürzungen all seiner Programme widersetzte, ließen die Republikaner es darauf ankommen, daß ein haushaltsloser Zustand herrschte. Ihr Kalkül war, Clinton werde schon klein beigeben, wenn er die Bundesangestellten nicht mehr bezahlen könnte. Der Präsident aber schickte 280 000 Bedienstete nach Hause und ließ weitere 460 000 in Kernbereichen der Bundesverwaltung ohne Gehalt weiterarbeiten, wochenlang, bis Gingrich in die Knie ging.

Mit dem Budget-Kompromiß vom Januar 1996 unterzeichnete Gingrich, ohnehin angeschlagen durch eine Kongreßrüge wegen eines dubiosen Buchvertrages, seine Demontage. Zu Beginn des Präsidentschaftswahljahres ließ er den Amtsinhaber – ungeachtet all seiner Affären –

als entschlossenen Staatsmann erscheinen, der sich für das Allgemeinwohl bis zum letzten einsetzt. Denn Gingrichs Spiel am Abgrund des Haushaltschaos hatte die Öffentlichkeit gegen dessen Scharfmacher-Methoden aufgebracht. Der *Speaker* galt fortan als rücksichtslos, verantwortungslos, herzlos. Erledigt.

Mit diesem Buhmann-Image half er den Demokraten jedesmal, wenn er den Mund aufmachte. Seine Hoffnungen auf eine Präsidentschaftskandidatur waren noch vor der ersten Primärwahl dahin.

Nach einem lustlosen Vorwahlkampf nominierten die Republikaner den farblosen Bob Dole, einen versehrten Veteranen des Zweiten Weltkriegs, dem nichts Besseres einfiel, als Clinton immer wieder als verkappten »Liberalen« zu geißeln, wo er doch längst auf die rechte Mitte eingeschwenkt war.

Gegen den 73jährigen Dole – und den schrillen Drittkandidaten Ross Perot aus Texas – gewann Clinton, eben erst 50 Jahre alt, haushoch, beinahe die ersehnten 50 Prozent der Stimmen. Vor allem aber bekam Clinton 34 Prozent der Frauenstimmen und Dole nur 38. Und da kam der Hillary-Faktor wieder ins Spiel.

Sie hatte während all dieser dramatischen Ereignisse ihr Schattendasein fortgeführt, stets bemüht, durch nettes Auftreten ihre »menschliche Seite« zu zeigen und keine Kontroversen auszulösen. Wegen ihrer Verwicklung in die Whitewater-Affäre hielten viele Amerikaner sie für unaufrichtig, wenngleich die Frauen zu ihr hielten und ihre Auftritte jedesmal bejubelten. Sie wirkte im stillen weiter für ihre Ziele, nahm sich jedoch ein Beispiel am pragmatischen Vorgehen ihres Mannes. Soviel hatte sie über erfolgreiches Vorgehen in Washington gelernt: Eindruck zählt oft mehr als Inhalt – und sperrige Themen las-

sen sich besser »verkaufen«, wenn man sie ansprechend »verpackt«.
Trotzdem hatte Hillary mehr Freizeit denn je – und sie wäre nicht die pflichtbewußte disziplinierte Methodisten-Tochter, wenn sie die Mußestunden durch Faulenzen vergeudet hätte. Die First Lady, versicherte ihre Assistentin Melanne Verveer, sei »von ihrer Veranlagung her unfähig zur Untätigkeit«. Hillary setzte sich in ihren stillen Stunden im Weißen Haus hin und schrieb ein Buch über ihre Herzensangelegenheiten, die politischen und sozialen, wohlgemerkt. Sie schrieb es selbst, von Hand, was sie durch Vorlegen der Manuskripte nachwies, da Gegner das Buch als Ghostwriter-Arbeit verreißen wollten. Dabei hätten sie auch durch die Lektüre feststellen können: Hier gab es Hillary pur.
Das Buch trug den Titel »It Takes a Village«, der einer afrikanischen Redensart entliehen ist, wonach das ganze Dorf, die gesamte Gemeinschaft, gebraucht wird, um ein Kind erfolgreich großzuziehen (im deutschen Titel »Eine Welt für Kinder« geht dieser Aspekt verloren). Auf einer eigenen Website pries sie ihr Werk an: »Wenn Sie sich, so wie ich, Sorgen um unsere Kinder machen und sich fragen, wie wir unsere Reden und unser Handeln in Übereinstimmung bringen können, möchte ich Ihnen einige Überzeugungen anvertrauen, die ich ein Leben lang entwickelt habe – nicht nur als Advokatin und als Bürgerin, sondern als Mutter, Tochter, Schwester und Ehefrau, darüber, was unsere Kinder von uns brauchen und was wir ihnen schulden.« Kinder, betonte sie, könnten nur gut aufwachsen, wenn alle sich um sie kümmerten. Das idealistisch verklärte »Dorf« setzte sie dabei gleich mit dem »Netz von Werten und Beziehungen, die unser Leben tragen und bewegen«. Das gelte auch in der heutigen Welt,

die oft »entmenschlicht und abweisend« wirke, vor allem aber viel komplizierter ist als die Welt des Dorfes von einst. Sie forderte zu einer neuen Übereinstimmung auf, wenn es darum gehe, starke Familien und Gemeinschaften aufzubauen und zu erhalten.

»Um diesen Konsensus in einer Demokratie zu schaffen«, schrieb sie weiter, »müssen wir ernsthaft die Ansichten von anderen erwägen, der Verlockung extremistischer Rhetorik widerstehen und individuelle Rechte und Freiheiten gegen persönliche Verantwortung und gegenseitige Verpflichtungen abwägen. Die wahre Probe auf diese Übereinstimmung ist, wie gut wir für unsere Kinder sorgen.« Dann folgte eine Sequenz, die beinahe wie eine Programmrede ihrer innersten Überzeugung klang: »Wie wir uns um unsere eigenen Kinder und die Kinder anderer Leute kümmern, ist nicht nur eine Sache der Moral, sondern da geht es auch um unser eigenes Interesse … Ganz gleich, wie gut mein Mann und ich Chelsea auch schützen und vorbereiten mögen, ihre Zukunft könnte dadurch beeinflußt werden, wie andere Kinder aufgezogen werden. Ich möchte nicht, daß sie in einem Amerika aufwächst, das scharf nach Einkommen, Rasse oder Religion getrennt ist. Ich möchte die Gefahr vermindern, daß sie unter jemandem leiden muß, der als Kind nicht genug Liebe oder Disziplin, Chancen oder Verantwortung erfahren hat … Ich möchte, daß sie in einem Amerika leben kann, das immer noch stark und vielversprechend für seine Bürger ist und jenem weltweiten Image als Land der Hoffnung und der Möglichkeiten gerecht wird.« Dann folgte der nüchterne Geschäftssinn: »Wenn Sie das Buch oder das Audiobuch mit 20 Prozent Rabatt bestellen wollen, klicken Sie hier!«

Das taten genug Leute, um das Buch zu einem Riesenerfolg werden zu lassen. »It Takes a Village« stand insgesamt 28 Wochen lang auf der Bestsellerliste der *New York Times* und brachte Hillary im ersten Jahr etwa viermal soviel ein, wie Bill als Präsident verdiente (die Honorare spendete sie Kinderkrankenhäusern). Für die Tonbandversion, von ihr selbst vorgelesen, gewann die First Lady den begehrten Grammy-Preis, den sie bei einer großen Verleihung neben Stars wie Eric Clapton, Tracy Chapman und Céline Dion entgegennahm.

Es stellte sich als einer von vielen Fehlern Bob Doles heraus, das Hillary-Clinton-Buch auf dem Parteitag der Republikaner in San Diego lächerlich gemacht zu haben. Das gab der First Lady die Gelegenheit, beim Konvent der Demokraten in ihrer Heimatstadt Chicago im Sommer 1996 zurückzuschlagen: »Jawohl, ein ganzes Dorf ist nötig. Und ein Präsident ist nötig.«[14] Es war ihre erste Live-Rede vor der gesamten Fernsehnation, und obwohl sie erkennbar nervös war, erntete sie großen Beifall. Vor allem aber gewann sie mit ihrem Auftritt entscheidende Wählerschichten für die Wiederwahl ihres Ehemanns: Frauen im Alter zwischen 25 und 50.

Chicago wertete sie, völlig unverhofft, noch anders auf. Berater Dick Morris, der ihre Rede verhindern wollte, weil sie die alten Vorurteile über die »nie gewählte Kopräsidentin« wecken könnte, stürzte ausgerechnet über einen Sexskandal. Er hatte sich in Washington mit einer Prostituierten eingelassen, die ihre Story zum Sensationsblatt *Star* trug und ihn sogar in verfänglicher Pose vor die Kamera eines *Star*-Fotografen lockte. Clinton, dem nichts weniger angenehm war, als mit Seitensprüngen in Verbindung gebracht zu werden, ließ Morris wie eine heiße Kartoffel fallen. Hillary zürnte ihm auch noch später, als herauskam, daß er seinem Callgirl im Bett Passagen aus ihrer

Parteitagsrede vorgelesen und parodiert habe. »Dick«, riet ein Clinton-Mitarbeiter dem Berater, »gehe mit soviel Würde, wie du aufbringen kannst.« Er verabschiedete sich mit dem Hinweis auf seine Hauptleistung für Bill: »Ich fühle mich hoch geehrt ... daß ich ihm eine zweite Chance für eine zweite Amtszeit ermöglichen konnte.«

Von da an hatte Hillary wieder das Ohr ihres Gatten. Der Präsident bekam seine zweite Chance, selbst wenn Kritiker anmerkten, daß er wegen seines Restyling und seiner vagen Wahlparolen über die »Brücke ins 21. Jahrhundert« überhaupt kein richtiges Mandat erhalten habe. Am Wahlabend stand Hillary Clinton mit Bill und Chelsea noch einmal auf einer lichtüberfluteten Bühne in Little Rock und feierte den Triumph des Sieges. Waren sie nicht echte »Comeback Kids«, die allen Widernissen trotzten, die wie auf einer Schaukel – mal der eine unten, mal der andere – immer wieder hochkamen?

Hillary wollte gewiß nicht als Frauchen im Abseits ihre Tage im Weißen Haus beenden. Sie strebte immer noch nach Ruhm, der sie historisch irgendwo neben Eleanor Roosevelt stellte. Hillary bewunderte diese Frau so sehr, daß sie einmal zugab, sie führe oft spirituelle Zwiegespräche mit der Frau von FDR. Enthüllungsreporter Bob Woodward zitierte sie in seinem Wahl-Buch »The Choice«: »Ich versuche herauszufinden, was sie täte, wenn sie in meinen Schuhen steckte. Gewöhnlich antwortet sie mir mit dem Rat, mich zusammenzureißen oder mir zumindest eine Haut zuzulegen, die so dick ist wie bei einem Nashorn.« Das brachte ihr natürlich hämische Kommentare ein. Beirren ließ Hillary sich davon keineswegs.

Ihre Seelenverwandtschaft mit Eleanor konnte sie gut begründen: »Sie ist oft angegriffen und kritisiert worden, aber in ihrem Innersten gab es nie eine Verwirrung darüber, was das Leben bedeutungsvoll macht. Sie ließ sich nicht einordnen oder typisieren, was ihre Kritiker natürlich gewaltig frustrierte. Sie war einer von diesen seltenen Menschen, die die schwer zu erlangende Balance zwischen ›ich‹ und ›wir‹ geschafft haben, zwischen unseren Rechten und Erwartungen als Einzelne und unseren Pflichten gegenüber der Gemeinschaft.«[15] Wie Eleonor schrieb Hillary ab 1994 wöchentlich eine Zeitungskolumne unter dem Titel »Talking It Over«, die vor allem von Frauen vielbeachtet wurde; wie Eleanor mit ihren frontnahen Truppenbesuchen im Zweiten Weltkrieg erregte Hillary Aufsehen, als sie 1996 G.I.'s bei den Friedenstruppen in Bosnien aufsuchte.

Als sie einer Freundin einmal bekannte, Eleanor sei ihr Vorbild auch für die erstrebte Balance zwischen Ehe und Eigenständigkeit, wies die Bekannte auf ein nicht unwichtiges Detail in Eleanor Roosevelts Biographie hin. Sie habe nie mehr mit ihrem Mann geschlafen, nachdem sie herausfand, daß er eine Affäre hatte. »Eleanor hat ihre eigene Stimme erst gefunden, als ihre Ehe praktisch vorbei war, als sie sich nicht mehr um ihre Ehe scherte«, sagte sie.[16]

Vom Oval Office zum Oral Office

Am Morgen des 21. Januar 1998 war es noch dunkel in Washington, als Bill Clinton im ersten Stock des Weißen Hauses seine Frau weckte. »Du wirst es nicht glauben, aber ...« begann er. »Was ist los?« fragte sie. Er beendete seinen Satz: »... aber ich will dir erzählen, was in den Zeitungen steht.« Dann brauchte sie nur noch auf die Titelseite der *Washington Post* zu schauen und zu erschaudern. Dort stand: »Starr ermittelt, ob Präsident Frau aufforderte, angebliche Affäre gegenüber Jones' Anwälten abzustreiten.«

So erfuhr Hillary Clinton von dem, was als »Lewinsky-Affäre« in den folgenden Monaten nicht mehr aus den Schlagzeilen herauskam. Wieder eine Weibergeschichte, eine »bimbo eruption«, wie Clintons Mitarbeiter solche Eskapaden nannten, erneut ein Rückschlag aus eigenem Verschulden. Die Vergangenheit hatte die Clintons wieder einmal eingeholt, aber diesmal lag sie nicht so weit zurück wie der Fall Paula Jones. Die Affäre des Präsidenten mit einer blutjungen Praktikantin im Weißen Haus hinterließ noch derart frische Fährten, daß Sonderermittler Ken Starr sofort um eine Erweiterung seiner Befugnisse bat: Hier ging es um den Verdacht, daß Clinton eine sexuelle Beziehung zu einer Untergebenen vertuscht hatte und überdies eine Zeugin in einem Gerichtsverfahren zum Meineid bewogen haben könnte, was zugleich als Justizvereitelung angesehen werden kann. Ein Richtergremium erteilte Starr auf Antrag von Justizministerin Janet Reno am 16. Januar die Genehmigung, und der Staatsanwalt, bisher nirgendwo richtig fündig geworden, witterte Blut. Weil die Ermittlungsergebnisse über den Fall Lewinsky im Sommer 1998 durch Fernsehen, Zeitungen und Internet bis in die peinlichsten Intimitäten über den gesamten Globus verbreitet wurden, läßt sich sehr gut rekonstruieren, wie es zu diesem Sexabenteuer im Oval Office kam. 1995 und 1996 arbeitete die kalifornische Arzttochter Monica Lewinsky, damals 21 Jahre alt, als Praktikantin im Weißen Haus und machte sich gezielt an den Präsidenten heran. Der konnte der Versuchung nicht widerstehen und ließ sich auf oralen Sex mit dem Mädchen ein, meist in einem fensterlosen Gang neben seinem Büro, und einmal, während er mit einem Abgeordneten telefonierte. Aus Gründen, die vielleicht mit seiner schon in Arkansas geäußerten Ansicht zu tun haben, oraler Sex sei kein Sex, beließ er es im wesentlichen dabei, auch wenn Monica mehr Entgegenkommen wünschte.

Das erstaunlichste aber blieb, wieso Clinton ein derartiges Risiko einging, während Scharen von Anwälten im Fall Paula Jones nach einem sexuellen Verhaltensmuster bei ihm suchten, um die Vorwürfe ihrer Mandantin glaubwürdiger erscheinen zu lassen, und während Ken Starr nur darauf lauerte, daß er einen Fehler machte, irgendeinen Fehler. Einige Beobachter meinten, Clinton sei psychisch krank, leide unter sexuellen Obsessionen infolge seiner Kindheitserfahrungen mit einem Alkoholiker als Stiefvater. Andere wiesen darauf hin, daß er es stets genossen hat, extreme Risiken einzugehen, so äußerte sich seine einstige Geliebte Gennifer Flowers. »Der wahre Schlüssel zu Bills Erfolg ist sein Super-Selbstvertrauen«, sagte die Sängerin. »Bei unserer Affäre verhielt er sich manchmal so draufgängerisch, daß ich dachte, er hält sich für unverwundbar.« Und so wie Hillary zu Eleanor Roosevelt aufblickte, hatte Bill sein Vorbild im Schwerenöter John F. Kennedy. Gennifer Flowers erkannte die »Ähnlichkeiten«: »Wie Präsident Kennedy hat Bill diese Sexualität an sich. Ob er will oder nicht, er spricht Frauen an. Er mag Frauen und genießt ihre Gesellschaft.«[17]

Als der Lewinsky-Skandal mit der Wucht einer Megatonnenbombe in Washington platzte, herrschte im Weißen Haus lähmendes Entsetzen. Der Präsident, der sich einer aufreizend jungen Praktikantin, kaum älter als seine eigene Tochter, für Sexdienste im Sanktum der Macht bedient – das war selbst jenen Mitarbeitern und Freunden zuviel, die in den vergangenen Jahren wegen anderer Affären zu Zeugenaussagen vorgeladen worden waren und sich immer wieder vor ihn gestellt hatten, selbst um den Preis ihrer eigenen Glaubwürdigkeit. George Stephanopoulos, einst Bill Clintons engster Vertrauter, warf sogar die »Frage des Verrats« an »der Arbeit von Tausenden« auf. Falls die Lewinsky-Vorwürfe zuträfen, stünde sein Freund da wie Richard Nixon in der Watergate-Affäre: »Kein Präsident könnte das überleben.«[18]

Bill Clinton selbst war wie vor den Kopf geschlagen. Nachdem er in einem ersten Fernsehinterview sehr nervös und wenig überzeugend eine »unangemessene Beziehung« bestritten hatte, ließ sich der sonst hyperaktive 51jährige hängen und schwieg. Stundenlang lag er auf dem Sofa und grübelte.

Ganz anders Hillary. »Sie ist eine Kämpferin«, erklärte ihre Freundin und ehemalige Pressereferentin Lisa Caputo. »In Situationen wie dieser ist sie tatkräftig, engagiert, konzentriert und diszipliniert.« Die First Lady war, so eine Vertraute, »außer sich vor Zorn«. Aber sie nahm das Heft in die Hand. Zunächst wies sie alle Mitarbeiter an, normal weiterzuarbeiten, Termine wahrzunehmen, den Haushaltsentwurf vorzubereiten, die Krise um den Irak im Auge zu behalten – »business as usual« sollte jedes Aufkommen von Panik abblocken. Dann zog sie alte Freunde und Ratgeber heran: den Fernsehproduzenten Harry Thomason, den früheren Handelsminister Mickey Kantor, ihren Vordenker Sydney Blumenthal, ihre Konfidentin Maggie Williams.

Gemeinsam entwarfen sie eine Strategie, die sofort konsequent umgesetzt wurde: Bill Clinton dementierte erneut, eindeutiger, aber ohne Details. Während die First Lady bei einer Bildungskonferenz im Weißen Haus neben ihm stand, schwenkte er seinen Zeigefinger und sagte mit wohleingeübtem Zorn in der Stimme: »Ich hatte kein sexuelles Verhältnis mit dieser Frau, Miss Lewinsky. Ich habe nie jemanden aufgefordert zu lügen, nicht ein einziges Mal.« Sensationsgierige Journalisten wurden mit Informationen kurzgehalten. Der Präsident gab sich staatsmännisch und hielt seine beste Rede zur Lage der Nation. Dann startete Hillary höchstpersönlich den Gegenangriff.

Freundlich und entspannt machte sie in zwei Fernsehinterviews eine »breitangelegte Verschwörung der Rechten« und den mit ihr verbundenen, »politisch motivierten« Sonderstaatsanwalt Kenneth Starr für die Misere verantwortlich: »Es gibt einige Leute in unserem Land, die nur das Schlechteste von ihm denken, Geschichten gegen ihn erfinden, Gerüchte über ihn verbreiten, ja, Leute haben uns sogar des Mordes bezichtigt.« Natürlich vertraue sie ihrem Bill, der sehr hart für das Wohl des Landes arbeite und jeden Tag aufwache und sich »wirklich« vornehme: »Ich werde heute mein Bestes für mein Land tun.« Und hatte er nicht den USA Frieden und Wohlstand beschert wie kein anderer Präsident seit Jahrzehnten, sogar einen Haushaltsüberschuß?

Praktisch über Nacht schlug die Stimmung um – gegen den übereifrigen Ermittler Kenneth Starr, gegen die überzogene Pressekritik. Clintons Popularität in den Meinungsumfragen sackte kaum nach unten. Und während bei einer Gallup-Befragung 52 Prozent aller Männer ihm die Schuld an seiner Misere gaben, verdammten ihn nur 40 Prozent der Frauen. Neidlos gestand der Clinton-Hasser John Whitehead, der Paula Jones den Prozeß gegen Clinton finanzierte, Hillarys Erfolg ein: »Sie ist das Beste, was Bill hat.« Bei einer Tagung der republikanischen Rechten in Washington beklagten die Delegierten, daß die Opposition den Breitseiten von Hillary Clinton nicht mehr entgegenzusetzen habe als alte Buttons mit dem Aufruf: »Impeach Clinton.«

Bei einer Festveranstaltung mit 1100 Demokraten im Ballsaal des Hotels Copley Plaza in Boston erntete Hillary Clinton tosenden Beifall. »Wir lieben Sie jetzt noch mehr«, rief Senator Edward Kennedy. Eigentlich waren die Gäste – und Hillary Clinton – gekommen, um den Bostoner Abgeordneten Joe Moakley für 25 Jahre im Kongreß zu ehren. Aber dieser Abend gehörte der Frau, die Präsident Bill Clinton – wieder einmal – aus einer tiefen Krise gerettet hat. »Sie sind eine wundervolle First Lady«, schmalzte Moakley. »Sie werden in die Geschichtsbücher eingehen!« Hillary nutzte die Gelegenheit, um – wie üblich – nach vorn zu schauen. »Wir sind auf dem richtigen Weg«, erklärte sie in Boston und nannte die Reform der Sozialversicherung, das Gesetz über Kinderfürsorge und verbesserten Krankenschutz. »Wir müssen anfangen, unser Programm zu vollenden.«[19]

Selten flogen ihr die Herzen so zu wie in diesen Tagen: Je

finsterer es um Bill Clinton stand, desto heller strahlte ihr Stern. Je mehr sie als hintergangene Ehefrau zu leiden hatte, desto mehr Sympathien errang die auf menschliche Dimensionen geschrumpfte First Lady. Während ihr Ehemann in sicherer Obhut von Tochter Chelsea und Bruder Roger auf dem entlegenen Landsitz Camp David in den Bergen von Maryland Golf spielte, jettete sie Ende Januar in die Schweiz. Umgeben von kleinen und großen Bewunderern – im »Kinderparlament« von Luzern wie beim Weltwirtschaftsforum in Davos –, trat Hillary Clinton in ihrer Lieblingsrolle auf: eine moderne und engagierte Frau, Vorkämpferin für die sozialen Rechte von Frauen und Kindern überall auf der Welt. Dagegen sei Washington mit seinen Sexskandalen und Schlammschlachten, sagte sie halb ironisch, »einfach langweilig«.
Was Hillary Clinton über die Untreue ihres Ehemanns wußte, blieb Washingtons bestgehütetes Geheimnis. »Sie sieht seine Stärken und Schwächen mit offenen Augen«, betonte Clinton-Beraterin Mandy Grunwald. »Sie weiß besser als jeder andere, wer er ist, und sie liebt ihn.« Wenn sie mit ihm Klartext redete, flogen die Fetzen, zumindest, so gaben Eingeweihte an, Lampen und Bücher. Der ehemalige FBI-Leibwächter Gary Aldrich berichtet in seinem White-House-Enthüllungsbuch »Unlimited Access« (»Uneingeschränkter Zugang«) über eine ganz und gar unfeine First Lady, die tobte und fluchte und ihre Wut sogar am Personal ausließ. Einmal habe Hillary ihren Bill wegen neuer Sex-Schlagzeilen angebrüllt: »Komm sofort her, du Arschloch!«[20] Aber am Ende, wenn er zerknirscht versprochen hatte, es nie wieder zu tun, vertrugen sie sich auch wieder.
Böse Zungen in Washington behaupteten, die Beziehung der Clintons sei längst tot. »Sie leben nicht als Mann und

Frau zusammen«, schrieb Aldrich. »Das ist im Weißen Haus kein Geheimnis, obwohl die Clintons versuchen, nach außen den Anschein einer Ehe aufrechtzuerhalten.« Übrig bleibe hier nur ein Zweckbündnis: Sie lasse ihn gewähren und dürfe dafür politisch mehr mitbestimmen als jede First Lady vor ihr, so bei der Vorlage eines Kinderschutzgesetzes, für das 21,7 Milliarden Dollar Etatmittel bereitgestellt werden sollen und über das Hillary, wie der Präsident zugab, »seit mehr als 25 Jahren mit mir spricht«. Galt zwischen den beiden, was Intimitäten anging, die eiserne Regel »Wer nicht fragt, bekommt auch keine Antwort«?

»In einer Ehe zählen nur die beiden, die sie eingegangen sind«, sagte Hillary Clinton dazu. »Wir wissen alles, was wir voneinander wissen müssen, und wir verstehen, akzeptieren und lieben einander.« In ihrer Kolumne schrieb sie anläßlich ihres zwanzigsten Hochzeitstags schon im Oktober 1995: »Wie jedes Ehepaar, das schon so lange zusammen ist, haben wir hart an uns gearbeitet und unseren Anteil an Schmerz ausgehalten, um unsere Ehe stärker und inniger werden zu lassen.« Als ganz besonders wichtig hob sie damals hervor, »daß wir Chelsea hatten«. Aber schon lang hätten Bill und sie sich vorgenommen, »daß beide Partner immer ihr Bestes geben und Krisen und Herausforderungen durchstehen, wie sie im Leben jedes Paares unvermeidlich auftauchen«. Die stets auf einen Rest Privatsphäre insistierende First Lady fügte hinzu: »Die Leute meinen immer, sie wüßten alles über unsere Beziehung, obwohl jede Ehe, unsere eingeschlossen, in Wirklichkeit aus Augenblicken besteht, die niemand jemals erkennen kann.«

Die Angriffe auf Clintons Charakter bewirkten oft genau das Gegenteil. »Sie dienen nur dazu, sie menschlicher und nahbarer erscheinen zu lassen«, betonte Hillary-Biograph David Brock. »Die Leute tolerieren die Clintons weiter, weil sie an ihnen die gleichen Warzen und Flecken sehen, die jeder hat. Wir versuchen alle gut zu sein und versagen.« Vor allem aber: Wer soll Clinton etwas nachtragen, wenn seine Frau ihm – wie 1992 bei Gennifer Flowers – verzeiht? »Sie zeigt Loyalität und Würde«, urteilte Myrna Blyth, die Chefredakteurin des *Ladies' Home Journal*. »Viele Frauen sagen vielleicht: Ich würde diesen Knacker rausschmeißen. Aber sie wollen nicht, daß die First Lady so handelt.«[21]

Mit den Erschütterungen zu Jahresbeginn war der Fall jedoch nicht ausgestanden, auch wenn es zwischendurch so aussah, als käme Clinton ungeschoren davon. Am 1. April 1998 schlug das Bundesgericht in Little Rock sogar die Sex-Klage von Paula Jones wegen Nichtigkeit nieder, und Bill Clinton, unterwegs in Afrika, hielt die gute Nachricht zunächst für einen Aprilscherz. Starr jedoch verhörte seine Zeugen unermüdlich: Monica Lewinsky, ihre angebliche Freundin Linda Tripp, die Starr auf sie gehetzt hatte, Clintons mitwissende Chefsekretärin Betty Currie, seinen Intimus, den Staranwalt Vernon Jordan, und unzählige Mitarbeiter des Weißen Hauses. Daraus baute er ein gewaltiges Dossier, das unter der Bezeichnung Starr-Report am 10. September dem Repräsentantenhaus vorgelegt wurde – mit der Empfehlung, gegen den Präsidenten ein Verfahren zur Amtsenthebung (Impeachment) einzuleiten, wie es in der amerikanischen Geschichte nur zweimal vorgekommen war (1868 gegen Andrew Johnson und 1974 gegen Richard Nixon).

Ein zentrales Element von Starrs Bericht war die Vernehmung Bill Clintons im Kartenraum des Weißen Hauses am 17. August. Das vierstündige Verhör wurde der Grand

Jury per Fernsehen überspielt und später auch allgemein ausgestrahlt.

Hier platzte Clintons Dementi von Januar, hier mußte er seine Sünden zugeben, hier geriet er in Widerspruch zu früheren Aussagen im Paula-Jones-Verfahren. Mit scharfem juristischem Verstand wählte er seine Worte genau, um dem Vorwurf des Meineids zu entgehen, den Starr dann doch erhob. Noch am selben Abend gestand Clinton in einer Fernsehansprache auch vor der gesamten Nation:

> Wie Sie wissen, bin ich im Januar bei einer gerichtlichen Vorladung nach meiner Beziehung zu Monica Lewinsky befragt worden. Obwohl meine Antworten juristisch akkurat waren, gab ich freiwillig keine Informationen preis. Ich hatte tatsächlich ein Verhältnis mit Miss Lewinsky, das nicht angemessen war. In der Tat war es falsch. Es stellt eine entscheidende Fehlbeurteilung und ein persönliches Versagen meinerseits dar, für das ich allein und vollständig verantwortlich bin. Aber ich habe heute der Grand Jury gesagt – und jetzt sage ich es Ihnen –, daß ich zu keinem Zeitpunkt jemanden aufgefordert habe zu lügen, Beweise zu verstecken oder zu vernichten oder sonst irgendwelche ungesetzlichen Handlungen vorzunehmen. Ich weiß, daß meine öffentlichen Äußerungen und mein Schweigen in dieser Anlegenheit einen falschen Eindruck vermittelt haben. Ich habe Leute getäuscht, einschließlich sogar meiner Frau. Ich bedaure das zutiefst ... Jetzt bleibt dies eine Angelegenheit zwischen mir, den beiden Menschen, die ich am meisten liebe, nämlich meiner Frau und mei-

ner Tochter, und unserem Gott. Ich muß es richten. Und ich bin bereit, dafür alles zu tun, was erforderlich ist. [22]

Dem Tag des Bekenntnisses war ein dramatisches Wochenende im Weißen Haus vorausgegangen. Berater der Clintons versicherten, er habe erst zu diesem Zeitpunkt seiner Frau und seiner Tochter endgültig reinen Wein eingeschenkt. »Jeder, der meint, Hillary habe alles vorher gewußt, war an jenem Wochenende nicht dabei«, sagte die TV-Produzentin Linda Bloodwoth-Thomason, eine alte Freundin. »Der erste Stock des Weißen Hauses war ein bedrückender Ort.« Diesmal flogen keine Tassen, aber die Distanz, die sie in den kommenden Woche zu ihm hielt, wann immer sie gemeinsam auftraten, verriet ihren Schmerz. Sie zog sich zurück, telefonierte stundenlang mit ihrer Mutter, tobte sich an ihren Gymnastikgeräten aus – und suchte geistlichen Beistand beim alten Weggefährten Jesse Jackson. Der verriet der Nation via CNN: »Sie ist reif, und beide lieben sich, und ihre Ehe wird das überstehen.«
Trotz allem beteiligte sich Hillary Clinton an der Vorbereitung seiner Fernsehansprache. Unter Clintons Beratern blieb umstritten, ob er Starr angreifen oder sich nicht lieber nur reumütig verhalten sollte. Hillary, die Starr als Speerspitze der jahrelangen Verschwörungen gegen Bill und sie betrachtete, sprach sich für eine scharfe Linie aus, beteiligte sich aber nicht lange an der Debatte: »Es ist deine Rede. Sag, was du für richtig hältst.« Er sagte schließlich, was Hillary für richtig hielt, daß Starr zu weit gegangen sei, sich unzulässig in sein Privatleben eingemischt und zu viele Unschuldige hineingezerrt habe. Weil das zu aufmüpfig klang, ließ sich Clinton später dann

doch zu einem zerknirschteren Schuldbekenntnis überreden. Dazu wählte er passend eine Gebetsstunde im Weißen Haus: »Ich habe gesündigt …« Und er bat alle Betroffenen um Vergebung, Hillary vor allem, aber selbst »Monica Lewinsky und ihre Familie«.

Was Hillary Clinton betraf, so ließ sie über ihre Pressestelle nur verbreiten, sie fühle sich »ihrer Ehe verpflichtet« und liebe ihren Mann; alles andere bleibe »privat«, denn sie fühle sich »sehr unwohl« bei der öffentlichen Neugier über ihr Privatleben. Doch schon im September nach einem Urlaub auf Martha's Vineyard, bei dem Bill Clinton nach Darstellung seines Freunds James Carville die meiste Zeit »in der Hundehütte« verbrachte, trat die Präsidentengattin wieder öffentlich für ihren Mann auf. Bei einer Veranstaltung im Weißen Haus führte sie ihn ein als jemanden, »der das Beste für Amerika tut«: »Ich bin stolz auf seine Führungseigenschaften. Ich bin stolz auf sein Pflichtgefühl. Ich bin stolz auf das, was er unserem Land – und uns allen – jeden Tag gibt.« Dann umarmte sie ihn andeutungsweise und klopfte ihm steif auf den Rücken.

»Ihre Reaktion war immer, zu beharren, ihn nach außen vollkommen und unausweichlich zu unterstützen und im Privaten wütend, absolut böse mit ihm zu sein«, erklärte der Clinton-Biograph Roger Morris, Autor des Buches »Partners in Power«. »Sie neigt dazu, ihn wie ein verirrtes Kind zu behandeln und an die Hand zu nehmen.«[23] Der Washington-Post-Reporter David Maraniss, der für seine Clinton-Biographie »First in His Class« den Pulitzer-Preis gewann, beschrieb die Symbiose des »Billary«-Paares so: »Ihre Angewohnheit war stets, ihn in der Öffentlichkeit zu verteidigen, was auch immer geschah; seine Angewohnheit wurde, sich darauf immer zu verlassen, wodurch es ihm weniger dringend erschien, ihr alles zu sagen. Wenn man die Natur ihrer Beziehung über ein Vierteljahrhundert betrachtet, erscheint die Annahme, daß sie ihren Ehemann verlassen könnte, [...] fast abwegig. Wenn sie ihn im Stich läßt, würde sie sich zugleich selbst im Stich lassen.«[24]

Jemand, der Hillary noch besser kannte, schien indes diese Vorstellung nicht gar so abwegig zu finden. In einem Gesprächsprotokoll des Starr-Reports beschreibt Monica Lewinsky, wie Bill Clinton sich am 4. Juli 1997 über seine Zukunft äußerte: »Er sagte, er wünschte, er hätte mehr Zeit für mich. Und da sagte ich, nun, vielleicht hast du ja in drei Jahren mehr Zeit. Und ich dachte dabei nur, wenn er nicht mehr Präsident ist, hat er bestimmt mehr Zeit übrig. Und er sagte, nun, ich weiß nicht, vielleicht bin ich in drei Jahren allein ...«

Entscheidungsfaktor Hillary

»Don't stop thinking about tomorrow« hieß der Schlager, den die Clintons zu ihrem Wahlkampfhit 1992 machten, und auch im Herbst 1998, als das Repräsentantenhaus ein Impeachment-Verfahren gegen Bill Clinton vorbereitete, galt diese Regel für die First Lady: Immer nach vorn schauen, nie aufgeben! Denn es war auch wieder einmal die Zeit der Zwischenwahlen zum Kongreß. Die Republikaner erwarteten nach all den Skandalen einen gewaltigen Sieg über die Demokraten.

In dieser Situation trommelte die demokratische Abgeordnete Juanita Millander-McDonald aus Kalifornien zwei Dutzend ihrer Kolleginnen aus dem Repräsentantenhaus zusammen und verkündete: »Wißt ihr, was, Frauen? Wir müssen zu Hillary gehen.« Allesamt hatten sie in ihren Wahlkreisen erfahren, wie Wählerinnen ihre Sorge vortrugen, daß soziale Themen völlig untergehen würden, wenn die Demokraten die Wahl verlören. »Wir dürfen uns nicht in eine Stimmung hineintreiben lassen, in der wir defätistisch erscheinen«, sagte die Politikerin. »Hillary ist für unsere Ziele entscheidend.«

Am 15. September marschierten die Damen ins Weiße Haus, und sie stießen bei der First Lady auf offene Ohren. Sie ließ sich sofort einspannen.

Über den Skandal wurde kein Wort gesprochen, dafür um so mehr über gemeinsame Anstrengungen, die Stimmung im Wahlkampf umzudrehen. »Wir glauben wirklich, daß Frauen massenhaft mit Hillary hinausziehen können und daß wir über die Themen reden, um die sich die Menschen in diesem Land am meisten sorgen – Bildung, Krankenschutz, die Umwelt, soziale Sicherheit«, erklärte nach dem Treffen die New Yorker Abgeordnete Nita Lowey.

Als erstes machte sich Hillary daran, im Kongreß die Anti-Impeachment-Fraktion zu stärken. Sie rief demokratische Abgeordnete an, die nach Clintons Geständnissen gegen ihn aufgetreten waren, und hämmerte ihnen ein, der Präsident dürfe im Interesse der Gesamtpolitik nicht abgesetzt werden. Ihr Hauptargument war stets die unannehmbare Verletzung der Privatsphäre durch Sonderermittler Starr. Sie schaffte es, selbst einen der schärfsten Kritiker, Jim Moran aus Virginia, umzudrehen. »Sie hat mehr Grund als irgend jemand von uns, sich verletzt und angewidert zu fühlen«, sagte er, »und dennoch betont sie nur, was im besten Interesse des Landes ist.«[25]

In den folgenden Monaten reiste sie kreuz und quer durch die Vereinigten Staaten, sammelte Sympathien und Geld für Kandidaten ihrer Partei ein und betonte überall, daß es wichtigere Themen gebe als den Starr-Report. Während Bill Clinton meist kleine geschlossene Parteiveranstaltungen besuchte – und sogar von einigen Kandidaten ausgeladen wurde –, warb seine Frau vor großem Publikum für eine »neue demokratische Politik«.

Sie gab Interviews, in denen sie alle Depressionen abschüttelte: »Manchmal sagen Leute zu mir: ›Ich wette, Sie sind glücklich, wenn das alles vorbei ist.‹ Und ich sage immer: ›Im Gegenteil. Ich habe die außergewöhnlichsten Erfahrungen gesammelt.‹ Ich denke nicht so sehr über meine Hinterlassenschaft nach als darüber, was ich tagtäglich tun kann, um einen Beitrag für die Zukunft zu leisten.«[26]

Allein in den letzten Tagen vor der Wahl vom 3. November 1998 trat die First Lady, stets umjubelt, bei 34 Wahlveranstaltungen und etwa 50 Spenden-Dinner in 20 Bundesstaaten auf.

Der Erfolg stellte alle Erwartungen in den Schatten. Nicht nur eine Niederlage konnten die Demokraten vermeiden, sie holten sich sogar Sitze im Repräsentantenhaus zurück und hielten im Senat stand. »Bill Clinton«, wunderte sich *Newsweek*-Kolumnist Michael Elliott, »scheint mehr Leben als eine Katze zu haben.« Obwohl die republikanische Mehrheit im Kongreß insgesamt erhalten blieb, stürzte das Ergebnis die Grand Old Party in wüste Verwirrung. Als Sündenbock wurde Newt Gingrich ausgemacht, der überraschend schnell die Konsequenzen zog und im November für immer aus der Politik ausschied. Damit hatte Hillarys Supereinsatz nicht nur den ärgsten Rivalen ihres Mannes eliminiert, sie schaffte es auch, fast alle bedrängten Kandidaten, für die sie Wahlkampf betrieb, zu retten, darunter die kalifornische Senatorin Barbara Boxer, die 60 Prozent der Frauenstimmen erhielt. Ihr eifriger Einsatz für den New Yorker Demokraten Charles Schumer führte überdies zur Abwahl des Republikaners Alphonse D'Amato, der ihr als Leiter der Whitewater-Kommission des Senats das Leben schwergemacht hatte. Nur die von Affären belastete, erste Schwarze im Senat, Carol Moseley-Braun, eine der Siegerinnen aus dem »Jahr der Frau« 1992, konnte sie in Illinois nicht vor der Niederlage bewahren. Dafür aber die gesamte Damenriege, die sie engagiert hatte.

Plötzlich war Hillary Rodham Clinton nicht nur das Pik-As der Demokraten, sondern, so *Time*, »die mächtigste politische Figur in Amerika«. Sie hatte – anders als 1994 und 1996 – bewiesen, daß sie ein Stimmenmagnet, ganz beson-

ders im wahlentscheidenden Segment der Frauen und Jungwähler, aber auch der werteorientierten älteren Amerikaner sein konnte. Sie feierte ihren Erfolg im Weißen Haus, indem sie Freundinnen zu einer Privatvorführung des Films »Beloved« einlud.
Ihr Mann Bill, dem der Erfolg tiefe Genugtuung und die Hoffnung auf ein Scheitern des Impeachment-Verfahrens bescherte, war nicht dabei. Er hockte mit Beratern im Büro seines Stabschefs bis in die Nacht hinein vor dem Computer, um sich auch noch am letzten Teilergebnis zu ergötzen.
Wieder einmal zerbrach sich Amerika Hillarys Kopf: Wenn sie Bill Clinton vor dem politischen Untergang bewahrt hat, könnte sie nicht noch besser auf eigenen Wegen in der Politik bestehen? Litt nicht ihre Glaubwürdigkeit, solange sie Bills Fehlverhalten immer stumm hinnahm? Drohte der endgültige Bruch des »Billary-Teams«, noch ehe Clintons Amtszeit am 20. Januar 2001 mittags endete? Politische Sachkenner in Washington gaben ihr beste Chancen, ein Amt wie das einer Gouverneurin oder Senatorin zu erringen. Sie selbst hielt sich bedeckt bei Aussagen über ihre politische wie private Zukunft.
Am Wochenende vor der Zwischenwahl beklatschten 2500 Schwarze in einem Saal der Bürgerrechtsorganisation Rainbow/PUSH an der armen South Side von Chicago, wie Hillary Clinton von ihrem Vertrauten Jesse Jackson in höchsten Tönen gepriesen wurde. »Es ist etwas Besonderes an Ihrem Stil, an Ihrer Grazie, an Ihrer Kraft, an Ihrer Mütterlichkeit, an Ihrem Frausein, an Ihrer Reife, an Ihrem Patriotismus, an Ihrer Vernunft«, sagte der schwarze Prediger.
Dann rief er theatralisch: »Hillary, Sie sind durch den Regen gelaufen und nicht naß geworden. Sie sind durch das

Feuer gegangen, und es ist nicht ein Brandfleck an Ihrer Kleidung.«[27]

Die Begeisterung wollte sich nicht legen, als die First Lady ans Mikrophon trat. »Kandidieren Sie selbst!« kamen Rufe aus der Menge. »Sie muß sich für ein Amt bewerben!« Da strahlte Hillary Rodham Clinton wie noch nie.

Auf eigenen Wegen

»Ich glaube, wir werden zu irgendeinem Zeitpunkt einen weiblichen Präsidenten haben, und ich hoffe, es wird innerhalb der nächsten 20 Jahre sein.« Diese Antwort gab Hillary Clinton, als sie im Herbst 1998 von der Frauenzeitschrift *Ladies' Home Journal* nach einem Blick in die Zukunft gefragt wurde. Die Interviewerin wagte indes nicht, die Frage anzuhängen, wer das denn sein solle. Als der Autor dieses Buches 1994 die Gelegenheit zu dieser Frage hatte, wies Hillary Clinton den Gedanken von sich:

> »Einige sehen Sie schon als nächsten US-Präsidenten.«
> »Das ist absurd.«
> »Sie träumen nie davon?«
> »Nein, nein! Das wäre ein Alptraum!«

Doch die Vision drängt sich jedem auf, der diese energiegeladene Frau herumwirbeln sieht. Will sie es wirklich nicht? Die Publizistin Gail Sheehy, die viele Interviews mit Hillary Clinton geführt hat, schloß nicht aus, »daß bei der nächsten Präsidentenwahl, oder bei einer der nächsten, der andere Clinton auf dem Stimmzettel steht«. Immerhin sind Amerikas Wähler zunehmend bereit, den historischen Sprung zu einer »Mrs. President« zu wagen. Nach Umfragen hätten 76 Prozent aller Amerikaner nichts gegen eine Frau auf dem Stimmzettel. Eine Gruppe unabhängiger Frauen und Männer startete 1998 eine Aktion, die sie das »White House Project« nannte. Ihr Ziel war, im Jahre 2008 eine Frau ins Weiße Haus zu bekommen. »Es ist an der Zeit, etwas Gleichgewicht in unsere Demokratie zu bringen«, erklärte die Vorsitzende der Gruppe, Marie C. Wilson. »Wir arbeiten auf den Tag hin, an dem es normal sein wird, daß Frauen sich um das Präsidentenamt bewerben. Als ersten Schritt wollen wir den Amerikanern zeigen, daß wir viele talentierte und qualifizierte Frauen haben, die dafür in Frage kämen.« Wenn sich fast 20 Länder ein weibliches Staatsoberhaupt geleistet haben, warum nicht die USA?

Mit Hilfe von Publikumszeitschriften wie der Wochenendbeilage *Parade* stellte das White House Project 20 Amerikanerinnen vor, von denen eine die erste Präsidentin werden könnte: Unicef-Chefin Carol Bellamy, Gewerkschafterin Linda Chavez-Thompson, Rotkreuz-Präsidentin Elizabeth Hanford Dole, die Politikerinnen Maria Echaveste, Dianne Feinstein, Kay Bailey Hutchinson, Mary Landrieu, Donna Shalala, Olympia Snowe und Christine Todd Whitman, die Unternehmerin Ann Fudge, die Kinderadvokatin Marian Wright Edelman, die Minderheitenvertreterinnen Wilma Mankiller, Macie Jemison und Angela Oh, die Universitätsrektorinnen Bernadine Healy und Judith Rodin, die Generalin Claudia Kennedy – und natürlich First Lady Hillary Rodham Clinton.

»Braucht unser politisches Klima einen drastischen Wechsel?« schrieb die Chefredakteurin der Zeitschrift *Parade*, Jane Ciabattari. »Könnte eine Frau Präsident der USA sein? Der Demokratie ist am besten gedient, wenn die meisten Leute sich an diesem Vorgang beteiligen, aber Frauen, die 51 Prozent der Bevölkerung ausmachen, stellen nur 20 Prozent der gewählten Politiker.«[28]

Ganz gewiß hat das Erscheinen von Hillary Rodham Clinton auf der Weltbühne die Diskussion über Frauen in der Politik vorangetrieben; über ihre praktische Wirkung müssen wohl die Paare des 21. Jahrhunderts entscheiden. Nirgendwo läßt sich der ewige Konflikt zwischen den Geschlechtern allein durch Quoten-, Sprach- oder Verhaltensregelungen aus der Welt schaffen. Auch wenn immer mehr Frauen auf den Stufen zur Macht emporsteigen, überschattet in weiten Teilen der Erde noch ein erschreckendes Bild von Diskriminierung den Alltag unzähliger Frauen: Sie werden verraten und vergessen, verprügelt und vergewaltigt, verdrängt und verlacht. Nun fordern sie von den Männern an der Macht ihre Rechte ein: das Recht auf Mitbestimmung und auf Selbstbestimmung. Vor allem aber wollen sie respektiert und endlich, endlich ernstgenommen werden. Und hierbei zählt Hillarys Vorbild am meisten.

Aus dem Geschlechterkonflikt entsteht zu Ende des 20. Jahrhunderts in den westlichen Demokratien etwas Neues. Verkrustete Denkmuster und überholte Sozialstrukturen fallen, neue Formen entstehen: Es geht nicht um eine maskuline oder feminine Welt, sondern um eine humanere. Die hessische SPD-Politikerin Heidemarie Wieczorek-Zeul sprach eine Grundüberzeugung des Feminismus aus, als sie postulierte: »Wer die menschliche Gesellschaft will, muß die männliche Gesellschaft überwinden.« Der Maßstab für Politik ist zunehmend, im Interesse aller zu handeln, Männer wie Frauen, Mehrheit wie Minderheit, und so Mißstände und Gegensätze abzubauen und Verteilungskonflikte zu verhindern. Genau das ist Hillarys Konzept.

Doch der Wandel hat noch viele Hürden zu überwinden. Schon der Gedanke, daß Frauen überall und uneingeschränkt wirken, wo heute Männer sind – bis hin an die

Grenzen der Gleichheit im Cockpit einer F/A-18 –, hält Widerstände lebendig. Welche realen Gründe sprechen dagegen, daß Frauen Mehrheiten in Kabinetten und Parlamenten bilden, daß die Chefin und die Generalin zur Selbstverständlichkeit werden? Keine!

In einer Epoche, wo Muskelkraft weniger ausschlaggebend ist als Geistesvermögen und somit der naturgegebene Vorteil des Mannes aufgehoben wird, geht die Entwicklung genau dahin. Hillary Rodham Clinton hilft heute, Weichen zu stellen. Ob die Welt durch mehr Frauenmacht wirklich humaner wird, muß die Zukunft erweisen. Als in den USA das Frauenwahlrecht eingeführt wurde, erklärte Präsident Warren Harding: »Mit der allgemeinen Einführung der Frauenschaft in unser politisches Leben können wir damit rechnen, daß ihre Institutionen, ihre Verfeinerungen, ihre Intelligenz und ihr Einfluß die soziale Ordnung überhöhen.« Das war am 4. März 1921.

Power-Frauen und Frauen-Power bleiben Irritationsfaktoren für Männer, die das Tabu maskuliner Macht nicht angerührt sehen wollen, für männliche Politiker, denen aus der zunehmenden Macht der Frauen nur Konkurrenz erwächst – aber auch für radikale Frauen. »Hillary Clinton«, schrieb die Schriftstellerin Shirley Abbott aus Arkansas in der Frauenzeitschrift *Glamour*, »verwirrt viele Feministinnen, die es hassen, zuzusehen, wie so eine Frau für ihren jünglinghaft aussehenden Ehemann wirbt, wenn sie selbst um den ersten Preis spielen könnte.«[29]

Aber Pragmatismus war schon immer Hillarys starke Seite. Wo andere sich mit ideologischen Bauchschmerzen quälten, steuerte sie das Machbare an – und erreichte es in der Regel auch. So gelangte sie an den Gipfel der Macht als Partnerin des Machtinhabers. Peinliche Anpassung oder erfolgreiche Taktik? »Ob es einem paßt oder nicht«, meint ihre Weggefährtin Meredith Oakley, Kolumnistin der *Arkansas Democrat-Gazette*, »sie ist eine brillante Politikerin. Sie ist viel klüger als er.«[30]

Sie selbst sah ihre Rolle unverändert als die einer »Fürsprecherin« – für Kinderprobleme, für die Gesundheitsreform, für Frauenrechte, für die Erhaltung historischer Gebäude, für den Kampf gegen Brustkrebs. Sie hat sich, wie inzwischen jeder in Washington weiß, nicht gescheut, ihren Einfluß zu nutzen, um die Macht im Staate, vertreten durch ihren Mann und seine ihr meist wohlvertrauten Berater und Minister, in ihrem Sinne zu bewegen. Aber die Macht selbst zu erlangen, ist eine ganz andere Sache. Freunde in Arkansas erinnern sich an ihre Entscheidung, 1990 nicht für das Gouverneursamt zu kandidieren. Sie selbst sondierte diese Möglichkeit, die offen in einigen Lokalzeitungen angeregt wurde, mit einer Reihe von Politikern und Vertrauten. Staatssenatorin Charlie Cole Chaffin meinte: »Sie hätte eine starke Mehrheit bekommen.«[31] Ihre engste Vertraute in Arkansas, Carolyn Huber, bestätigte: »Sie begeisterte sich sehr für die Idee … Ich glaube, sie wäre gern Gouverneurin geworden.«[32] Als Bill Clinton sich dann doch entschied, lieber erster Mann von Arkansas zu bleiben, trat sie wieder zurück ins Glied.

Genau an solchen Wegkreuzungen des gemeinsamen Schicksals von Bill und Hillary Clinton – ihre Entscheidung, nach Arkansas zu gehen, ist eine weitere – scheiden sich die Geister amerikanischer Feministinnen: Ist Hillary Clinton doch weniger selbstbewußt, als ihr forsches Auftreten annehmen läßt? Fehlt ihr letztlich doch jene Willenskraft, die Frauen brauchen, um in einer Männerwelt an die Macht zu gelangen? Katha Pollitt, eine Expertin für Frauenfragen, legte den Finger auf diesen wunden Punkt:

»Hillary Clinton mag Frau eines Politikers neuen Stils sein, aber sie repräsentiert eine alte Form der politischen Macht von Frauen: Zugang durch mächtige Männer statt direkt an die Macht … Man fragt sich manchmal, ob Hillary darüber nachdenkt, daß sie sich selbst – und die Frauen – zu billig verkauft.« [33]

Politik und Idealismus

Hillary Clinton, eher eine Reformliberale und Wertkonservative (»Kann man im Geiste konservativ und im Herzen liberal sein?«), vor allem aber eine Pragmatikerin, hat sich nie auf die Rolle einer Feministin festnageln lassen: »In meinem Verständnis bedeutet Feminismus nicht die Ablehnung der Mutterrolle, der Kindererziehung und der Sorge für den Mann des Lebens.«[34] Gewiß hat sie mit großer Energie Anliegen der Frauen – und der Frauenbewegung – vorangebracht, von der Gleichstellung in Beruf und Gesellschaft über die Abtreibung bis zu neuen Formen der Partnerschaft in Ehe und Familie. Einmal benutzte sie für diese Veränderungen, Ergebnis von 30 Jahren feministischer Kampagnen, den eigentlich aus Bushs Außenpolitik stammenden Begriff der »Neuen Weltordnung« und prognostizierte die Zukunft in einem Interview mit *Newsweek*: »… wir versuchen, viele der Veränderungen, die wir in den vergangenen 20 oder 30 Jahren durchlebt haben, miteinander in Einklang zu bringen, wo wir anerkennen, daß wir ein Recht haben, über unser eigenes Schicksal zu bestimmen und uns selbst als Individuen zu definieren; aber wo wir auch erkennen, daß Frauen, ob aus biologischen oder sozialen Gründen, auch Teil von Beziehungen und mit etwas verbunden sein wollen, das größer ist als sie selbst, als Teil des fortwährenden Kreislaufs des Lebens.«[35]

Dieses Bewußtsein, daß es immer mehr gibt als das, was im Alltag so wichtig erscheint, zieht sich wie ein roter Fa-

den durch Hillary Clintons Denken, und es trifft auch auf ihre Perspektive zum Kampf der Frauen zu. Auf die Frage, ob Susan Faludi mit ihrem Buch »Die Männer schlagen zurück« damit recht hat, daß nach Jahren des Fortschritts nun ein Rückschlag reaktionärer (männlicher) Kräfte gegen die Frauenbewegung zu spüren sei, antwortete sie, daß »man es immer als Teil eines viel größeren Themenkreises sehen muß, mit dem Menschen fertig werden müssen«. Ihr Beispiel für den Makro-Ansatz kommt aus dem Bereich der Kinderfürsorge: Wie soll eine alleinstehende Mutter in sozialer Notlage für ihr Kind sorgen? Wie soll sie sich als Frau emanzipieren, wenn sie viel unmittelbarere Existenzprobleme zu bewältigen hat?
Macht hat sie stets fasziniert, seit sie im Watergate-Untersuchungsausschuß die Selbstgespräche von Richard Nixon abgehört hat. Ihr Wille zur Macht beflügelte sie in all ihren Einsätzen für Bills Wahlkämpfe seit 1974, selbst nach der tiefen Demütigung durch die Lewinsky-Affäre 1998. Aber Macht ist für Hillary Rodham Clinton kein Selbstzweck, eher Mittel zum Zweck, und obwohl sie pragmatisch genug ist, unheilige Mittel anzuwenden, wenn es sein muß – ein bißchen Show hier, ein bißchen Zensur dort, ein bißchen Manipulation überall –, den Zweck hält sie heilig.
Sie schöpft ihre Macht aus unerschütterlichen Prinzipien und hehren Zielen, aus tiefgreifenden Überzeugungen. Auch wenn sie es in Interviews und Vorträgen gern mit einem Hauch von Selbstironie ansprach (»Ich weiß, es klingt vielleicht hoffnungslos idealistisch«), so bezweifelte doch kaum jemand, daß sie es ernst meinte mit dem, was die *New York Times* einmal ihre »Politik der Tugend« nannte. Hillary als Überzeugungstäterin, als Ideologin des Guten – das war genug, um den eingefleischten Zynikern

des Spiels mit der Macht, der politischen Klasse von Washington, D. C., Angst und Schrecken einzujagen.
Denn hier traf Hillary Clinton einen Nerv des amerikanischen Selbstbewußtseins: Gut zu sein, besser zu sein als andere, dieser Wunsch, obgleich oft unerfüllt oder gar unerfüllbar, liegt tief im Kern des »Amerikanischen Traums«. Für den praktischen Alltag genügt es, den Traum durch Erfolg, Geld und Luxus zu erleben, aber der Seele kann es gar nicht idealistisch genug sein. Das naive Verlangen zurückzukehren zu Zeiten, in denen alles viel besser war, das Leben einfacher und die Menschen glücklicher erschienen, sprach die First Lady bewußt immer wieder an. Ihr Bild von der heilen Familie ist eine Ikone dieser Nostalgie.
Unter dem Titel »Die Heilige Hillary« kommentierte der Journalist Michael Kelly im Sonntagsmagazin der *New York Times* den Höhenflug der First Lady: »Sie möchte, daß die Menschen mehr nach der Goldenen Regel leben. Sie möchte im großen Umfang Gutes tun, und sie erwartet von anderen, daß sie ebenfalls Gutes tun. Sie möchte die Welt verbessern – so wie sie ›besser‹ definiert ... Mrs. Clinton scheint – in aller Ernsthaftigkeit – im Sinn zu haben, den Weg für etwas in der Größenordnung einer Reformation zu bahnen: die Umgestaltung der amerikanischen Art der Politik, der Regierung, ja der Lebensweise selbst.«[36]
Hier bahnte sich etwas an, das selten aus dem Weißen Haus gekommen ist und noch nie von einer Präsidentengattin: In einer Zeit, da sich Politik für viele Amerikaner auf Dreißig-Sekunden-Fernsehspots im Wahlkampf beschränkte, stellte jemand die Frage nach dem Sinn der Politik, der Gesellschaft und der menschlichen Existenz.
Der Ansatz, Politik und Macht zu idealisieren, war schon seit ihrer Jugend vorhanden, gefördert durch ihr Eltern-

haus und durch Geistliche ihrer Methodistenkirche. Sie legte ihre Form von »Sinnpolitik« 1993 in einem Vortrag an der Universität von Texas in Austin dar, einen Tag vor dem Tod ihres Vaters Hugh Rodham:

> Warum gibt es in einem Land, das trotz wirtschaftlicher Probleme so wohlhabend ist wie unseres, in einem Land mit der dauerhaftesten Demokratie so eine Tiefenströmung der Unzufriedenheit, dieses Gefühl, daß irgendwie wirtschaftliches Wachstum und Reichtum, politische Demokratie und Freiheit nicht genug sind; daß uns irgendwo im Kern unseres individuellen Lebens und kollektiv ein Sinn fehlt; dieses Gefühl, daß unser Leben Teil eines größeren Bemühens ist, daß wir miteinander verbunden sind, daß Gemeinschaft bedeutet, daß wir einen Platz haben, an den wir gehören, egal, wer wir sind. Und das liegt nicht sehr tief unter der Oberfläche, denn wir können sehen, wie Zeichen der Entfremdung und der Verzweiflung und der Hoffnungslosigkeit durch die Oberfläche hervorstoßen, die nur allzu geläufig sind und nicht ignoriert werden können. Sie kommen abends über die Nachrichten in unsere Wohnzimmer; stehen auf den Titelseiten der Zeitungen; sie sind überall in unserer Nachbarschaft. Wir sind, so glaube ich, in einer Sinnkrise. Was bedeuten unsere Regierungseinrichtungen? Was bedeutet unser Leben in der heutigen Welt? … Was bedeutet es in der heutigen Welt, nicht nur seine Tätigkeit zu verrichten, Teil von Institutionen zu sein, sondern Mensch zu sein? …
>
> Jeder von uns muß das alte Denken durchbrechen, das uns politisch und institutionell viel zu lang be-

herrscht hat, damit wir anfangen können, neue Wege des Denkens zu entwickeln, nicht nur darüber, was es bedeutet, Regierungen zu haben, die wieder funktionieren, was es bedeutet, Wirtschaftssysteme zu haben, die Menschen nicht wie Ballast abwerfen, den wir nicht mehr brauchen, sondern um unsere institutionellen und persönlichen Verantwortlichkeiten in einer Weise zu definieren, die diesen Mangel an Sinn beantwortet.

Wir brauchen eine neue Sinnpolitik. Wir brauchen ein neues Ethos der individuellen Verantwortung und Fürsorge. Wir brauchen eine neue Definition der zivilen Gesellschaft, die die unbeantwortbaren Fragen beantwortet, die uns sowohl die Marktkräfte wie die politischen Kräfte stellen, nämlich, wie wir eine Gesellschaft haben können, die uns wieder erfüllt und uns fühlen läßt, daß wir Teil von etwas sind, das größer ist als wir selbst. …

Laßt uns bereit sein, unsere Gesellschaft umzuformen, indem wir umdefinieren, was Menschsein im 20. Jahrhundert, auf dem Weg in das neue Jahrtausend, bedeutet. Laßt uns bereit sein, bei der Veränderung unserer Institutionen zu helfen, die neuen Herausforderungen anzugehen, mit denen sie konfrontiert sind. Laßt uns versuchen, die Bedeutung unserer zivilen Gesellschaft wiederherzustellen, indem wir uns selbst unseren Kindern widmen, unseren Familien, unseren Freunden und indem wir über den Kreis derer hinausreichen, die wir kennen, zu den vielen anderen, von denen wir in dieser komplexen Gesellschaft abhängen und indem wir ihr Leben etwas besser verstehen und alles tun, um ihre Bürden zu erleichtern.[37]

»Ein brennendes Verlangen«

Aus Hillarys Ansatz sprechen idealistische und theologische Leitmotive von Albert Schweitzer über Dietrich Bonhoeffer bis zu Paul Tillich, im Wesenskern aber das biblische Urprinzip »Liebe deinen Nächsten wie dich selbst«. Hillary sprach in ihrem Texas-Vortrag von der »Eingebung Gottes«. Anregen ließ sie sich hierbei von dem Herausgeber der liberalen jüdischen Zeitschrift *Tikkun*, Michael Lerner aus San Francisco, von dem sie den Kernbegriff der »Politics of Meaning« übernahm. Aber sie stellte die Thematik der Sinngebung in ein politisches Umfeld, das noch unter den wirtschaftlichen Schockwellen der selbstsüchtigen achtziger Jahre, der »Zeit der Raffgier«, zu leiden hatte und in dem neue Wege gesucht wurden.

Immer wieder stellt Hillary Clinton ihr methodistisches Pflichtbewußtsein heraus. Dienen, anderen helfen, für etwas wirken, das größer ist als das eigene Ego, »im großen Umfang Gutes tun« – das sind ihre Antriebskräfte. Das zählt für sie, wenn die Skandale und Intrigen wieder einmal alles zu überdecken scheinen. »Ausgeglichenheit ist mein Schlüssel«, sagte sie einmal, »und die Elemente dieser Ausgeglichenheit sind Familie, Arbeit und Dienst.« Unter dem letzten Begriff versteckt sich mehr als bloßer Service: »Ich habe ein brennendes Verlangen, alles zu tun, was ich tun kann, um die Welt um mich herum – sozusagen in konzentrischen Kreisen – für jedermann besser zu machen.«[38]

Wiederum bezieht die Frau, die zugibt, daß sie jeden Tag

betet, Anregungen aus der Religion. Wie sie in einem Interview der *Washington Post* verriet, gefiel ihr ganz besonders, was der katholische Theologe Henri Nouwen in seiner Abhandlung über das Gleichnis vom verlorenen Sohn zum Thema Dienen und Disziplin sagt: »Da ist die Rede von der ›Disziplin der Dankbarkeit‹ … Ich möchte nicht abwegig klingen, aber es gibt in meinem Leben tagtäglich soviel, wofür ich dankbar bin, ungeachtet all der anderen Dinge, die passieren. Und dann über Dankbarkeit als eine Disziplin zu denken, so daß jeder Tag einem die Gelegenheit gibt, dankbar zu sein, das ist sehr wichtig für mich. Gewiß gibt es Tage, an denen ich heiterer bin als an anderen, aber es gibt keinen Tag, an dem ich nicht mindestens versuche, mich zu besinnen und dankbar zu sein für all das, was ich habe.«[39] Aus dieser Einstellung erwuchs ihr eine Kraft, die anderen fehlt: Nie den Kopf hängenlassen! Nie eine gute Sache aufgeben!
Bezeichnenderweise gab sie bessere Antworten auf die Frage nach der künftigen Richtung der amerikanischen Gesellschaft als ihr Mann in all seinen Reden. So schuf sich Hillary Clinton aus eigener Kraft eine Autorität, die nicht mehr allein von der Funktion ihres Ehemanns abhing, sondern von der Überzeugungskraft ihrer Gedanken. In diesem Bereich trauten ihr die Amerikaner sehr viel zu, und sie bekam in allen Umfragen die höchsten Werte für »Intelligenz«. Sie hob sich überdies von der politische Klasse Washingtons, längst als machtgeil und korrupt verschrien, in positiver Weise ab, denn sie benutzte Macht nicht zum eigenen Vorteil. Um dies zu widerlegen, versuchten ihre Gegner angestrengt, in ihrer Vergangenheit Dreck zu finden. Sie blieben letztlich erfolglos, und ihr Scheitern gab Hillary noch mehr eine Aura der Überlegenheit.

Als Partnerin an der Macht gab Hillary der Präsidentschaft von Bill Clinton neue Anstöße und Perspektiven, Tiefe – und Sinn. Gegen Ende seiner Präsidentschaft stand sie glänzender da als je zuvor, auch weil sie ihm – scheinbar selbstlos –, trotz aller Skandale und Defizite die Treue gehalten hat. Was sein wird, wenn er nicht mehr Präsident ist, steht auf einem anderen Blatt.
Indirekt trug Hillary Clinton auch dazu bei, ein beliebtes feministisches Axiom herauszustellen – daß Frauen, in der Politik wie im Leben, humaner handelten als Männer. Aber, typisch für ihr ständiges Bemühen um Integration, nicht Ausschuß, sie stellte diesen Aspekt nie heraus. »Humaner« bedeutet in der Implikation auch »besser«, wie es in einem Slogan aus den wilden Zeiten der Women's Lib ausgedrückt wurde: »Wenn du meinst, Gleichheit sei unser Ziel ... hast du zu geringe Ansprüche.« Und genau das weckt bei vielen Männern ursprüngliche Ängste vor dem ewig Weiblichen. Frauen, die besser sind, stellen noch gefährlichere Konkurrenten dar; Frauen, die im Lebenswettbewerb obsiegen, lassen Männer als Versager und als Schwächlinge erscheinen. War es nicht genau das, was Richard Nixon über Hillary und Bill Clinton gesagt hatte: »Wenn eine Frau als zu stark und zu intelligent dasteht, läßt das den Ehemann als Weichling erscheinen.«
Aber gegen Ende des Jahrhunderts war eine andere Generation von Männern und Frauen herangewachsen, für die Nixons Macho-Gehabe einer fernen Vergangenheit angehört. Hillary sah diese Generation stets repräsentiert durch ihre Tochter Chelsea, deren erfolgreiche Erziehung vom schüchternen Mädchen mit der Zahnspange zur selbstbewußten Studentin an der Stanford-Universität selbst eingefleischte Hillary-Gegner als eine ihrer großen Lebensleistungen lobten. Von den unzähligen T-Shirts,

die Hillary auf ihren Reisen durch die USA geschenkt bekam, hat die stolze Mutter eines behalten, das ihr Herz höher schlagen ließ. Darauf steht: »Chelsea for President.«

Vielleicht nicht die erste…

Hillary Rodham Clinton:
Ein Lebenslauf

26. Oktober 1947 Hillary Diane Rodham wird im Edgewater-Krankenhaus in Chicago als erstes Kind des Textilkaufmanns Hugh Rodham und seiner Frau Dorothy (Mädchenname: Howell) geboren. Ihre Brüder Hugh und Anthony kommen zwei und vier Jahre später zur Welt.

1950 Die Familie Rodham zieht um in den Vorort Park Ridge im Nordwesten von Chicago, wo das Haus 235 North Wisner Street auf drei Jahrzehnte Wohnsitz der Eltern bleibt.

1953–1965 Hillary absolviert ihre Schulausbildung ausschließlich in ihrem Heimatort Park Ridge in Illinois, zunächst in der Eugene Field Elementary School (Grundschule), dann in der Emerson Junior High School (Oberschule) und schließlich in der Maine East und Maine South High School. In ihrem Abschlußjahr gewinnt sie wegen herausragender Leistungen ein Stipendium für ein weiterführendes Studium.

1965–69 Besuch des Wellesley College, einer reinen Mädchenschule, in der Nähe von Boston, wo sie das Fach Politikwissenschaften mit Auszeichnung abschließt. Sie entschließt sich zum Jura-Studium und entwickelt sich von einer konservativen Republikanerin – wie ihr Vater – zur Liberalen – wie ihr Professor.

31. Mai 1969 Als Rednerin bei der 91. Abschlußfeier in Wellesley greift Hillary Rodham, im Abschlußjahr Vorsitzende der Studentenvertretung, die bestehende amerikanische Gesellschaft an und widerspricht dem Gastredner, dem republikanischen Senator Edward Brooke.

Ihre Ansprache wird auszugsweise in der Zeitschrift *Life* nachgedruckt.

1969–73 An der Juristischen Fakultät der angesehenen Yale-Universität (Yale Law School) in New Haven studiert Hillary Rechtswissenschaften, wobei sie sich auf Sozialgesetzgebung, Gesellschafts- und Unternehmensrecht spezialisiert. Sie arbeitet auch in der Redaktion der Fachzeitschrift *Yale Review of Law and Social Action* mit.

Herbst 1970 In Yale lernt Hillary einen Kommilitonen aus Arkansas, Bill Clinton, kennen. Innerhalb weniger Wochen entwickelt sich eine Beziehung. Ein Jahr später zieht sie mit ihm in New Haven zusammen.

Herbst 1972 Hillary Rodham und Bill Clinton betreiben in Texas Wahlkampf für den – erfolglosen – demokratischen Kandidaten George McGovern.

Herbst 1973 Hillary Rodham besteht ihre Prüfung zum Doktor der Rechte (J. D.) in Yale. Anschließend jobbt sie einige Monate im Rechtsberaterstab der Kinderhilfsorganisation *Children's Defense Fund* in Cambridge (Massachusetts) und gewinnt die Freundschaft der liberalen Gründerin der Organisation Marian Wright Edelman.

Januar 1974 Ein Studienfreund vermittelt Hillary Rodham eine Assistentenstelle bei einem Untersuchungsteam, das für den Rechtsausschuß des Repräsentantenhauses die Anklage zur Amtsenthebung *(Impeachment)* von Präsident Richard Nixon vorbereitet. Die Tätigkeit endet mit Nixons Rücktritt am 8. August 1974.

August 1974 Hillary folgt Bill Clinton nach Arkansas und übernimmt wie er eine Assistenzprofessur in Jura an der University of Arkansas in Fayetteville. Sie schafft sich eine Reputation als Expertin für die Rechtsstellung von Kindern durch wissenschaftliche Veröffentlichungen wie »Kinder unter dem Gesetz« (1974), »Kinderpolitik: Verlassen und vernachlässigt« (1977) und »Kinderrechte: Eine juristische Perspektive« (1979).

11. Oktober 1975 Bill Clinton und Hillary Rodham heiraten in Fayetteville. Sie nennt sich weiterhin Ms. Hillary Rodham. Die Hochzeitsreise führt sie, zusammen mit der gesamten Familie Rodham, nach Acapulco (Mexiko).

Frühjahr 1976 Hillary setzt sich in ihrem Heimatstaat Illinois während des Vorwahlkampfs für den Demokraten Jimmy Carter ein.

1976–92 Als Vorstandsmitglied des *Childrens' Defense Fund* wirbt Hillary bei Regierung und Öffentlichkeit für Sozialreformen. Von 1986 bis 1992 ist sie Vorsitzende des CDF.

Januar 1977 Bill Clinton wird Justizminister *(Attorney General)* des Bundesstaats Arkansas. In Little Rock beginnt Hillarys Karriere in der Rose Law Firm, einer großen Anwaltskanzlei, wo sie sich zu einer der einflußreichsten Juristinnen der USA emporarbeitet. Ab 1980 ist sie *Senior Partner* bei Rose.

1977–82 Als Vorstandsmitglied und spätere Vorsitzende der *Legal Services Corporation,* einer Rechtshilfeorganisation der Bundesregierung in Washington, verbessert

Hillary Clinton landesweit den Rechtsschutz für Arme und Minderheiten. In den Vorstand wurde sie von Präsident Carter berufen.

2. November 1978 Bill Clinton gewinnt die Wahl zum Gouverneur von Arkansas (zweijährige Amtszeit bis Januar 1981). Obwohl politische Gegner Interessenkonflikte unterstellen, gibt Hillary ihren Beruf nicht auf. Erst 1992 scheidet sie bei Rose aus.

1979–80 Als Nebentätigkeit gibt Assistenzprofessorin Hillary Rodham Clinton Rechtsseminare an der Universität von Arkansas in Little Rock.

27. Februar 1980 Hillary bringt in Little Rock ihr einziges Kind zur Welt, die Tochter Chelsea Victoria.

Frühjahr 1980 Die Clintons nehmen an einer Pilgerreise nach Jerusalem teil. In Israel läßt sich Hillary von einem staatlichen Vorschulprogramm anregen, das sie ab 1985 unter dem Namen HIPPY *(Home Instruction Program for Preschool Youngsters)* in Arkansas einführt.

6. November 1980 Bill Clinton verliert die Gouverneurswahl. Während er vorübergehend als Rechtsanwalt arbeitet, bereitet er mit Hilfe seiner Frau seine Wiederwahl 1982 vor. Sie legt vorerst ihren Mädchennamen Rodham ab, nachdem viele Wähler daran Anstoß genommen hatten.

4. November 1982 Bill Clinton wird wiedergewählt und gewinnt danach drei weitere Amtsperioden als Gouverneur von Arkansas. Mit Hillarys Hilfe baut er bis 1991 ein

Netz von Beziehungen im Hinblick auf eine Präsidentschaftskandidatur auf.

1983/84 Im Auftrag ihres Mannes leitet Hillary das Arkansas-Staatskomitee für Bildungsrichtlinien, das eine umfassende Reform des Schulwesens in dem rückständigen Südstaat einleitet. Vor allem die verlangte Qualifikationsprüfung für alle Lehrer löst schwere Kontroversen aus.

1983–88 Hillary Clinton sitzt im Vorstand der *New World Foundation,* einer liberalen Stiftung, die für die Gleichstellung der Frau, Bildungs- und Sozialbeihilfen sowie gegen den Krieg auftritt. Ab 1987 ist sie Vorsitzende.

1984/85 Bill Clinton setzt seine Frau zur Delegierten in einer von den Gouverneuren der Südstaaten gebildeten Arbeitsgruppe über Kindersterblichkeit ein.

15. Juli 1987 Bill Clinton verzichtet offiziell auf eine Kandidatur für das Präsidentenamt der USA, vorgeblich aus Rücksicht auf seine siebenjährige Tochter.

1987–92 Hillary Clinton wird in ihrer Eigenschaft als Anwältin Mitglied verschiedener Aufsichtsräte, so bei der vom reichsten Mann Amerikas, Sam Walton aus Arkansas, geführten Supermarktkette Wal-Mart, dem Bankhaus Southern Development Bancorp, dem Yoghurthersteller TCBY und der Baustoffirma Lafarge. Von 1987 bis 1992 ist sie auch Vorstandsmitglied beim Arkansas-Kinderkrankenhaus. Im selben Zeitraum leitete sie die Kommission »Frauen im Beruf« beim US-Anwaltsverband American Bar Association (ABA).

Sommer 1990 Mit einer Studiengruppe besucht Hillary Frankreich und informiert sich zwei Wochen über das Wohlfahrtssystem, insbesondere in seiner Anwendung auf Kinder. Sie schreibt darüber einen Beitrag für die »New York Times«.

3. Oktober 1991 Bill Clinton erklärt in Little Rock seine Kandidatur für die Präsidentschaftsnominierung der Demokratischen Partei.

26. Januar 1992 Zunehmender Kritik wegen einer angeblich zwölf Jahre andauernden Sexaffäre mit der Sängerin Gennifer Flowers wehren Bill und Hillary Clinton gemeinsam in einer Fernseh-Sondersendung von CBS *(»60 Minutes«)* ab.

Frühjahr 1992 Hillary engagiert sich in der Vorwahlkampagne für ihren Mann und beteiligt sich am Wahlkampfmanagement, tritt aber nach umstrittenen Auftritten aus dem Rampenlicht.

15. Juli 1992 Nach überzeugenden Siegen in den Vorwahlen nominiert der Parteikonvent der Demokraten in New York Bill Clinton zum Präsidentschaftskandidaten. Seine Frau und seine Tochter werden ebenso wie die Familie des Vizekandidaten Albert Gore im Wahlkampf werbewirksam herausgestellt.

3. November 1992 Bill Clinton wird mit 43 Prozent der Stimmen gegen den Amtsinhaber George Bush zum neuen Präsidenten gewählt. Bei der Aufstellung seiner Regierungsmannschaft und der Ausarbeitung der politischen Arbeitsschwerpunkte bezieht er seine Frau voll mit ein.

20. Januar 1993 Unter seinem vollen Namen leistet William Jefferson Clinton den Amtseid als 43. US-Präsident. Die neue First Lady wird offiziell als Hillary Rodham Clinton eingeführt.

25. Januar 1993 Der Präsident ernennt seine Frau zur Leiterin einer Regierungskommission zur Reform des Gesundheitswesens. In dieser Funktion reist Hillary durch die USA und erwirbt sich landesweit Sympathien, zieht aber auch die Kritik der mächtigen Medizin-Lobby auf sich.

19. März 1993 Hillarys Vater Hugh Rodham erleidet in Little Rock einen Herzinfarkt. Trotz ihrer Arbeitsbelastung verbringt sie 16 Tage an seinem Krankenbett, bis der 82jährige am 7. April stirbt.

2. Juli 1993 Das Weiße Haus gibt erstmals eine Verwicklung der First Lady in die voreilige Entlassung von sieben Mitarbeitern des Reisebüros der Pressestelle zu. Ein Mitarbeiter wird 1994 wegen Betrugs verurteilt. Hillary Clinton soll, so heißt es in einem offiziellen Bericht des Kongresses, die Entlassungen »angeregt« haben.

20. Juli 1993 Der mit den Clintons eng befreundete Rechtsberater des Weißen Hauses, Vincent Foster, wird im Fort Marcy Park am Stadtrand von Washington erschossen aufgefunden. Obwohl Foster an Depressionen litt, verdächtigen Clinton-Gegner Bill und Hillary einer Mitschuld am Tod des 48jährigen. Angeblich ließ die First Lady noch vor dem Eintreffen der Polizei Fosters Büro im Weißen Haus durchsuchen. Offizielle Untersuchungen bestätigen jedoch 1994, daß Foster Selbstmord beging.

16. August 1993 Präsident Clinton stellt in einer Rede in Tulsa/Oklahoma erstmals die von seiner Frau erarbeitete Reform des Gesundheitswesens vor. Danach sollen alle Arbeitgeber in die Pflichtkrankenversicherung ihrer Mitarbeiter einzahlen und zum Zweck der Kostendämpfung neue *Health Alliances* in den Bundesstaaten gegründet werden. Die Pläne scheitern schließlich am Widerstand aus Politik und Wirtschaft.

9. November 1993 Eine Sondergruppe des US-Justizministeriums beginnt mit Ermittlungen in der sogenannten »Whitewater-Affäre«. Sie richten sich gegen das Ehepaar James und Susan McDougal, das in Arkansas gemeinsam mit den Clintons eine letztlich gescheiterte Immobilieninvestition mit der *Whitewater Development Co.* betrieb und mit den Clintons verbündete Lokalpolitiker bestochen haben soll. Außerdem wurde bekannt, daß Hillary Clinton als Rechtsberaterin für McDougals Bausparkasse *Madison Guaranty Savings & Loan* gearbeitet hat, die 1989 in Konkurs ging. Clinton bestreitet Verfehlungen in dieser »alten Geschichte«.

20. Dezember 1993 Die konservative Zeitschrift *American Spectator* veröffentlicht Aussagen von zwei Staatspolizisten aus Arkansas, wonach Bill Clinton als Gouverneur seine Leibwache mißbraucht haben soll, um Sexaffären anzubahnen, Rendezvous abzuschirmen und gegenüber Hillary Clinton zu vertuschen.

6. Januar 1994 Bill Clintons Mutter Virginia Kelly stirbt im Alter von 70 Jahren in Hot Springs in Arkansas an Brustkrebs.

14. April 1994 Die Clintons leisten eine Steuernachzahlung von 14 615 Dollar auf bisher verschwiegene Profite aus Börsenspekulationen. 1980 hatte Hillary fast 100 000 Dollar durch die von Freunden arrangierten Geschäfte gewonnen.

4. März 1994 Hillary Clinton entläßt den Chefkoch des Weißen Hauses, Pierre Chambrin, wegen angeblicher Indiskretionen gegenüber der früheren First Lady Barbara Bush.

22. April 1994 Hillary Clinton stellt sich in einer Pressekonferenz im Weißen Haus der Kritik an ihren Finanzgeschäften, darunter die in den Medien breit erörterte Whitewater-Affäre. Sie gibt wenig Neues preis, entschuldigt aber ihre bisherige Zurückhaltung sowie widersprüchliche Aussagen in der Affäre.

6. Mai 1994 Paula Corbin Jones, 28, eine ehemalige Verwaltungsangestellte des Staates Arkansas, verklagt Präsident Clinton wegen sexueller Belästigung. Er soll die junge Frau am 8. Mai 1991 in einem Hotelzimmer in Little Rock zu oralem Sex aufgefordert haben. Die Presse hatte Jones' Vorwürfe, die sie zuerst in einer von konservativen Clinton-Gegnern organisierten Pressekonferenz am 11. Feburar erhoben hatte, bis zur Klage weitgehend ignoriert.

12. Juni 1994 Der Sonderermittler (*Independent Counsel)* Robert Fiske verhört im Weißen Haus Bill und Hillary Clinton im Zusammenhang mit der Whitewater-Affäre. Es ist die erste Vernehmung eines amtierenden Präsidenten und einer First Lady.

Juli/August 1994 Obwohl die bisherigen Ermittlungen wenige Verdachtsmomente erbracht haben, leiten die Republikaner im Kongreß öffentliche Anhörungen über die Whitewater-Affäre und den Tod Fosters ein. Sie erzwingen den Rücktritt des Sonderstaatsanwalts Fiske und die Ernennung des konservativen Republikaners Kenneth Starr. Er übernimmt am 9. August die Ermittlungen gegen Bill und Hillary Clinton. Starr lehnt eine Immunität des Präsidenten gegen Strafverfolgungen ab, auch im Fall Paula Jones.

8. November 1994 Bei Zwischenwahlen erringen die Republikaner erstmals in 40 Jahren die Mehrheit sowohl im Repräsentantenhaus wie im Senat. Zu ihrem Erfolg trug die wachsende Ablehnung der von Hillary Clinton vertretenen Gesundheits- und Sozialreformen bei. Mit einem 100-Tage-Programm (»Contract with America«) beginnt die neue Mehrheit unter Parlamentspräsident *(Speaker)* Newt Gingrich ab Januar 1995, progressive demokratische Gesetzgebung zurückzudrehen. Hillary zieht den früheren Berater Dick Morris heran, der Clinton zu einem politischen Rechtsschwenk bewegt, während die umstrittene First Lady weitgehend auf öffentliche Auftritte verzichtet.

22. April 1995 Das Ehepaar Clinton wird im Weißen Haus von Sonderermittler Starr über Whitewater vernommen.

7. März 1995 Beim Weltgipfeltreffen über soziale Entwicklung in Kopenhagen setzt sich die First Lady für eine gerechtere Verteilung des Wohlstands auf der Welt und besseren Zugang zu Bildung und Krankenschutz für Frauen und Mädchen ein.

25. März bis 5. April 1995 Gemeinsam mit ihrer Tochter Chelsea besucht die First Lady fünf Länder Südasiens. Ihr Hauptaugenmerk gilt in Indien, Pakistan, Nepal, Bangladesch und Sri Lanka der Lage von Frauen, Kindern und Waisen. Ihre politische Zurückhaltung während der Reise – Hillary gibt kein einziges Interview – fällt negativ auf.

28. Juni 1995 Als prominentester Angeklagter in der Whitewater-Untersuchung wird der ehemalige stellvertretende Justizminister Webster Hubbell, ein früherer Anwaltskollege von Hillary Clinton, wegen Betrugs zu 21 Monaten Haft verurteilt.

5. September 1995 Mit scharfer Kritik an der Mißachtung der Rechte von Frauen auf der Welt sorgt Hillary Clinton auf der internationalen Frauenkonferenz in Peking für Furore. Indirekt rügt sie die Ein-Kind-Politik in China sowie die Praxis der Genitalverstümmelung in Afrika. Frauenrechte müßten künftig in allen Menschenrechtsforen behandelt werden.

Oktober 1995 Hillary Clinton besucht Nicaragua, Brasilien, Chile und Paraguay.

5. Januar 1996 Das Weiße Haus übergibt den Justizbehörden Abrechnungen über Hillary Clintons Anwaltstätigkeit für die Madison-Sparkasse im Zusammenhang mit einem betrügerischen Immobilienprojekt namens Castle Grande. Die angeblich verschwundenen Unterlagen hatte Hillarys Assistentin Carolyn Huber im August 1995 in den Privaträumen des Weißen Hauses wiedergefunden. In Umfragen erklären 52 Prozent der befragten Amerikaner, die First Lady habe über ihre Rolle gelogen.

6. Januar 1996 Clinton beendet mit einem vorläufigen Etatgesetz eine monatelange Konfrontation mit der republikanischen Kongreßmehrheit über den Haushalt, der 21 Tage lang zur Stillegung von Bundesbehörden sowie der Aussperrung von 280 000 Bediensteten geführt hatte. Es gelingt ihm, den Unmut der Wähler auf die Republikaner und ihren Führer im Kongreß, Newt Gingrich, zu lenken.

9. Januar 1996 Bill Clinton droht dem rechtsgerichteten Kolumnisten William Safire Prügel an, weil er Hillary in einem Artikel als »geborene Lügnerin« bezeichnet hat.

26. Januar 1996 Auf Vorladung Starrs muß Hillary Clinton als erste First Lady vor einem Geschworenengremium *(Grand Jury)* in Washington unter Eid aussagen. In der vierstündigen Vernehmung geht es vor allem um die »verschwundenen« Abrechnungen.

Januar 1996 Ein Buch über Kinderrechte mit dem Titel *»It Takes a Village«*, das Hillary Clinton 1995 geschrieben hatte, erreicht Platz 2 auf der US-Bestsellerliste. Es erscheint als *Eine Welt für Kinder* auch in Deutschland.

18. Juni 1996 Die Whitewater-Kommission des Senats beendet ihre 13monatigen Untersuchungen mit zwei unterschiedlichen, parteilichen Abschlußberichten: Während die Demokraten betonen, es hätten sich keine Beweise für Fehlverhalten des Präsidenten oder seiner Frau ergeben, werfen die Republikaner ihnen Machtmißbrauch und insbesondere Hillary Vertuschungen in der Grundstücksaffäre vor.

16. Juli 1996 In Untersuchungen des Kongresses wird Hillary Clinton des unbefugten Einblicks in geheime Personalakten der Bundeskriminalpolizei FBI bezichtigt.

14. August 1996 Der ehemalige Clinton-Geschäftspartner James McDougal wird in Little Rock wegen Kreditbetrugs zu drei Jahren Haft verurteilt. Er stirbt am 8. März 1998 im Gefängnis. Seine Frau Susan McDougal kommt am 9. September 1996 in Beugehaft, weil sie sich weigert, Starrs Fragen über die Clintons zu beantworten.

29. August 1996 Clinton wird vom Demokratischen Parteikonvent in Chicago für die Wiederwahl zum Präsidenten aufgestellt, während der Berater Dick Morris, der ihm nach der Wahlschlappe von 1994 zur Popularität zurückverholfen hatte, wegen einer Sexaffäre zurücktreten muß.

11. September 1996 Aus Protest gegen das neue konservative Sozialhilfegesetz *(Welfare Bill)* Clintons treten zwei stellvertretende Gesundheitsminister zurück, darunter Peter Edelman, der Ehemann von Hillarys engster Freundin Marian Wright Edelman.

6. November 1996 Als erster Demokrat seit Franklin D. Roosevelt gewinnt Bill Clinton die Wiederwahl zum Präsidenten gegen den Republikaner Robert Dole und den Unabhängigen Ross Perot. Für Clinton stimmten 49 Prozent der Wähler, aber 55 Prozent der Frauen.

22. Januar 1997 Vor dem Lobbyistenverband NARAL bekräftigt die First Lady ihre Unterstützung des Rechts auf Abtreibung und verurteilt Gewaltakte gegen Abtreibungskliniken

26. Februar 1997 Hillary Clinton gewinnt den Grammy-Preis für die von ihr gelesene Audioversion ihres Buches *»It Takes a Village«*.

10. April 1997 Hillary Clinton bestreitet angebliche Arrangements für Schweigegeldzahlungen an ihren ehemaligen Kollegen Webster Hubbell und nennt eine Whitewater-Verschwörung so glaubhaft wie UFOs.

14. Januar 1998 Starr befragt die First Lady im Weißen Haus 15 Minuten lang über die FBI-Akten.

17. Januar 1998 In einer für den Jones-Prozeß aufgezeichneten Vernehmung bestreitet Bill Clinton sexuelle Beziehungen zu Monica Lewinsky.

23. Januar 1998 Nachdem die Presse eine Sex-Affäre des Präsidenten mit der Praktikantin Monica Lewinsky im Weißen Haus enthüllt hat, übernimmt Hillary Clinton die Verteidigung. In einem NBC-Fernsehinterview bezeichnet sie die Vorwürfe als Teil einer »breitangelegten Verschwörung der Rechten« gegen ihren Mann. Am 26. Januar dementiert Bill Clinton im Beisein Hillarys kategorisch (und falsch): »Ich hatte kein sexuelles Verhältnis mit dieser Frau, Miss Lewinsky.«

1. April 1998 Das Bundesgericht in Little Rock schlägt das Verfahren Paula Jones gegen Clinton wegen sexueller Belästigung nieder. Die Clintons erfahren davon während einer Afrika-Reise.

25. April 1998 Hillary Clinton wird von Starr im Weißen Haus fünf Stunden lang über ihre Anwaltstätigkeit für

Madison vernommen. Die Sitzung wird für ein Gerichtsverfahren in Arkansas aufgezeichnet.

6. August 1998 Vor der Grand Jury in Washington gibt Monica Lewinsky zu, von 1995 bis 1997 im Oval Office sexuelle Kontakte zu Bill Clinton gehabt zu haben.

17. August 1998 Nach einer vierstündigen Vernehmung durch Starr und seine Ermittler gibt Präsident Clinton in einer Fernsehansprache zu, im Fall Lewinsky die Öffentlichkeit, seine Mitarbeiter und seine Familie hintergangen zu haben. Sein Verhältnis zu der Praktikantin sei »falsch« gewesen. Die aufgezeichnete Vernehmung wird am 21. September im US-Fernsehen ausgestrahlt, ohne Clintons Popularität nachhaltig zu schaden.

18. August 1998 Über ihre Pressesprecherin läßt Hillary Clinton erklären, sie fühle sich ihrer Ehe verpflichtet, glaube an den Präsidenten und liebe ihn. Anschließend fährt sie mit ihrer Familie in den Urlaub nach Martha's Vineyard.

10. September 1998 Sonderermittler Starr legt dem Repräsentantenhaus seinen Bericht über die Lewinsky-Affäre vor und empfiehlt ein Verfahren zur Amtsenthebung *(Impeachment)* gegen Präsident Clinton wegen Meineids, Machtmißbrauchs und anderer Vergehen. Der Justizausschuß beschließt mit seiner republikanischen Mehrheit, den Starr-Report und fast alle Protokolle mit intimsten Details über das Internet zu verbreiten.

30. September 1998 In einer Rede vor den First Ladies des amerikanischen Kontinents betont Hillary Clinton in

Santiago de Chile, daß den Frauen der Welt »große Chancen« für Führungsaufgaben bevorstehen.
3. November 1998 Die Demokraten entgehen bei den Kongreßwahlen dem erwarteten Fiasko. Kandidaten, für die Hillary Clinton sich besonders eingesetzt hat, gewinnen Sitze im Senat. Das Wahlergebnis wird als Erfolg Clintons und als Wählerauftrag gegen ein Impeachment interpretiert. Es führt am 7. November zum Rücktritt von Clintons Erzrivalen Newt Gingrich und zum Ende der Konfrontationspolitik der republikanischen Kongreßmehrheit.

13. November 1998 Das Verfahren Jones gegen Clinton endet mit einem außergerichtlichen Vergleich, bei dem der Präsident der Klägerin Paula Corbin Jones 850 000 Dollar zahlt, aber kein Fehlverhalten eingesteht.

Anmerkungen

Die Frau im Weißen Haus

1 zitiert nach: *Christian Science Monitor,* 26. Jan. 1993
2 ABC *Nightline,* 11. März 1993
3 *Philadelphia Inquirer,* 20. Dez. 1992
4 *Washington Post,* 23. Juli 1992
5 *Los Angeles Times,* 24. Nov. 1992
6 Redetext Weißes Haus, 25. Jan. 1993
7 *Time,* 4. Jan. 1993
8 *Newsday* (New York), 13. Juli 1992
9 *New York Times,* 20. Jan. 1993
10 *Washington Post,* 16. April 1993
11 *Parade,* 11. April 1993
12 Freidel, S. 223
13 *Dallas Morning News,* 13. Feb. 1993
14 *Washington Post,* 31. Jan. 1993
15 *Dallas Morning News,* 13. Feb. 1993
16 Anthony, Band II, S. 275
17 *Chicago Tribune,* 16. März 1992
18 Freidel, S. 170
19 Wallechinsky/Wallace, S. 293
20 *Time,* 16. Mai 1988
21 Autoreninterview, 11. Feb. 1993
22 *Redbook,* März 1993
23 Hay, S. 167
24 *Mother Jones,* Jan./Feb. 1993
25 ABC *Nightline,* 10. März 1993
26 *USA Today,* 27. Jan. 1993
27 *Paris Match,* 26. Nov. 1992

28 *Parade,* 11. April 1993
29 *Vanity Fair,* Mai 1992
30 Autoreninterview, 12. März 1992
31 C-SPAN (Fernsehinterview), 10. Juli 1992
32 *U. S. News & World Report,* 20. Juli 1992
33 Autoreninterview, 13. März 1992
34 Levin, S. 277 f.
35 Wahlbroschüre »Bill Clinton for President«, Jan. 1992
36 *Newsweek* (Election Special), Nov. 1992
37 *Star,* 4. Feb. 1992
38 *Washington Post,* 24. Jan. 1992
39 *Vanity Fair,* Mai 1992
40 *Washington Post,* 24. Jan. 1992
41 CBS *60 Minutes,* 26. Jan. 1992
42 Warner, S. 225
43 *Boston Globe,* 13. Feb. 1992
44 ebda.
45 Allen, S. 204
46 *Wall Street Journal,* 31. Jan. 1992
47 ebda.
48 *Newsweek,* 13. April 1992
49 *Washington Post,* 28. März 1992
50 *Time,* 14. Sept. 1992
51 *Newsweek,* 30. März 1992
52 *Free Press* (Detroit), 17. März 1992
53 *Washington Times,* 6. Mai 1992
54 *New York Times,* 17. Jan. 1993
55 *New York Times,* 14. Nov. 1992
56 *Washington Post,* 13. Juli 1992
57 *Washington Times,* 6. Mai 1992
58 *Washington Post,* 13. Juli 1992
59 *U. S. News & World Report,* 16. Nov. 1992
60 *Washington Post,* 24. Aug. 1992

61 *Time*, 14. Sept. 1992
62 *U. S. News & World Report*, 16. Nov. 1992
63 *Time*, 16. Nov. 1992
64 *Time*, 4. Jan. 1993
65 *Newsweek*, 28. Dez. 1992
66 *USA Today*, 17. Nov. 1992
67 *Los Angeles Times*, 18. Nov. 1992
68 *Newsweek*, 22. Feb. 1993
69 *Redbook*, April 1993
70 *U. S. News & World Report*, 22. Feb. 1993
71 *Newsweek*, 3. Mai 1993
72 *Time*, 10. Mai 1993
73 *Redbook*, März 1993
74 *Washington Post*, 1. Dez. 1992
75 *New York Times*, 2. Feb. 1993
76 *Newsweek*, 15. Feb. 1993
77 Autoreninterview, 14. Dez. 1991
78 *Christian Science Monitor*, 18. Nov. 1991
79 *Christian Science Monitor*, 21. Nov. 1991
80 *New York Times*, 5. Feb. 1993
81 *Dallas Morning News*, 13. Feb. 1993
82 *Sun* (Baltimore), 3. März 1993
83 *Boston Globe*, 23. Feb. 1993
84 ABC *This Week With David Brinkley*, 14. März 1993
85 *New York Times*, 17. April 1993
86 *New York Times*, 9. April 1993
87 *Washington Times*, 27. Mai 1993
88 *Sun* (Baltimore), 23. Mai 1993
89 *New York Times*, 23. Mai 1993
90 *Parade*, 11. April 1993
91 *Washington Post*, 6. Feb. 1993
92 *USA Today*, 12. Mai 1993
93 *USA Today*, 18. Mai 1993

94 *Time,* 20. Mai 1993
95 *USA Today,* 30. April 1993
96 *Time,* 4. Jan. 1993
97 *Vanity Fair,* Juni 1993
98 *Time,* 10. Mai 1993
99 *Newsweek,* 8. Feb. 1993
100 *Hillary Clinton Quarterly,* Winter 1993

Aufstand gegen die Männerwelt

1 47 Vollmitglieder und eine nicht stimmberechtigte Delegierte des Hauptstadtbezirks District of Columbia (D.C.)
2 *Washington Post,* 24. Feb. 1993
3 ebda.
4 *Hillary Clinton Quarterly,* Winter 1993
5 Warner, S. 191
6 *Newsweek,* 28. Dez. 1992
7 Smith, S. 116
8 *The World & I,* März 1993
9 *GW Magazine,* Herbst 1992
10 *USA Today,* 1. April 1992
11 Nation Women's Political Caucus (Presseinformation), 29. April 1993
12 *Christian Science Monitor,* 3. Mai 1993
13 *American Enterprise,* Jan./Feb. 1993
14 Nation Women's Political Caucus, Facts & Figures 1991
15 *American Enterprise,* Jan./Feb. 1993
16 *USA Today,* 2. Nov. 1992

17 *Vanity Fair*, Mai 1992
18 *Newsweek*, 28. Feb. 1992
19 *Washington Post*, 21. Nov. 1992
20 *Newsweek* (Election Special), Nov. 1992
21 *Newsweek*, 28. Feb. 1992
22 *Christian Science Monitor*, 11. Okt. 1991
23 *Time*, 21. Okt. 1991
24 ebda.
25 Hoffmann, S. 64
26 *stern*, 17. Okt. 1991
27 *Newsweek*, 28. Dez. 1992
28 *U. S. News & World Report*, 12. Okt. 1992
29 *Christian Science Monitor*, 11. Okt. 1991
30 *New York Times*, 10. Aug. 1992
31 Redetext Büro Hillary Clinton, 9. Aug. 1992
32 *The World & I*, Mai 1993
33 Aburdene, S. 21
34 *Newsweek* (Election Special), Nov. 1992
35 *Sun* (Baltimore), 7. Nov. 1992
36 Barone/Ujifusa 1992, S. 201
37 *Los Angeles Times*, 6. Jan. 1993
38 *USA Today*, 5. Nov. 1992
39 *USA Today*, 4. Mai 1993
40 *Congressional Quarterly* (Special), 16. Jan. 1993
41 *American Enterprise*, Jan./Feb. 1993
42 *USA Today*, 5. Nov. 1992
43 *Los Angeles Times*, 11. Nov. 1992
44 *USA Today*, 4. Mai 1993
45 *Congressional Quarterly* (Special), 16. Jan. 1993
46 *Washington Post*, 5. Nov. 1992
47 *USA Today*, 4. Mai 1993
48 Rede Baltimore, 1. Mai 1993
49 *Mother Jones*, Nov./Dez. 1992

50 *Washington Times,* 7. Mai 1993
51 *USA Today,* 4. Mai 1993
52 *Christian Science Monitor,* 5. Nov. 1992
53 *USA Today,* 4. Mai 1993
54 ebda.
55 Cantor, S. 160
56 *Time,* 10. Sept. 1990
57 *Washington Times,* 6. Juni 1993
58 *USA Today,* 1. April 1992
59 Ries/Stone, S. 125
60 *Life,* Juni 1992
61 *Mother Jones,* Nov./Dez. 1992
62 *Washington Post,* 4. Nov. 1992
63 Nation Women's Political Caucus, Facts & Figures 1991
64 Nation Women's Political Caucus (Presseinformation), 29. April 1993
65 *Christina Science Monitor,* 18. Juli 1991
66 ebda.
67 King, S. 161
68 *Mother Jones,* Nov./Dez. 1992
69 Hymowitz, S. 36 [Fußnote 3.13]
70 Buechler, S. 10 f.
71 Hymowitz, S. 87
72 Ravitch, S. 83
73 ebda., S. 161
74 Chafe, S. 32
75 Chamberlin, S. 5
76 ebda., S. 91
77 Chafe, S. 117
78 ebda., S. 59 f.
79 Friedan, S. 15
80 *Ms.,* März/April 1993

81 ebda.
82 Hymowitz, S. 344
83 ebda., S. 344 f.
84 *Newsweek,* 23. März 1970
85 ebda.
86 Autoreninterview, Februar 1993
87 King, S. 44
88 Chamberlin, S. 334
89 Berry, ERA, S. 66 f.
90 zitiert nach: Stibbs, S. 104
91 *Mother Jones,* Nov./Dez. 1992
92 ebda.
93 *Newsweek,* 23. Juli 1984
94 *Newsweek,* 22. Okt. 1984
95 *New York Times Magazine,* 1. März 1992
96 ebda.
97 *Miami Herald,* 11. März 1993
98 *Newsweek,* 22. März 1993
99 *New York Times,* 16. März 1993
100 *U. S. News & World Report,* 13. Juli 1992
101 Faux, S. 38
102 Hymowitz, S. 293
103 Foner/Garrity, S. 4
104 Shafritz, S. 481
105 *Newsweek,* 5. Feb. 1973
106 *New York Times,* 22. Jan. 1993
107 *Time,* 22. März 1993
108 Nach offiziellen Angaben wurden seit 1973 etwa 22 Millionen Abtreibungen vorgenommen.
109 *Newsweek,* 22. März 1993
110 *USA Today,* 21. Dez. 1992
111 *Christian Science Monitor,* 25. Nov. 1991
112 Faux, S. 335 f.

113 National Public Radio: *All Things Considered*, 30. März 1992
114 *U. S. News & World Report*, 13. Juli 1992
115 Presidential Documents: The Administration of William Jefferson Clinton, 22. Jan. 1993
116 *USA Today*, 7. April 1993

Die Grenzen der Gleichheit

1 *Time*, 4. Jan. 1993
2 *Globe* (Boston), 13. Feb. 1992
3 *Washington Post*, 12. Jan. 1993
4 *Washington Post*, 10. März 1993
5 *Newsweek*, 9. März 1992
6 *Parade*, 11. April 1993
7 *Newsweek*, 3. Feb. 1992
8 *Washington Post*, 10. März 1993
9 *Paris Match*, 26. Nov. 1992
10 *Chicago Tribune*, 16. März 1992
11 *Washington Post*, 10. März 1993
12 *New York Times Magazine*, 23. Mai 1993
13 Autoreninterview 2. Dez. 1992
14 Autoreninterview 17. Feb. 1993
15 *Newsweek*, 3. Feb. 1992
16 *Life*, 20. Juni 1969
17 Redetext Weißes Haus, 1. Mai 1993
18 *U. S. News & World Report*, 13. Feb. 1989
19 *Legal Times* (Washington), 19. Okt. 1992
20 *New York Review of Books*, 5. März 1992
21 vgl. *New Republic*, 15. Feb. 1993

22 *Legal Times,* 19. Okt. 1992
23 *Newsweek,* 3. Feb. 1993
24 Levin, S. 126
25 Warner, S. 102
26 *Washington Post,* 13. Jan. 1993
27 *Chicago Tribune,* 16. März 1992
28 *Dallas Morning News,* 23. März 1992
29 *New York Times,* 5. März 1992
30 *Washington Post,* 24. Aug. 1992
31 *Christian Science Monitor,* 19. Aug. 1992
32 *USA Today,* 17. Nov. 1992
33 Levin, S. 152
34 *New York Times,* 20. Jan. 1993
35 *Washington Post,* 20. Jan. 1993
36 Autoreninterview 17. Feb. 1993
37 *Washington Post,* 10. März 1993
38 *Time,* 16. Nov. 1992
39 *National Law Journal,* 25. März 1991
40 *Los Angeles Times,* 17. März 1992
41 *Financial Times,* 22. Jan. 1992
42 Ries/Stone 1992/93, S. 308
43 Population Profile 1991, Tabelle A-1
44 *Fortune,* 21. Sept. 1992
45 *BusinessWeek,* 19. Jan. 1993
46 vgl. Ries/Stone 1992/93, S. 271 f.
47 vgl. *U.S. News & World Report,* 17. Juni 1991
48 Ries/Stone 1992/93, S. 306 f.
49 Celinda C. Lake und Vincent J. Broglio: »Different Voices, Different Views: The Politics of Gender«, in: Ries/Stone 1992/93, S. 182
50 Das offizielle Mindesteinkommen für eine vierköpfige Familie lag 1989 bei 12 675 Dollar pro Jahr.
51 *BusinessWeek,* 19. Jan. 1993

52 *Fortune,* 14. Juni 1993
53 vgl. Aburdene/Naisbitt, S. 61
54 *Fortune,* 21. Feb. 1992
55 Rede National Press Club, Washington, 25. Mai 1993
56 *Working Woman,* Juni 1993
57 Lake/Broglio, a. a. O., S. 191
58 *Washington Post,* 18. Mai 1993
59 *World & I,* März 1993
60 Levin, S. 179 f.
61 *Time,* 1. Juni 1992
62 Redetext Büro Hillary Clinton, 9. Aug. 1992
63 Population Profile 1991, S. 7 f.
64 *Parade,* 11. April 1993
65 ebda.
66 Population Profile 1991, S. 10
67 *Newsweek* Special: 21th Century Family 1990
68 *New York Times,* 7. April 1990
69 *USA Today,* 8. Feb. 1992
70 *New York Times,* 31. Mai 1993
71 Davis, S. 239
72 *Newsweek,* 16. Juli 1990
73 Biden, S. 11
74 *New York Times Magazine,* 13. Juni 1993
75 *Washington Post,* 28. Mai 1993
76 *USA Today,* 18. April 1993
77 *Washington Post,* 13. Nov. 1992
78 *Redbook,* März 1993
79 NBC: *Our First Lady: Hillary Clinton,* 10. Juni 1993
80 *Redbook,* März 1993
81 *stern,* 21. Dez. 1992
82 *Washington Times,* 2. Mai 1993
83 NBC: *Our First Lady: Hillary Clinton,* 10. Juni 1993
84 MTV (Fernsehsendung), 1. März 1993

85 *Newsweek,* 3. Feb. 1993
86 *Parade,* 11. April 1993
87 *Family Circle,* 18. Mai 1993
88 ebda.
89 Autoreninterview April 1991
90 *Newsweek,* 10. Sept. 1990
91 *Working Woman,* Mai 1993
92 *World & I,* Okt. 1992
93 *USA Today,* 17. Nov. 1992
94 *Newsweek,* 10. Sept. 1990
95 *Miami Herald,* 5. Jan. 1990
96 vgl. Holms und Aspin
97 vgl. Carolyn Becraft: »Women in the Military«, in: Rix, S. 202 ff.
98 Johnson, S. 325
99 *Newsweek,* 10. Sept. 1990
100 Mady Wechsler Segal: »Personnel«, in: Kruzel, S. 158
101 *Washington Post,* 29. April 1993
102 Segal, S. 155 f.
103 ebda., S. 159
104 *World & I,* Dez. 1992
105 *Tailhook 2,* S. I-1
106 *New York Times,* 24. April 1993
107 *Time,* 13. Juli 1992
108 Aspin, S. 25
109 *Time,* 10. Mai 1993
110 *Washington Post,* 29. April 1993
111 *New York Times,* 29. April 1993
112 *New Yorker,* 26. April 1993
113 Ries/Stone 1992/93, S. 150
114 *Time,* 9. März 1992
115 *New York Review of Books,* 5. März 1992
116 *Christian Science Monitor,* 18. Juni 1991

117 Faludi, S. 459
118 Steinem, S. 323
119 *U. S. News & World Report,* 17. Juni 1991
120 *Life,* Juni 1992
121 *Time,* 9. März 1992
122 NBC: *Our First Lady: Hillary Clinton,* 10. Juni 1993

Der Gang durch das Feuer

1 *Washington Post,* 20. Juli 1998
2 *Human Events (Hg.):* »A Case for Impeachment?«, Washington 1997, S. 28
3 ebda.
4 Osborne, Claire G. (Hg.): *The Unique Voice of Hillary Rodham Clinton,* New York 1997, S. 139
5 Osborne, a. a. O., S. 140
6 *Newsweek,* 15. Jan. 1996
7 CNN, 11. Juni 1997
8 Hillary Clinton: »Talking It Over«, 9. März 1996
9 Osborne, a. a. O., S. 132
10 Osborne, a. a. O., S. 167
11 eigenes Interview, Juni 1994
12 *Facts on File,* 21. Sept. 1993
13 *The American Spectator,* 21. Dez. 1993
14 *Time,* 18. Nov. 1996
15 Osborne, a.a.O., S. 108
16 David Maraniss: *The Clinton Enigma,* Washington 1998, S. 79
17 *Star,* 11. Jan. 1992
18 *Newsweek,* 2. Feb. 1998

19 *Boston Globe,* 31. Jan. 1998

20 Gary Aldrich: *Unlimited Access*, Washington 1998, S. 253

21 *Washington Post,* 15. Aug. 1998

22 *New York Times,* 18. Aug. 1998

23 *stern,* 7/1998

24 Maraniss, a. a. O., S. 84

25 *Roll Call,* 24. Sept. 1998

26 *Ladies' Home Journal,* Nov. 1998

27 *International Herald Tribune,* 2. Nov. 1998

28 *Parade,* 27. Sept. 1998

29 *Glamour,* Aug. 1992

30 *USA Today,* 9. Okt. 1992

31 Eigene Interviews, März 1993

32 *Vanity Fair,* Mai 1992

33 *Glamour,* Sept. 1992

34 Osborne, a. a. O., S. 191

35 *Newsweek,* 28. Dez. 1992

36 *New York Times Magazine,* 23. Mai 1993

37 Redetext Weißes Haus, 6. April 1993

38 Osborne, a. a. O., S. 76

39 *Washington Post Weekly,* 23.–29. Jan. 1995

Literaturhinweise

A. Bücher

Aburdene, Patricia, und John Naisbitt: *Megatrends for Women.* New York 1992.

Aldrich, Gary: *Unlimited Access. An FBI Agent Inside the Clinton White House.* Washington 1998.

Allen, Charles F., und Jonathan Portis: *The Comeback Kid. The Life and Career of Bill Clinton.* New York 1992.

Anthony, Carl Sferrazza: *First Ladies (Vol. I). The Saga of the Presidents' Wives and Their Power, 1789–1961.* New York 1990.

– *First Ladies (Vol. II). The Saga of the Presidents' Wives and Their Power, 1961–1990.* New York 1991.

Aspin, Les (Hg.): *Women in the Military: The Tailhook Affair and the Problem of Sexual Harassment.* Report of the Military Personnel and Compensation Subcommittee and Defense Policy Panel of the Committee on Armed Services, House of Representatives. 102d Congress, 2d Session. Committee Print No. 12 (14. September 1992). Washington 1992.

Barone, Michael, und Grant Ujifusa: *The Alamanac of American Politics 1992.* Washington 1991.

Bennett, William J.: *The Death of Outrage. Bill Clinton and the Assault on American Ideals.* New York 1998.

Berry, Mary Frances: *Why ERA Failed. Politics, Women's Rights and the Amending Process of the Constitution.* Indianapolis 1986.

– *The Politics of Parenthood. Child Care, Women's Rights, and the Myth of the Good Mother.* New York 1993.

Biden, Joseph R. (Hg.): *Violence Against Women. The Response to Rape: Detours on the Road to Equal Justice.* Report by the Majority Staff of the Senate Judiciary Committee. Washington Mai 1993.

Boggs, Linda (Hg.): *Women in Congress, 1917–1990.* Washington 1991.

Brock, David: *The Seduction of Hillary Rodham.* New York 1996.

Buechler, Steven M.: *Women's Movements in the United States.* New Brunswick/London 1990.

Calkins, Carroll C.: *The Story of America.* [Kap. 24: *Women's Role in the Making of America*] Pleasantville, N. Y. 1975.

Cantor, Dorothy W., und Toni Bernay (mit Jean Stoess): *Women in Power. The Secrets of Leadership.* Boston 1992.

Cawthorne, Nigel: *Das Intimleben amerikanischer Präsidenten von George Washington bis Bill Clinton.* Münster 1998.

Chafe, William H.: *The Paradox of Change. American Women in the 20th Century.* New York/Oxford 1991.

Chamberlin, Hope: *A Minority of Members. Women in the U.S. Congress.* New York 1973.

Clinton, Hillary Rodham. *It Takes a Village.* New York 1996 (deutsche Ausgabe: *Eine Welt für Kinder.* Hamburg 1996).

Coulter, Ann: *High Crimes and Misdemeanors. The Case Against Bill Clinton.* Washington 1998.

Davis, Angela Y.: *Women, Race and Class.* New York 1983.

Engelbarts, Rudolf: *Women in the United States Congress, 1917–1972. Their Accomplishments;* With Biographies. Littleton, Colo. 1974.

Faludi, Susan: *Backlash. The Undeclared War Against American Women.* New York 1991.

Faux, Marian: *Roe v. Wade.* New York 1989.

Foner, Eric, und John A. Garraty (Hg.): *The Reader's Companion to American History*. Boston 1991.

Friedan, Betty: *The Feminine Mystique*. New York 1984 [Erstausgabe 1963; deutsche Ausgabe: *Der Weiblichkeitswahn oder: Die Selbstbefreiung der Frau*. Reinbek 1970/1991].

Freidel, Frank: *Our Country's Presidents*. Washington 1981.

Government Printing Office (Hg.): *Communication from the Office of the Independent Counsel*, Kenneth W. Starr. Appendices ... (2 Bände). Washington 1998.

– *Communication from the Office of the Independent Counsel*, Kenneth W. Starr. Supplemental Materials ... (3 Bände). Washington 1998.

Günter, Bernhard: *Hillary und Bill Clinton. Eine Erfolgsstory*. München 1993.

Hay, Peter: *All The Presidents' Ladies*. New York 1988.

Hoffmann, Mark S. (Hg.): *The World Alamanac and Book of Facts 1992*. New York 1991

Holm, Jeanne: *Women in the Military. An Unfinished Revolution*. San Francisco 1993 [Erstausgabe 1983].

Hymowitz, Carol, und Michaele Weissman: *A History of Women in America*. New York 1978.

King, Norman: *Hillary. Her True Story*. New York 1993

Kuntz, Phil (Hg.): *The Starr Report. The Evidence*. New York 1998.

Levin, Robert E.: *Bill Clinton. The Inside Story*. New York 1992.

Maraniss, David: *First in His Class: A Biography of Bill Clinton*. New York 1995.

– *The Clinton Enigma*. New York 1998.

Moore, Jim (mit Rick Ihde): *Clinton. Young Man in a Hurry*. Fort Worth 1992.

Morris, Roger: *Partners in Power. The Clintons and Their America.* New York 1996.

Osborne, Claire G. (Hg.): *The Unique Voice of Hillary Rodham Clinton.* New York 1997.

Ravitch, Diane: *The American Reader. Words That Moved a Nation.* New York 1990.

Ries, Paula, und Anne J. Stone (Hg.): *The American Woman 1992–93. A Status Report.* New York 1992.

Rix, Sara E. (Hg.): *The American Woman 1987–88. A Report in Depth.* New York 1987.

– *The American Woman 1988–89. A Status Report.* New York 1988.

– *The American Woman 1990–91. A Status Report.* New York 1990.

Shafritz, Jay M.: *The Dorsey Dictionary of American Government and Politics.* Chicago 1988.

Sullivan, Michael John: *Presidential Passions.* New York 1991.

Steinem, Gloria: *Revolution From Within.* New York 1992.

Stibbs, Anne: *A Woman's Place. Quotations About Women.* New York 1993.

Teed, Peter: *Dictionary of 20th Century History, 1914–1990.* Oxford/New York 1992.

United States Department of Commerce/Bureau of the Census (Hg.): *Population Profile of the United States 1991.* Current Population Reports. Special Studies. Series P 23, No. 173. Washington 1991.

United States Department of Defense/Inspector General (Hg.): *Tailhook '91, Part 2: Events at the 35th Annual Tailhook Symposium.* Washington Feb. 1993.

United States Department of Labor/Women's Bureau (Hg.): *A Working Woman's Guide to Her Job Rights.* Leaflet 55. Washington 1992.

Warner, Judith: *Hillary Clinton. The Inside Story*. New York 1993 [Deutsche Ausgabe: *Hillary Clinton. Die neue Frau im Weißen Haus: Ihr Leben, ihre Karriere, ihr Einfluß*. München 1993]

Wallechinsky, David, und Irving Wallace: *The People's Almanac*. New York 1975.

Washington Post (Hg.): *The Starr Report. The Findings of Independent Counsel Kenneth Starr on President Clinton and the Lewinsky Affair*. New York 1998.

B. Sonstige Quellen

Dem Buch liegen Informationen aus der jahrelangen Lektüre zahlreicher amerikanischer und internationaler Zeitungen und Zeitschriften zugrunde. Eine Auswahl von Tageszeitungen und Periodika:

Arkansas Democrat-Gazette
Chicago Tribune
Christian Science Monitor
Dallas Morning News
Frankfurter Allgemeine
The Guardian
International Herald Tribune
Los Angeles Times
Le Monde
New York Times
Süddeutsche Zeitung
taz
USA Today

Washington Post
Washington Times

American Spectator
Congressional Quarterly
The Economist
Facts on File
Glamour
The Hillary Clinton Quarterly
Human Events
Ladies Home Journal
Life
Mother Jones
National Enquirer
Newsweek
New York Review of Books
The New Republic
New Yorker
New York Times Magazine
Redbook
Roll Call
Star
stern magazin
Der Spiegel
Time Magazine
U.S. News & World Report
Vanity Fair
The Washingtonian
Working Woman
Die Zeit

C. Websites

abcnews.com
cnn.com
drudgereport.com
house.gov
senate.gov
washingtonpost.com
whitehouse.gov/WH/EOP/First_Lady/html/HILLARY_Home.html

Anhang I

Amerikas First Ladies: Die Frauen der Präsidenten (1789–1999)

Präsident	Amtszeit	Ehezeit	Ehefrau (Mädchenname)	Lebens-zeit	Herkunft (Staat)	Beruf	Kinder (m/w)
George Washington	1798-1897	1759-1800	Martha Dandrige*	1732-1802	Virginia	-	keine
John Adams	1897-1801	1764-1818	Abigail Smith	1744-1818	Massachusetts	-	3 / 2
Thomas Jefferson	1801-1809	1772-1782	Martha Wayles*#	1748-1792	Virginia	-	1 / 5
James Madison	1809-1817	1794-1836	Dolley Payne*	1768-1849	North Carolina	-	keine
James Monroe	1817-1825	1786-1830	Eliza Kortright	1768-1830	New York	-	- / 2
John Q. Adams	1825-1829	1797-1848	Louisa Johnson	1775-1852	England	-	3 / 1
Andrew Jackson	1829-1837	1791-1828	Rachel Donelson*#	1767-1828	Virginia	-	keine
Martin Van Buren	1837-1841	1807-1819	Hannah Hoes#	1788-1819	New York	-	4 / -
William Harrison	1841	1795-1841	Anna Symmes	1775-1864	New Jersey	-	6 / 4
John Tyler	1841-1845	1813-1842 1844-1862	Letitia Christian Julia Gardiner	1790-1842 1820-1889	Virginia New York	-	3 / 4 5 / 2
James Knox Polk	1845-1849	1824-1849	Sarah Childress	1803-1891	Tennessee	-	keine
Zachary Taylor	1849-1850	1810-1850	Margaret Smith	1788-1852	Maryland	-	1 / 5
Millard Fillmore	1850-1853	1826-1853 1858-1874	Abigail Powers Caroline C. McIntosh	1789-1853 1813-1881	New York New Jersey	-	1 / 1 keine
Franklin Pierce	1853-1857	1834-1863	Jane Means Appleton	1806-1863	New Hampshire	-	3 / 1
James Buchanan	1857-1861	nie	keine			-	
Abraham Lincoln	1861-1865	1842-1865	Mary Todd	1818-1882	Kentucky	-	4 / -
Andrew Jackson	1865-1869	1827-1875	Eliza McCardle	1810-1876	Tennessee	-	3 / 2
Ulysses S. Grant	1869-1877	1848-1885	Julia Dent	1826-1902	Missouri	-	3 / 1
Rutherford B. Hayes	1877-1881	1852-1889	Julie Ware Webb	1831-1889	Ohio	-	7 / 1
James Garfield	1881	1858-1881	Lucretia Rudolph	1832-1918	Ohio	Lehrerin	5 / 2
Chester A. Arthur	1881-1885	1859-1880	Ellen Lewis Herndon	1837-1880	Virginia	-	2 / 1
Grover Cleveland	1885-1889 1893-1897	1886-1908	Frances Folsom	1864-1947	New York	-	2 / 3
Benjamin Harrison	1889-1893	1853-1892 1896-1901	Caroline Scott Mary Scott Dimmick+	1832-1892 1858-1948	Ohio Pennsylvania	Lehrerin -	1 / 1 - / 1

Präsident	Amtszeit	Ehezeit	Ehefrau (Mädchenname)	Lebens-zeit	Herkunft (Staat)	Beruf	Kinder (m/w)
Woodrow Wilson	1913-1921	1885-1914	Ellen Louise Axson	1860-1914	Georgia	-	- / 3
		1915-1924	Edith Bolling*	1872-1961	Virginia	-	keine
Warren G. Harding	1921-1923	1891-1923	Florence Kling*	1860-1924	Ohio	Ver-legerin	keine
Calvin Coolidge	1923-1929	1905-1933	Grace Anna Goddhe	1879-1957	Vermont	Lehrerin	2 / -
Herbert Hoover	1929-1933	1899-1944	Lou Henry	1875-1944	Iowa	Geologin	2 / -
Franklin Roosevelt	1933-1945	1905-1945	Eleanor Roosevelt	1884-1962	New York	-	5 / 1
Harry Truman	1945-1953	1919-1972	Bess Wallace	1885-1982	Missouri	-	- / 1
Dwight Eisenhower	1953-1961	1916-1969	Mamie Geneva Doud	1896-1979	Iowa	-	2 / 1
John F. Kennedy	1961-1963	1953-1963	Jacqueline Bouvier	1929-1994	New York	Foto-grafin	2 / 1
Lyndon Johnson	1963-1969	1934-1973	Claudia Alta (»Lady Bird« Taylor)	1912-	Texas	Journa-listin	- / 2
Richard Nixon	1969-1974	1940-1993	Pat Ryan	1912-1993	Nevada	Lehrerin	- / 2
Gerald Ford	1974-1977	1948-	Betty Bloomer	1918-	Illinois	Tänzerin	3 / 1
Jimmy Carter	1977-1981	1946-	Rosalynn Smith	1928-	Georgia	Kauffrau	3 / 1
Ronald Reagan	1981-1989	1940-1948	Jane Wyman#	1914-	Missouri	Filmstar	1 / 1
		1952-	Nancy Davis	1921 (?)-	New York	Filmstar	1 / 1
George Bush	1989-1993	1945-	Barbara Pierce	1925-	New York	-	4 / 2
Bill Clinton	1993-	1975-	Hillary Rodham	1947-	Illinois	Anwältin	- / 1

* Mehrere Präsidentenfrauen waren Witwen (Name des ersten Ehemanns): Mrs. Washington (Custis), Mrs. Jefferson (Skelton), Mrs. Madison (Todd), Mrs. Jackson (Robards), Mrs. Edith Wilson (Galt) und Mrs. Harding (DeWolfe)

Ehe vor Amtsantritt des Präsidenten beendet durch Tod (Ehefrauen von Jefferson, Jackson, Van Buren und Theodore Roosevelt) oder Scheidung (erste Frau von Reagan)

+ Ehe nach Präsidentenzeit (Mrs. Dimmick Harrison)

Anhang II

Frauen an der Macht: Kongreß und Regierung (1917–1999)

A. USA: Repräsentantenhaus

Name	Amtszeit	Partei	Herkunft (US-Staat)	Bemerkungen
Jeannette Rankin	1917-19	Rep.	Montana	Erste Frau im Kongreß der USA
Alice Robertson	1921-23	Rep.	Oklahoma	
Winifred Mason Huck	1922-23	Rep.	Illinois	Nachrückerin (gewählt)
Mae Ella Nolan	1923-25	Rep.	Kalifornien	Nachrückerin (gewählt, wiedergewählt)
Mary Norton	1925-51	Dem.	New Jersey	
Florence Kahn	1925-37	Rep.	Kalifornien	Nachrückerin (gewählt, wiedergewählt)
Edith Nourse Rogers	1925-60	Dem.	Massachusetts	Nachrückerin (gewählt, wiedergewählt, starb vor Ablauf ihres letzten Mandats)
Katherine Langley	1927-31	Dem.	Louisiana	
Ruth Hanna McCormick	1929-31	Rep.	Illinois	
Ruth Bryan Owen	1929-33	Dem.	Florida	
Ruth Baker Pratt	1929-33	Rep.	New York	
Pearl Peden Oldfield	1929-31	Dem.	Arkansas	Nachrückerin (gewählt, wiedergewählt)
Effiegene Wingo	1930-33	Dem.	Arkansas	Nachrückerin (gewählt, wiedergewählt)
Willa Eslick	1932-33	Dem.	Tennessee	Nachrückerin (gewählt)
Virginia Ellis Jenckes	1933-39	Dem.	Indiana	
Kathryn O. McCarthy	1933-35	Dem.	Kansas	
Marian Williams Clarke	1934-35	Rep.	New York	Nachrückerin (gewählt)
Isabella Greenway	1934-37	Dem.	Arizona	Nachrückerin (gewählt, wiedergewählt)
Caroline O'Day	1935-43	Dem.	New York	
Nan Wood Honeyman	1937-39	Dem.	Oregon	
Jessie Sumner	1937-47	Rep.	Illinois	
Bessie Hawley Gasque	1939	Dem.	S. Carolina	Nachrückerin (gewählt)
Clara McMillan	1940-41	Dem.	S. Carolina	Nachrückerin (gewählt)
Florence Reville Gibbs	1940-41	Dem.	Georgia	Nachrückerin (gewählt)
Frances Bolton	1940-69	Rep.	Ohio	Nachrückerin (gewählt), Rekorddauer
Jeannette Rankin	1941-43	Rep.	Montana	Neues Mandat (nach 1917-19)
Margaret Chase Smith	1940-48	Rep.	Maine	Nachrückerin (gewählt, wiedergewählt); 1948 Senat
Katherine Byron	1941-43	Dem.	Maryland	Nachrückerin (gewählt)
Veronica Boland	1942-43	Dem.	Pennsylvania	Nachrückerin (gewählt)
Clare Boothe Luce	1943-47	Rep.	Connecticut	
Winifred Stanley	1943-45	Rep.	New York	
Willa Fulmer	1944-45	Dem.	S. Carolina	Nachrückerin (gewählt)
Emily Taft Douglas	1945-47	Dem.	Illinois	
Helen Gahagan Douglas	1945-51	Dem.	Kalifornien	
Chase Going Woodhouse	1945-47	Dem.	Connecticut	

Name	Amtszeit	Partei	Herkunft (US-Staat)	Bemerkungen
Eliza Jane Pratt	1946-47	Dem.	N. Carolina	Nachrückerin (gewählt)
Helen Douglas Mankin	1946-47	Dem.	Georgia	Nachrückerin (gewählt)
Georgia Lusk	1947-49	Dem.	New Mexico	
Katharine St. George	1947-65	Rep.	New York	
Reva Beck Bosone	1949-53	Dem.	Utah	
Cecil Harden	1949-59	Rep.	Indiana	
Edna Kelly	1949-69	Dem.	New York	Nachrückerin (gewählt, wiedergewählt)
Chase Going Woodhouse	1949-51	Dem.	Connecticut	Neues Mandat (nach 1945-47)
Marguerite Stitt Church	1951-63	Rep.	Illinois	
Ruth Thompson	1951-57	Rep.	Michigan	
Vera Buchanan	1951-55	Dem.	Pennsylvania	Nachrückerin (gewählt, wiedergewählt) starb 1955
Elizabeth Kee	1951-65	Dem.	W. Virginia	Nachrückerin (gewählt, wiedergewählt)
Gracie Pfost	1952-63	Dem.	Idaho	
Leonor Kretzer Sullivan	1953-77	Dem.	Missouri	
Elizabeth Farrington	1954-57	Rep.	Hawaii	[Territorialdelegierte; Hawaii erst 1959 Bundesstaat]
Edith Starrett Green	1955-75	Dem.	Oregon	
Martha Griffiths	1955-74	Dem.	Michigan	Vorzeitiger Mandatsverzicht
Iris Blitch	1955-63	Dem.	Georgia	
Coya Knutsen	1955-59	Dem.	Minnesota	
Bernice Sisks	1955-79	Dem.	Kalifornien	
Kathryn Granahan	1956-63	Dem.	Pennsylvania	Nachrückerin (gewählt, wiedergewählt)
Florence Dwyer	1957-73	Rep.	New Jersey	
Catherina May	1959-71	Rep.	Washington	
Edna Simpson	1959-61	Rep.	Illinois	
Jessica McCullough Weis	1959-63	Rep.	New York	
Julia Butler Hansen	1960-74	Dem.	Washington	Nachrückerin (gewählt, wiedergewählt), Verzicht
Louise Goff Reece	1961-63	Rep.	Tennessee	Nachrückerin (gewählt)
Catherine Norrell	1961-63	Dem.	Arkansas	Nachrückerin (gewählt)
Corinne Boyd Riley	1962-63	Dem.	N. Carolina	Nachrückerin (gewählt)
Charlotte Reid	1963-71	Rep.	Illinois	Vorzeitiger Mandatsverzicht
Irene Baker	1964-65	Rep.	Tennessee	Nachrückerin (gewählt)
Patsy Mink	1965-77	Dem.	Hawaii	
Lera Thomas	1966-67	Dem.	Texas	Nachrückerin (gewählt)
Margaret Heckler	1967-83	Rep.	Massachusetts	
Shirley Chisholm	1969-83	Dem.	New York	Erste schwarze Frau im Kongreß
Louise Day Hicks	1971-73	Dem.	Massachusetts	
Ella Grasso	1971-75	Dem.	Connecticut	
Bella Abzug	1971-77	Dem.	New York	
Elizabeth Andrews	1972-73	Dem.	Alabama	Nachrückerin (gewählt)
Lindy Boggs	1973-89	Dem.	Louisiana	Nachrückerin (gewählt, wiedergewählt)
Marjorie Holt	1973-75	Rep.	Maryland	
Elizabeth Holtzman	1973-81	Dem.	New York	
Barbara Jordan	1973-79	Dem.	Texas	
Patricia Schroeder	1973-97	Dem.	Colorado	

Name	Amtszeit	Partei	Herkunft (US-Staat)	Bemerkungen
Yvonne Brathwaite Burke	1973-79	Dem.	Kalifornien	
Cardiss Collins	1973-97	Dem.	Illinois	Nachrückerin (gewählt, wiedergewählt)
Marilyn Lloyd Bouquard	1975-89	Dem.	Tennessee	
Millicent Fenwick	1975-83	Rep.	New Jersey	
Helen Meyner	1975-79	Dem.	New Jersey	
Shirley Neil Pettis	1975-79	Rep.	Kalifornien	
Martha Keys	1975-79	Dem.	Kansas	
Barbara Mikulski	1975-87	Dem.	Maryland	1986 in den Senat gewählt
Virginia Dodd Smith	1975-89	Rep.	Nebraska	
Gladys Noon Spellman	1975-81	Dem.	Maryland	
Mary Rose Oakar	1977-93	Dem.	Ohio	
Geraldine Ferraro	1979-85	Dem.	New York	1984 erste Kandidatin zum Amt des Vizepräsidenten
Olympia Snowe	1979-95	Rep.	Maine	1994 in den Senat gewählt
Beverly Byron	1979-93	Dem.	Maryland	
Bobbi Fiedler	1981-87	Rep.	Kalifornien	
Lynn Martin	1981-89	Rep.	Illinois	
Marge Roukema	1981-89	Rep.	New Jersey	
Claudine Schneider	1981-89	Rep.	Rhode Island	
Katie Hall	1982-85	Dem.	Indiana	Nachrückerin (gewählt, wiedergewählt)
Barbara Boxer	1983-93	Dem.	Kalifornien	1992 zur Senatorin gewählt
Sala Burton	1983-87	Dem.	Kalifornien	Nachrückerin (gewählt, wiedergewählt)
Nancy Johnson	1983-	Rep.	Connecticut	
Marcy Kaptur	1983-	Dem.	Ohio	
Barbara Bailey Kennelly	1983-99	Dem.	Connecticut	
Barbara Vucanovich	1983-97	Rep.	Nevada	
Helen Delich Bentley	1985-95	Rep.	Maryland	
Jan Meyers	1985-97	Rep.	Kansas	
Cathy Long	1985-87	Dem.	Louisiana	Nachrückerin (gewählt)
Constance Morella	1987-	Rep.	Maryland	
Elizabeth Patterson	1987-89	Dem.	S. Carolina	
Patricia Fukuda Saiki	1987-89	Rep.	Hawaii	
Louise Slaughter	1987-	Dem.	New York	
Nancy Pelosi	1987-	Dem.	Kalifornien	
Jolene Unsoeld	1989-95	Dem.	Washington	
Nita Lowey	1989-	Dem.	New York	
Jill Long	1989-95	Dem.	Indiana	Nachrückerin (gewählt, wiedergewählt)
Ileana Ros-Lehtinen	1989-	Rep.	Florida	Nachrückerin (gewählt, wiedergewählt)
Susan Molinari	1989-97	Rep.	New York	Nachrückerin (gewählt, wiedergewählt)
Joan Kelly Horn	1991-93	Dem.	Missouri	
Patsy Mink	1991-	Dem.	Hawaii	Neues Mandat (nach 1965-77)
Rosa DeLauro	1991-	Dem.	Connecticut	
Eleanor Holmes Norton	1991-	Dem.	D.C.	Delegierte des District of Columbia (ohne Stimmrecht)
Maxine Waters	1991-	Dem.	Kalifornien	
Corinne Brown	1993-	Dem.	Florida	
Leslie Byrne	1993-95	Dem.	Virginia	

Name	Amtszeit	Partei	Herkunft (US-Staat)	Bemerkungen
Maria Cantwell	1993-95	Dem.	Washington	
Eva Clayton	1993-	Dem.	N. Carolina	
Patricia Danner	1993-	Dem.	Missouri	
Jennifer Dunn	1993-	Rep.	Washington	
Karan English	1993-95	Dem.	Arizona	
Anna Eshoo	1993-	Dem.	Kalifornien	
Tillie Fowler	1993-	Rep.	Florida	
Elizabeth Furse	1993-99	Dem.	Oregon	
Jane Harman	1993-99	Dem.	Kalifornien	
Eddie Bernice Johnson	1993-99	Dem.	Texas	
Blanche Lambert Lincoln	1993-97	Dem.	Arkansas	1998 in den Senat gewählt
Carolyn Maloney	1993-	Dem.	New York	
Marjorie Margolies-Mezvinsky	1993-95	Dem.	Pennsylvania	
Cynthia McKinney	1993-	Dem.	Georgia	
Carrie Meek	1993-	Dem.	Florida	
Deborah Pryce	1993-	Rep.	Ohio	
Lucille Roybal-Allard	1993-	Dem.	Kalifornien	
Lynn Schenk	1993-95	Dem.	Kalifornien	
Karen Shepherd	1993-95	Dem.	Utah	
Karen Thurman	1993-	Dem.	Florida	
Nydia Velázquez	1993-	Dem.	New York	
Lynn Woolsey	1993-	Dem.	Kalifornien	
Marge Roukema	1993-	Rep.	New Jersey	Neues Mandat (nach 1981-89)
Helen Chenoweth	1995-	Rep.	Idaho	
Barbara-Rose Collins	1995-97	Dem.	Michigan	
Barbara Cubin	1995-	Rep.	Wyoming	
Cleo Fields	1995-97	Dem.	Louisiana	
Alcee Hastings	1995-	Dem.	Florida	
Shelia Jackson Lee	1995-	Dem.	Texas	
Sue Kelly	1995-	Rep.	New York	
Zoe Lofgren	1995-	Dem.	Kalifornien	
Karen McCarthy	1995-	Dem.	Missouri	
Eva Clayton	1995-	Dem.	N. Carolina	
Sue Myrick	1995-	Rep.	N. Carolina	
Lynn Nancy Rivers	1995-	Dem.	Michigan	
Linda Smith	1995-99	Rep.	Washington	
Catherine Webber	1995-97	Dem.	Oregon	
Julia Carson	1997-	Dem.	Indiana	
Donna Christian-Green	1997-	Dem.	Virgin Islands	Nicht stimmberechtigte Delegierte
Diana DeGette	1997-	Dem.	Colorado	
Jo Ann Emerson	1997-	Rep.	Missouri	
Darlene Hooley	1997-	Dem.	Oregon	
Carolyn Cheeks Kilpatrick	1997-	Dem.	Michigan	
Carolyn McCarthy	1997-	Dem.	New York	
Kay Granger	1997-	Rep.	Texas	

Name	Amtszeit	Partei	Herkunft (US-Staat)	Bemerkungen
Juanita Millender-McDonald	1997-	Dem.	Kalifornien	
Anne Meager Northrup	1997-	Rep.	Kentucky	
Ellen Tauscher	1997-	Dem.	Kalifornien	
Loretta Sanchez	1997-99	Dem.	Kalifornien	
Debbie Stabenow	1997-	Dem.	Michigan	
Mary Bono	1998-	Rep.	Kalifornien	Nachrückerin für Ehemann (gewählt)
Lois Capps	1998-	Dem.	Kalifornien	Nachrückerin für Ehemann (gewählt)
Barbara Lee	1998-	Dem.	Kalifornien	Nachwahl
Heather Wilson	1998-	Rep.	New Mexico	Nachwahl
Tammy Baldwin	1999-	Dem.	Wisconsin	
Judy Biggert	1999-	Rep.	Illinois	

B. USA: Senat

Name	Amtszeit	Partei	Herkunft (US-Staat)	Bemerkungen
Rebecca Latimer Felton	1922	Dem.	Georgia	Mandatsnachfolge nach Tod eines Senators (ernannt)
Hattie Wyatt Caraway	1931-45	Dem.	Arkansas	Mandatsnachfolge nach Tod ihres Mannes, dann erste gewählte US-Senatorin (zweimal wiedergewählt)
Rose McConnell Long	1936-37	Dem.	Louisiana	Nachrückerin (von ihrem Ehemann ernannt)
Dixie Bibb Graves	1938-39	Dem.	Alabama	Nachrückerin (von ihrem Ehemann ernannt)
Gladys Pyle	1938-39	Rep.	South Dakota	Nachrückerin (gewählt)
Vera Bushfield	1948-49	Rep.	South Dakota	Mandatsnachfolge nach Tod ihres Mannes (ernannt)
Margaret Chase Smith	1949-73	Rep.	Maine	Zuvor im Repräsentantenhaus (1940-48)
Hazel Abel	1954-55	Rep.	Nebraska	Mandatsverzicht zwei Monate nach ihrer Wahl
Eva Bowring	1954	Rep.	Nebraska	Nachrückerin (ernannt)
Maurine Neuberger	1961-67	Dem.	Oregon	Nachrückerin (gewählt, wiedergewählt)
Elaine Edwards	1972	Dem.	Louisiana	Nachrückerin (von ihrem Ehemann ernannt)
Muriel Humphrey	1978	Dem.	Minnesota	Mandatsnachfolge nach Tod ihres Mannes (ernannt)
Maryon Allen	1978	Dem.	Alabama	Mandatsnachfolge nach Tod ihres Mannes (ernannt)

Name	Amtszeit	Partei	Herkunft (US-Staat)	Bemerkungen
Nancy Kassebaum	1979-97	Rep.	Kansas	
Paula Hawkins	1981-87	Rep.	Florida	
Barbara Mikulski	1987-	Dem.	Maryland	Zuvor im Repräsentantenhaus (1975-87)
Dianne Feinstein	1993-	Dem.	Kalifornien	Nachrückerin (gewählt bis 1994, wiedergewählt)
Barbara Boxer	1993-99	Dem.	Kalifornien	Zuvor im Repräsentantenhaus (1983-89)
Carol Moseley Braun	1993-99	Dem.	Illinois	Erste schwarze Senatorin
Patty Murray	1993-	Dem.	Washington	
Kay Bailey Hutchison	1993-	Rep.	Texas	
Olympia Snowe	1995-	Rep.	Maine	
Mary Laudrien	1997-	Dem.	Louisiana	
Susan Collins	1997-	Rep.	Maine	
Blanche Lambert Lincoln	1999-	Dem.	Arkansas	

C. USA: Gouverneure

Name	Amtszeit	Partei	Herkunft (US-Staat)	Bemerkungen
Nellie Tayloe Ross	1924-27	Dem.	Wyoming	Erste Frau als Gouverneur: Nachrückerin für ihren verstorbenen Mann, danach gewählt
Miriam Ferguson	1925-27	Dem.	Texas	Gewählt als Ersatz für ihren abgesetzten Ehemann
Miriam Ferguson	1933-35	Dem.	Texas	Wiederwahl
Lurleen Wallace	1967-68	Dem.	Alabama	Gewählte Nachfolgerin ihres Mannes; starb im Amt
Ella Grasso	1975-80	Dem.	Connecticut	Erste eigenständige Gouverneurin der USA
Dixy Lee Ray	1977-81	Dem.	Washington	
Martha Layne Collins	1983-87	Dem.	Kentucky	
Madeleine Kunin	1985-91	Dem.	Vermont	Gebürtige Schweizerin
Kay Orr	1987-91	Rep.	Nebraska	
Ann Richards	1991-95	Dem.	Texas	
Joan Finney	1991-95	Dem.	Kansas	
Barbara Roberts	1991-95	Dem.	Oregon	
Christine Todd Whitman	1993-	Rep.	New Jersey	
Jane Dee Hull	1997-	Rep.	Arizona	
Jeanne Shaheen	1997-	Dem.	New Hampshire	

D. USA: Bundesregierung (Ministerinnen/Secretaries)

Name	Amtszeit	Partei	Herkunft (US-Staat)	Bemerkungen
Frances Perkins	1933-45	Dem.	Massachusetts	Arbeitsministerin (unter Präsident F. D. Roosevelt)
Oveta Culp Hobby	1953-55	Rep.	Texas	Ministerin für Gesundheit, Bildung und Wohlfahrt/HEW (unter Eisenhower)
Carla Anderson Hills	1975-77	Rep.	Kalifornien	Ministerin für Wohnungsbau und Stadtentwicklung/HUD (unter Ford)
Juanita M. Kreps	1977-79	Dem.	N. Carolina	Handelsministerin (unter Carter)
Patricia Roberts Harris	1977-79	Dem.	D.C.	Ministerin für HUD (unter Carter), erste Schwarze
Patricia Roberts Harris	1979-81	Dem.	D.C.	Ministerin für HEW (unter Carter) [Ministerium 1979 umbenannt in Gesundheit und humane Dienste/HHS)
Shirley Mount Hufstedler	1979-81	Dem.	Kalifornien	Bildungsministerin (unter Carter)
Jeane Kirkpatrick	1981-85	Rep.	Oklahoma	UN-Botschafterin [mit Kabinettsrang] (unter Reagan)
Margaret M. Heckler	1983-85	Rep.	Massachusetts	Ministerin für HHS (unter Reagan)
Elizabeth Dole	1983-87	Rep.	Kansas	Verkehrsministerin (unter Reagan)
Ann Dore McLaughlin	1987-89	Rep.	New Jersey	Arbeitsministerin (unter Reagan)
Elizabeth Dole	1989-91	Rep.	Kansas	Arbeitsministerin (unter Bush)
Lynn Martin	1991-93	Rep.	Illinois	Arbeitsministerin (unter Bush)
Barbara H. Franklin	1992-93	Rep.	Pennsylvania	Handelsministerin (unter Bush)
Donna Shalala	1993-	Dem.	Ohio	Gesundheitsministerin (unter Clinton)
Janet Reno	1993-	Dem.	Florida	Justizministerin (unter Clinton)
Hazel O'Leary	1993-97	Dem.	Virginia	Energieministerin (unter Clinton)
Madeleine Albright	1993-	Dem.	Tschechien	UN-Botschafterin (unter Clinton), ab 1997 erste US-Außenministerin
Carol Browner	1993-	Dem.	Florida	Umweltministerin [Kabinettsrang ab 1993]
Alexis Herman	1997-	Dem.	Alabama	Arbeitsministerin (unter Clinton)

E. USA: Oberster Gerichtshof (Supreme Court)

Name	Amtszeit	Partei	Herkunft (US-Staat)	Bemerkungen
Sandra Day O'Connor	1981-	Rep.	Arizona	Erste Oberste Richterin (ernannt von Reagan)
Ruth Bader Ginsburg	1993-	Dem.	New York	(ernannt von Clinton)

F: Weltweit: Staatsoberhäupter (20. Jahrhundert)

Wilhelmina	1898-1948	Niederlande	Königin
Juliana	1948-80	Niederlande	Königin
Elizabeth II.	1952-	Großbritannien	Königin (Großbritannien und Commonwealth)
Margarethe II.	1972-	Dänemark	Königin
Isabel Martinez de Perón	1974-75	Argentinien	Präsidentin (Politikerwitwe)
Lidia Gueiler Tejada	1979-80	Bolivien	Präsidentin (provisorisch, vom Militär gestürzt)
Beatrix	1980-	Niederlande	Königin
Vigdis Finnbogadottír	1980-96	Island	Präsidentin
Jeanne Sauvé	1984-90	Kanada	Generalgouverneurin (Vertreterin der Queen)
Corazón Aquino	1986-92	Philippinen	Präsidentin (Politikerwitwe)
Nita Barrow	1990-	Barbados	Generalgouverneurin (Vertreterin der Queen)
Eartha Pascal-Trouillot	1990	Haiti	Präsidentin (provisorisch)
Catherine Tizard	1990-96	Neuseeland	Generalgouverneurin (Vertreterin der Queen)
Violeta Chamorro	1990-96	Nicaragua	Präsidentin (Politikerwitwe)
Mary Robinson	1990-97	Irland	Präsidentin
Chandrika Kumaratunga	1991-	Sri Lanka	Präsidentin (vorher Regierungschefin)
Ruth Perry	1996-97	Liberia	(provisorisch)
Mary MacAleese	1997-	Irland	Präsidentin

G. Weltweit: *Regierungschefinnen*

Sirimavo Bandaranaike	1960-65	SLFP	Sri Lanka	Ministerpräsidentin (Politikerwitwe), auch 1970-77 und 1994-
Indira Gandhi	1966-77	CP(I)	Indien	Premierministerin, auch 1980-84 (ermordet)
Golda Meir	1969-74	ILP	Israel	Ministerpräsidentin
Margaret Thatcher	1979-90	Cons.	Großbrit.	Premierministerin
Eugenia Charles	1980-95	DFP	Dominica	Ministerpräsidentin
Gro Harlem Brundtland	1981	DNA	Norwegen	Ministerpräsidentin, auch 1986-89 und 1990-97
Milka Planinc	1982-86	SPS	Jugoslawien	Ministerpräsidentin
Benazir Bhutto	1988-90	PPP	Pakistan	Ministerpräsidentin, auch 1994-96
Édith Cresson	1991-92	PS	Frankreich	Premierministerin
Khaleda Zia	1991-96	BNP	Bangladesch	Ministerpräsidentin (Politikerwitwe)
Hanna Suchocka	1992-93	DUP	Polen	Ministerpräsidentin
Sylvie Kinigi	1993	Uprona	Burundi	Ministerpräsidentin
Kim Campbell	1993	PCP	Kanada	Premierministerin
Elisabeth Domitien	1993	RDC	Zentralafrika	Ministerpräsidentin
Agathe Uwilingiyimana	1993-94	MRD	Ruanda	Ministerpräsidentin (ermordet)
Tansu Çiller	1993-95	DYP	Türkei	Ministerpräsidentin
Chandrika Kumaratunga	1994	PA	Sri Lanka	Präsidentin (Politikerwitwe, Tochter Bandaranaikes)
Hassina Wajed	1996-	AL	Bangladesch	Ministerpräsidentin (Politikerwitwe)
Jenny Shipley	1997-	NP	Neuseeland	Premierministerin

Personenregister